60 Secrets from the
Science of Persuasion

影響力の武器 実践編

「イエス!」を引き出す60の秘訣

YES! 10th Anniversary Edition

[第二版]

N・J・ゴールドスタイン
S・マーティン
R・B・チャルディーニ 著
安藤清志 監訳
曽根寛樹 訳

ジェネッサ，君は私の良い妻どころか，私のほとんど全てだ――ノア・J・ゴールドスタイン
素敵なリンジーに――スティーブ・J・マーティン
私の孫たち，ヘイリー，ドーソン，レアに――ロバート・B・チャルディーニ

YES! 10th Anniversary Edition: 60 secrets from the science of persuasion
by Noah J. Goldstein, Steve Martin and Robert B. Cialdini

First published in Great Britain in 2007 by Profile Books Ltd

Japanese translation rights arranged with Profile Books Limited
c/o Andrew Nurnberg Associates International Limited, London
through Tuttle-Mori Agency, Inc., Tokyo

まえがき

『影響力の武器　実践編――「イエス！」を引き出す50の秘訣』が最初に出版されてから十年が過ぎました。そして、その比較的短い期間にたくさんの出来事がありました。たとえば、「イエス、ウィー・キャン」という言葉が、何百万というアメリカ人に「そうだ、彼らならできる」と思わせ、元地域社会活動家でロースクール講師だった人物を、アメリカ初の黒人大統領として、国家の最上層部に押し上げる運動が生まれました。[*1]

中東諸国では、政府の振る舞いと統治手法に不満と失望を覚えていた大勢の市民が変化を求め、抵抗とデモによる革命の波が広がりました。

ヨーロッパでも、やはりさまざまな出来事がありました。東ヨーロッパでは国境の引き直しが、西ヨーロッパでは衝撃的なテロ事件と移民の大流入がありました。また、イギリスではＥＵ離脱を問う国民投票が行われ、多くの人が驚いたことに、離脱派のキャンペーンがイギリス国民を説得し、ＥＵを脱退すべきだと考えさせました。

＊1　この原稿を書いている現在、アメリカは別の変化に備えている。全く違うタイプの大統領が生まれることになったのだ。

世界経済にとって、過去十年の大半は長引く不況の時代であり、金融市場は乱高下やときに起こる大暴落に苦しみました。当初、トレンドに逆らっていた新興諸国も、今では緊縮政策に舵を切っています。

その一方で、世界の人口は十億人近くも増加しました。また、人数だけでなく、つながる方法も増えています。この十年間で、情報へのアクセス方法、情報の消費の仕方、情報処理のやり方、情報に基づいた行動の様式はすっかり変わりました。多くの人たちが、ツイッターも使えば、スナップチャットも使い、フェイスブックのステータスを更新してもいます。そして、時間に追われる生活のなか、友人たち（とさらに多くの見知らぬ人たち）に、これから何をするつもりかを定期的に発信しています。実際、時間があまりにも貴重であるため、私たちはますます活発に、そして瞬間的に、さまざまなアプリを用いて、興味をもってくれる他者（ほとんどは広告業者なわけですが）に向けた投稿を、せっせと繰り返しています。

このような状況を背景に、説得の科学（より一般的には行動科学）の研究は爆発的に増加しています。世界中の研究者が、人間の行動、意思決定、振る舞いに何が影響を与えるのかという問題への新しい知見と理解を提供しています。重要なのは、こうした科学上の進展と獲得された知見の多くが、単なる理屈の話で終わらないという点です。実用的で意義深い結論を伴ってもいるのです。そのため、政府も企業も、積極的にそれらを採用しています。商品の販売から納税の促進まで、あるいは、向社会的活動の推進から莫大な商業的利益の創出まで、説得の科学（と社会心理学、行動経済学、ニューロマーケティングといった関連領域）の扱われ方は、興味深い周縁的活動から、本流の確固たる一部へと変化しています。

「新しい」進展と知見の拡大、およびこの分野の出版点数の増加を考えれば、読者はこんな疑問を抱くかもしれません。いくら改訂増補されているとはいえ、十年も前に初版が出た本をなぜ読まなければいけないのだろうか。

思い浮かぶ理由は三つあります。

たくさんのことが起きたが、変わらないことも一つある

この十年のあいだ、行動科学者たちによって数々の印象的な発展が記録されてきました。ですが、うまく影響を与えたり説得を行ったりするための根本原理は依然同じです。この十年間に、数多くの政治的、社会的、技術的な変化があったにせよ、私たちがそれらの変化に対処したり反応したりするのに使う認知のハードウェア（基本的には私たちの脳）は、全くと言っていいほど変わっていません。多くの点で、私たちはご先祖たちと同じ情報処理装置を使っています。確かに、今では誰もがスマートフォンを（人によっては二台以上）所有していますし、複数のプラットフォームを経由してコミュニケーションを行い、瞬時にして情報にアクセスできるようになっています。しかし、それでも、私たちは何百年も前の一般人とだいたい同じように、影響を受けたり説得されたりしているのです。

一七六一年二月八日の日曜日、ロンドンでは、その年二度起きた地震の一つ目が発生し、それから

ちょうど四週間後に二度目の地震がありました。現代の基準に照らせば、それらの地震はどう見ても、たいしたものではありませんでした。どちらもすぐに収まりましたし、後に残るような被害もそれほど出ませんでした。少数の人がごく小さな余震を経験したくらいで、大多数のロンドン市民は、地震の影響をほとんど感じませんでした。

ですが、ある人物にだけは、その地震が大きな影響を与えました。

当時、王室騎兵隊の伍長だったウイリアム・ベルは、この地震をこれからやってくるずっと大きな地震の前触れと考え、（ちょうど一月《ひとつき》の後に起きるであろう）その大地震で、ロンドンが壊滅すると確信しました。そして、迫り来る破滅を伝える役目を自ら買って出たのです。彼は取りつかれたように、通りから通りへと走りまわり、聞いてくれそうな人なら誰にでも自分の予言を熱心に伝えました。こうした努力にもかかわらず、惑わされる人はほとんどいませんでした。数世帯が避難の準備を始めただけで、何もしない人がほとんどでした。

ですがやがて、奇妙なことが起こります。予言された地震発生の日が近づいてくるにつれて、ある動きが生じ始めました。少数派が多数派に転じたのです。元々は非主流派だった人たちを中心に、ロンドン市民の集団がいくつもできて、破滅の運命にあるその都市から逃げ出すという手立てを講じたのです。当初、不確実性のために身動きが取れず、ぐずぐずしていた傍観者たちは、すぐ彼らに追随しました。そして、懐疑論者たちさえ、それに倣《なら》ったのです。

スコットランドのジャーナリスト、チャールズ・マッケイは、後に彼らの行動を*Memoirs of Extra-*

ordinary Popular Delusions and the Madness of Crowds（『常軌を逸した集団妄想と群衆の狂気』[†1]）という作品に書き留めることになります。

恐怖の日が近づくにつれて興奮も高まってきた。すると、他人の言葉を信じやすい多くの人々は、ロンドンの悲運を見守ろうと、約三〇キロ圏内の村々に一斉に避難を始めた。イズリントン、ハイゲート、ハムステッド、ハロー、そしてブラックヒースは恐怖で固まった避難民であふれ返った。誰もが安全な避難所に泊めてもらおうと、家の主人に法外な金を払った。（中略）ヘンリー八世の時代にも同じような騒ぎがあったが、それと同じで、恐怖はすぐに人々に伝染し、一週間前には予言を聞いてあざけり笑っていた人も、他人が荷物をまとめているのを見ると慌てて荷造りして逃げ出すありさまだった。川なら絶対に安全だということで、港に係留されている商船という商船に人が押し寄せた。皆、四月四日から五日にかけては船で過ごしながら、セントポール寺院がぐらぐら揺れたりウェストミンスター寺院の塔が風になびいたりしながら、もうもうたる土煙にまみれて崩れ落ちる瞬間を首を長くして待っていた。

三度目の地震が起こると予言されていた日、一七六一年四月五日の日曜日は、何事もなく過ぎ、翌日、ロンドンに戻ってきた市民たちは普段どおりの生活を再開する一方で、ベルに嘲りと怒りをぶつ

---

†訳注1　塩野未佳・宮口尚子（訳）（二〇〇四）『狂気とバブル――なぜ人は集団になると愚行に走るのか』パンローリング。

けました。その後ほどなくして、ベルはロンドンの精神病院に収容されました。

ベルの行動に、何かしらきっかけとなるような影響力が備わっていたと主張することはできるかもしれませんが、それほど大勢の人が家族と家財道具を抱えて街から逃げ出した主な理由は、ベルがしつこく発したメッセージとはほとんど関係がありませんでした。ロンドンっ子たちは、ご近所さん、つまり自分と似た人たちのなかに、家を捨てようとしている人たちがいるのを見て初めて、自分も同じようにしようと決めたのです。確信のもてない状況、つまりどう行動すべきかを示す手掛かりがほとんどない状況においては、自分と似たような誰かがそうしているというだけで、人は自分も同じ行動を取るべきだと確信してしまうのです。

自分たちの行動が、主として考えなしの群集心理の結果だと認識できなかった十八世紀ロンドン市民をあざけるのは、二十一世紀の人間にとっては簡単ですが、そのような判断は控えておいたほうが賢明でしょう。ボタンを一度クリックしたり、画面を一度スワイプしただけで、大量の情報がすぐに利用できるようになったにもかかわらず、今を生きるわれわれ現代人も、そうした原始的な影響力に対しては、同じくらい簡単に屈服しがちだからです。そうした影響力によって家を捨てるということはないとしても、レストランや映画館に行く気にさせられることならいくらでもあります。行動の原因となっているのは、食べ物や映画といった分野の評論家の推薦コメントではなく、近所の人や自分と似た仲間の意見です。確かにこうした例は、二百五十年前のロンドンの地震で起きた事例と比べれば見劣りがします。しかし、だからといって、こうしたパニックがもう起きないというわけではありません。どちらかといえば、発生頻度は上がっています。二〇〇七年に本書の初版が刊行されて以降、破滅的事態の予言が群集心理的な行動を引き起こしたことは十一回もあり、そのほとんどがインターネットを出所としています。これらのなかにはマヤ文明の二〇一二年人類滅亡説や、二〇一六年にこの世の終わりが来るという予言もありました。二〇一六年の予言には、ここまでの話と特に強い関連性があります。この世の終わりを引き起こすのはただの地震ではなく、超巨大地震だと予言していたからです。

新しいテクノロジーと瞬時にアクセス可能な情報から私たちが大きな利益を得ていることに、疑いの余地はほとんどありません。同時に、こうしたデータの処理に私たちが使っている認知のハードウェアが昔とほとんど変わっていないということも、忘れないほうが賢明でしょう。認めるのがどれほど難しくても、私たちは、基本的でありながらしばしば認識できない説得の諸原理に、二百五十年前の人間と同じくらい影響されやすいのです。

よく読まれる理由

読者が、このよく読まれている本の第2版を読みたくなるかもしれない第二の理由があります。それは、本書が実際によく読まれているということです。この新しい「まえがき」を執筆している現時点で、本書の販売数は七十五万部以上になっており、二十七の言語に翻訳され、何百という新聞記事、ブログ、雑誌の特集、テレビ番組で取り上げられています。また、官民問わずあらゆる種類の組織が、本書の知見を採用しています。説得の科学を紹介するオンライン動画は、現時点で七百万回以上視聴されています（その動画は検索エンジンのどれかに“science of persuasion”と入力すれば、ご覧になれます）。どう行動すべきかがはっきりしない状況に置かれた十八世紀のロンドン市民とよく似た心理状態で、本書の購入を検討しながらこの「まえがき」を読んでいる人たちは、自分と似た大勢の人たちが本書をすでに買っているかどうかに興味をもっているかもしれません。

新たな知見、更新された本文

旧版を読んでいる読者と新しい読者の両方を歓迎する第三の理由には、この増補改訂された十周年バージョンが、元々の五十の秘訣のいくつかに改訂を施し、そのうえ、十個の新しい秘訣（つまり、初版出版から一年につき一つ）を追加しているということが挙げられます。

新しさを加えつつ昔ながらのよさも

本書第2版を初版とは違ったものにしようとするのと同時に、私たちは大勢の読者を本書初版に惹きつけた点については下手にいじらないよう気をつけもしました。新たに加えた節のそれぞれも、改訂を加えた節も、これまでどおり、短く、読みやすい形で提供しています。だからといって、それぞれの節に事実や証拠の裏づけがないというわけではありません。われわれの方針に変わりはなく、提供するのは公開された研究によって科学的有効性が認められている知見のみです。とはいえ、ここが重要なポイントですが、各節の話題はすぐに、成功を収める説得の科学から、その実践へと移ります。

そうすることで私たちが望むのは、初版に引き続き読んでくださる読者と、今回初めて読んでくださる読者のどちらもが、より説得に長けた人になり、それぞれの仕事やプライベートの場で利益を得ることなのです。

ノア・ゴールドスタイン
スティーブ・マーティン
ロバート・チャルディーニ

はじめに

この世は一つの舞台にすぎないのだから
台詞を少し変えさえすれば劇的な効果が生まれる

六十年前のアメリカのコメディアン、ヘニー・ヤングマンの放ったジョークに、前の夜に泊まったホテルをネタにしたものがあります。「まったく、なんてホテルだ！　タオルがあんまり大きくてふかふかなもんだから、スーツケースがなかなか閉まらなかったよ」。

それから時は経ち、ここ二、三年はホテルのマナー事情はだいぶ様変わりしました。最近の宿泊客が直面する道徳的な問題は、部屋からタオルを失敬《リムーブ》するかどうかではなく、滞在中にタオルを再利用《リユース》するかどうかです。環境保護プログラムを導入するホテルが増え、資源の保護や、エネルギーの節約、洗剤による汚染の削減などを理由に、タオルを繰り返し使うようホテル側が旅行者に求めることが、ますます多くなっています。ほとんどの場合、このタオル再利用のお願いは、客室のバスルームにお願いが書かれたカードを置くという形をとっています。

実はこうしたカードには、説得に関する驚くべき秘密が隠されています。表現の切り口や動機づけの方法が無数にあるなかで、いったいどのような言い回しのカードにすれば、宿泊客に対して一番説得力のあるお願いができるでしょうか。

その答えには始めの二つの節「1」、「2」で触れますが、まずは、こうしたメッセージの制作者たちが、環境保護プログラムへの協力を促す際によく使う方法を見てみましょう。世界中のさまざまなホテルから多数のお願いカードを集めてそのメッセージを調べたところ、タオルの再利用を促す最も一般的な方法は、宿泊客の関心をもっぱら「環境保護の重要性」に向けさせるというものでした。この種のカードには、タオルを再利用すれば、天然資源を保護してさらなる枯渇や破壊から環境を守るのに役立つという情報が、必ずと言っていいほど載せられていました。また、虹《レインボー》や雨のしずく《レインドロップ》や熱帯雨林《レインフォレスト》から果てはトナカイ《レインディア》まで、何かしら環境に関係していて人目を引く写真が組み合わされていることも多いようです。

このやり方はなかなか効果的なようで、たとえば、これらのカード類の大手制作会社によると、カードを見た宿泊客の大半は、滞在中に少なくとも一度はタオルを再利用するそうです。カードのおかげで多くの協力が得られたといえるでしょう。

多くの社会心理学者が、自分の科学的知識を政策の立案や実施の場で活かそうと、日夜その方法を研究しています。「あなたの広告をここに載せてみませんか」と書かれた道路脇の大看板のごとく、この小さなカードは「あなたのアイデアをここで試してみませんか」と学者を誘惑します。私たち著者は、その誘惑にのることにしました。そして、のちほど触れますが、お願いの仕方を少し変えるだけで、ホテルチェーンはもっとずっとうまくタオル再利用の問題に対処できるようになったのです。

もちろん、環境保護キャンペーンの成功というのは、たくさんある課題のうちの一つにすぎません。本書はもっと広い視野に立ち、科学的に有効な説得戦略を身につければ、誰でも人を説得する能力を高められるということを説いていきます。あなたが普段使っているメッセージにほんの少し手を加えるだけで、その説得力を格段に強めることが可能です。それは、著者や他の科学者による研究によってさまざまな状況で証明されており、本書ではそれらの研究を紹介しつつ、研究結果の背後にある原理についても論じます。あなたが誰かの態度や行動に影響を与え、お互いにとって有益な結果が得られるほうへ導く場合、その方法の根底では心理作用が働いています。その部分について理解を深めることこそ、本書の主なねらいといえるでしょう。また、あなたの意思決定を左右しかねない、巧妙な、あるいはあからさまな影響力を防ぐ方法も取り上げていきます。

本書の特長は、科学的に証明されていないいわゆる「ポップ」心理学や、ありふれた「個人的な経験」に頼っていないところです。本書で紹介される戦略には必ず、それを裏づける科学的な証拠があります。たくさんの不思議な事例が出てきますが、それらも社会的影響力の心理を深く理解していれば説明が可能です。たとえば、現代において最も人気の高かったローマ法王[†2]の訃報の直後に、なぜ大

†2　二〇〇五年に没したポーランド出身の法王、ヨハネ・パウロ二世のこと。

勢の人が何千キロも離れたところにある土産物店に殺到して、法王ともバチカンともカトリック教会とも全く関係ない品物を買い漁ったのでしょうか。他にも、人を説得するのに効果絶大なオフィス用品とは何か、ルーク・スカイウォーカー（80頁参照）はリーダーシップについて何を教えてくれるか、コミュニケーションのうえでメッセージが逆効果になるのはどんなミスをしたときか、短所を説得力のある長所に変えるにはどうすればよいか、自分自身を専門家だとみなすことや人から専門家だと見なされることが危険を招くのはなぜか。このような、さまざまな疑問について明らかにしていこうと思います。

説得は芸術ではなく科学である

説得に関する科学的研究が始まってかれこれ半世紀以上になります。にもかかわらず、説得の研究は何やら秘密の科学のように扱われ、学術誌の片隅に埋もれていることもしばしばです。この問題を扱った研究の多さを考えると、なぜこれほど見過ごされているのかは一考に値するでしょう。他人に影響を与える方法を選ぶときに、経済学や政治学、社会政策などを基準にする人が多いことは、別に不思議ではありません。しかしなぜか、心理学で定説になっている理論や方法のほうは見落とす人がとても多く、これは不可解といわざるをえません。

おそらく、経済学、政治学、社会政策などの分野では、最低限の能力を身につけるのにも誰かに教えてもらう必要があると考えられているのに対し、心理学の原理については、自分は人生経験や人との付き合いを通して、すでに直感的に理解していると思い込んでいる人が多いためだと思われます。その結果、決断を下すときに、心理学の研究について調べたり参考にしたりする人は少ないというわけです。この自信過剰のせいで、人に影響を与える絶好の機会を逃してしまうだけでなく、悪くすると、心理学の原理を誤用して自分や周囲に害を与えてしまいます。

また、個人的な「経験」を重視しすぎるだけでなく、自分の「気持ち」を重視しすぎることも理由の一つだと思われます。たとえば、タオル再利用カードのデザインを依頼されたマーケティング担当者は、なぜ環境保護プログラムがもたらす効果にばかり焦点を当てたのでしょうか。おそらくその人が行ったのは誰もがしそうなこと、つまり「自分だったら、どんな動機づけがあればプログラムに参加するだろうか」と自問することだったのです。自分なら何によってその気になるかを考えた末、自らの価値観や、環境問題に対する意識が高いという自己イメージを活用すれば、効果的なカードにできると考えたのでしょう。でも、そのせいで、お願いの言い回しを少し変えるだけでプログラムの参加者を増やせる、という点には気づかなかったのです。

説得は科学です。芸術とみなす人も多いようですが、それは間違いです。優れた芸術家を育てるのは当人の生まれもった能力を伸ばせば可能でしょうが、ずばぬけた才能の芸術家を育てるとなると、その才能や創造力を他人が与えることは不可能です。幸い、この話は説得には当てはまりません。自分は説得については初心者だと思っている人、子どもをおだててオモチャと遊ばせておくこともできないという人でも、説得の心理を理解して、科学的に有効な方法を使えば、説得にかけてはベテラン級になれます。

あなたが経営者でも、弁護士でも、医療従事者、政策立案者、ウェイター、販売員、教師、あるいは全く違う職業の人でも、説得の名人になれるように本書は作られています。本書では、われわれ著者の一人、ロバート・チャルディーニの書籍『影響力の武器――なぜ、人は動かされるのか』で探求された、六つの普遍的な社会的影響力の原理に基づいたテクニックを取り上げます。その原理とは、**返報性**（恩恵を受けたら報いなくてはならないと感じること）、**権威**（専門家に指示を仰ごうとすること）、**コミットメントと一貫性**（自分のコミットメントや価値観と一貫した行動を取ろうとすること）、**希少性**（手に入れにくいものほど求めたがること）、**好意**（好意をもつ相手ほど賛同したくなること）、**社会的証明**（他人の行動を指針とすること）です。

この六つの原理は有効な社会的影響力の戦略のうち大部分の根拠となるものですが、他の心理学的要因に基づいた説得テクニックも数多くありますので、本書ではそれらも紹介します。

さらに、職場だけでなく私生活のなかの、たとえば親として、隣人として、友人としての周囲との付き合いなど、戦略を活用する状況にも焦点を当てます。紹介するアドバイスは、実用的、行動志向で、倫理的、かつ分かりやすく、余計な手間も大きな出費もいりません。

ヘニー・ヤングマンのネタを真似るわけではありませんが、本書を読み終わるころには、皆さんの説得の道具箱が科学的証明に基づく社会的影響力の戦略でいっぱいになり、なかなか閉まらなくなっていることを期待してやみません。

目次

1

不便を感じさせて高める説得力

最近テレビでは、チャンネルの増加に伴って、インフォマーシャル（時間枠の長いテレビショッピング番組）が広告業者定番の手法になっています。このテレビショッピング業界で成功を収めた放送作家にコリーン・スショットという女性がいます。アメリカの有名なテレビショッピングをいくつも手掛け、最近、彼女が台本を担当した通販番組では、ほぼ二十年ぶりに売り上げ記録が更新されました。スショットの番組で使っている手法は、派手なキャッチフレーズ、わざとらしいほど熱心な観客、有名人のお墨付きなど、ごくありふれたものですが、彼女がテレビショッピングのお決まりの台詞をわずか三カ所変えただけで購買者数が激増したそうです。そして驚くべきは、その三カ所の変更というのが、「商品を注文するのは面倒かもしれない」とお客に思わせるものだったことです。いったい彼女は、どのような方法で売り上げアップを達成したのでしょうか。

実はスショットは、この手の番組では定番になっている「オペレーターがお待ちしています、今すぐお電話ください」という台詞を、「オペレーターにつながらない場合は、恐れ入りますが、繰り返しお電話ください」に変更したのです。客に対して、オペレーターにつながるまで何度も電話する必要があるかもしれない、とほのめかしているわけですから、一見、無謀な変更に見えるかもしれません。しかし、あなたがそう感じるのは、「社会的証明」の原理がもつ威力を知らないためです。社会的証明の原理とは、要するに、人は誰でも、自分でどうしたらよいか分からないときには、周りに目を向けて他人の行動を手本にするという法則のことです。

スショットの例で、「オペレーターがお待ちしています」と言われたときに、それを聞いた視聴者は何を思い浮かべるでしょうか。鳴らない電話の横でオペレーターが退屈そうに爪を手入れしたり、雑誌の割引クーポンを切り抜いたりしていたとしたら、そこから連想されるのは、人気がなくて売れ行きの悪い商品です。一方、「オペレーターにつながらない場合は、繰り返しお電話ください」と言われれば、その商品の人気についてどう思うでしょうか。手持ち無沙汰のオペレーターの代わりに、休む間もなく電話応対に追われる人たちを思い浮かべるのではないでしょうか。

変更したほうの台詞を聞いた視聴者は、他の人たちが電話をしている姿を思い描いてそれに従ったのです。その人たちがどこの誰だか全く知らないにもかかわらず、です。つまり、「電話がつながらないということは、他にも私みたいにテレビを見て電話している人がいるのだ」と考えたわけです。

社会心理学の研究には、人の行動に影響を与える社会的証明の威力を示すものがたくさんありますが、その一つに、スタンレー・ミルグラムのグループが行った実験があります。まず一人の研究助手がニューヨークの雑踏でふいに立ち止まり、六〇秒間空を眺め続けます。ほとんどの通行人は彼が何を見ているのか気にも留めず、避けて通っていきます。ところが、空を眺める助手の数を四人増やしたところ、一緒になって空を見上げる通行人の数が四倍以上にふくれあがったのです。

このように、他人の行動が、社会的影響の強力な要素であることにもう疑いの余地はありません。しかし、ここで注目してもらいたいのは、研究の対象とされた人に、「あなたの行動は他人の行動に左右されますか」と尋ねると、皆、絶対にそんなことはないと言い張る点です。実験に携わっている社会心理学者のあいだではすでに有名なことですが、人は何が自分の行動に影響を与えているのかを自分ではほとんど認識できていません。タオル再利用カードの制作者が、社会的証明の原理を活用しようと思わなかったのもたぶんそのせいでしょう。「私だったら、どういったことに心が動かされるだろうか」と自問するあまり、他人が自分の行動に与えている影響の大きさを、かなり割り引いて考えてしまったのだと思います。その結果、タオル再利用は環境保護にとても大事であるという表面上の動機づけだけに注意を向けてしまったわけです。

ところでタオル再利用カードを目にした宿泊客のほとんどは、実際に多少はタオルを再利用してくれたことを覚えていますか（xi頁）。もし単純に、この事実を他の宿泊客に伝えたらどうなるでしょうか。環境保護対策に対する宿泊客の協力に何か影響するでしょうか。私たちの研究グループは、他の宿泊客がタオルの再利用をしたという事実を伝えるカードのほうが、現在ホテル業界で普及しているカードよりも実は説得力が高いのではないかと考えて、両者の効果を比較してみました。

私たちはカードを二種類作り、ホテル支配人の協力を得て、それぞれを客室に置きました。片方のカードには、大概のホテルで使われている基本的な環境保護メッセージが記され、この取り組みに協力することで環境保護に貢献し、自然を大切にする気持ちを示してくれるようお願いしてあります。もう一方のカードは、大多数の客は滞在中に少なくとも一度はタオルを再利用しているという事実をそのまま伝えた、社会的証明の情報を活用したカードです。これら二種類のカードは、ホテル内の別々の部屋に無作為に割り振られました。ところで、この実験にはちょっとした問題もありました。おかげさまで私たちの下には熱心な研究助手が揃っていて、いつでもデータ収集を手伝ってくれますが、他人の客室のバスルームに忍び込むとなると、助手たちや宿泊客はもちろんのこと、大学の倫理委員会にも（また、われわれの母親にも）渋い顔をされるのは間違いありません。幸い、ホテルの客室係の方々がデータ収集を買って出てくれました。そこで私たちは、宿泊客が最低一回はタオルを再利用したかどうか、それぞれの客室の清掃が行われた最初の日に記録していきました。

データを分析したところ、ほとんどの客がタオルを再利用している（社会的証明による訴求）と知らされた宿泊客は、ふつうの環境保護メッセージを見せられた宿泊客よりも二六パーセントもタオル再利用率が高いことが分かりました。タオルの再利用度を知らせるメッセージを採用しているホテルには、現実にはお目にかかったことはありませんが、カードの文句を少し変えて他の人の行動に触れただけで、ふつうのカードを使うより二六パーセントも多く協力が得られたわけですから、他人の意見など自分には全く関係ないと答える人が大多数であることを考えれば、上々の結果といえます。

以上のことから分かるのは、社会的証明の効果を意識しておくと、人を説得する際に大変役立つということです。もちろん、説得したい相手への伝え方も大事です。「皆もそうしているのだから、おとなしくこっちの群に加わりなさい」といった表現では、良い反応は期待できません。「環境保護に協力している大勢の皆さんの輪に加わりましょう」というように、肯定的な表現を使えば、好意的に受けとめてもらえるでしょう。

公共の問題に限らずビジネスの場でも、社会的証明の効果が大きな影響を与えることがあります。看板商品を売り込むために人気の高さを示すデータ（マクドナルド社の「何十億もの人に愛されています」など）を使うだけでなく、必ずお客や得意先から好意的な証言をもらっておきましょう。あなたの会社がいかに利益をもたらすか見込み客に納得してもらうには、そうした証言を紹介しながら一押しすると効果的です。さらに効果的なのは、見込み客が現在の顧客から、あなたやあなたの会社にいかに満足しているか直接証言を聞けるような場を設けることです。たとえば、顧客と見込み客の双方を昼食会やセミナーなどに招いて、うまく交流が進むような席順にするという手があります。そうした状況なら、自然に会話が始まって、あなたの会社と取引するメリットに話が及ぶはずです。また、もしも昼食会の出欠を確認しているときに見込み客から「折り返し電話します」と言われたら、「つながらない場合は、繰り返しお電話ください」と伝えるのをどうぞお忘れなく。

2

バンドワゴン効果をパワーアップ

社会的証明を盛り込んだメッセージが宿泊客のタオル再利用を促進したことから分かるように、誰でも他の人の行動には引きずられやすいもののようです。しかし、ここで新たな疑問が生じます。いったい人は、誰の行動に一番釣られやすいのかという疑問です。

たとえば、社会的証明メッセージの内容が、ホテル全体の宿泊客の行動ではなく、自分の泊まっているまさにその部屋の過去の宿泊客の行動に関するものだった場合、説得力は上がるのでしょうか。この予想を否定する理由はいくつか考えられます。実際、特定の部屋における行動を判断基準にするのは、以下の二つの点からしても合理的とはいえません。第一に、宿泊客が自分と同じ部屋に泊まった過去の宿泊客を、特に好意的に見るということはないはずです。むしろ過去に泊まった客は、多少はその部屋や設備の質を低下させた張本人です。第二に、その部屋に以前泊まった人のほうが、たとえば隣室に泊まった人よりも良い行動をしているという根拠が全くありません。とはいえ、すでに見てきたように、誰しも何が自分の行動を左右しているのかについては誤解していることが多いものです。

前節「1」で紹介した実験を思い出してください。ホテルの実験で使った社会的証明のメッセージは、宿泊客に対して、「このホテルに以前泊まった人たち」の大多数が、滞在中に最低一度はタオルを再利用した、と伝えました。われわれは類似性という考え方をもう一歩押し進めて、「その部屋に過去に泊まった人」に関する社会的証明を盛り込んだカードを使って実験することにしました。そこで、①一般的な環境保護メッセージが書かれたカード、②ホテルに泊まった人の大多数が協力してくれたことを示すカードの他に、③過去にその部屋に泊まった人たちの大多数は滞在中にタオル再利用に協力したことを伝えるカード、という三種類のカードを用意して各部屋に置きました。

その結果、③の自分の部屋の過去の宿泊客の行動について知らされた宿泊客は、②のホテル全体の宿泊客の行動を知らされた宿泊客よりもさらに協力する率が高く、①の一般的な環境保護メッセージのグループと比べると協力してくれる率が三三パーセントも高かったのです。つまり、もしヘニー・ヤングマンがチェックアウト前に、彼の部屋でタオルを盗んだ客は一人もいなかったと記されたカードを見ていたら、スーツケースを閉じるのに苦労はしなかったに違いありません。それにしてもなぜ、このような結果が得られたのでしょうか。

それは、私たち人間にとって、ある特定の環境に自分自身をぴったりと適合させてくれるルールに従うのが、一番無難な選択だからです。たとえば、あなたが図書館にいるとき、静かに小説の棚を見ながらたまに友達と声をひそめて話している人の行動を見習うでしょうか。それとも、本をおでこに押しつけてふざけたり、ｅのつく言葉を口にするたびにペナルティとして酒の杯を空けるゲームをしたりする、行きつけのバーの客の行動を真似るでしょうか。図書館の職員にそんなところを見つかったら永久に出入り禁止でしょうから、必ず前者を選ぶはずです。

人の考えを自分が望む方向に誘導するには、誰かに良い証言をしてもらうのが効果的だということを前に述べました。先ほどの実験の結果からは、証言をする人が聞き手と似ていれば似ているほど説得力が増すことが分かります。ですから、説得したい相手に誰の証言を聞かせるかを決めるときは、自分の見栄はさておき、相手の状況に一番近い人を選ぶべきです。たとえば、授業をさぼる生徒を教師が説得する場合は、教室の最前列に座るようなタイプの生徒からではなく、もっと当人に似たタイプの生徒から、出席することのメリットを話してもらうべきでしょう。

また、地元の美容室チェーンの経営者にソフトウェアを売り込みたいなら、大会社の社長が絶賛しているなどという話はしないで、他の美容室経営者がそのソフトウェアを重宝しているという情報を教えるほうが、はるかにインパクトがあります。つまり「うちと同じようなところでその商品が役に立っているなら、うちでもうまくいくに違いない」というわけです。

あるいは、管理職として部下に新しいシステムを使うよう説得するなら、同じ部署ですでに乗り換えに同意した人に証言を求めるべきです。試してはみたけれど、一人まだ頑固な部下がいるですって？　どうやら一番長く古いシステムを使ってきたものだから、同意してくれないようですね。そういうときに管理職が犯しがちな間違いは、当の頑固者とは全く共通点のない、部内で一番弁の立つ人を説得に当たらせてしまうことです。最善の方法は、説得したい相手によく似たタイプの部下を選んで意見を言ってもらうことでしょう。それが同じように旧システムに愛着をもっている人であれば、多少話が下手でも、受けが悪くてもかまわないのです。

本書の初版が出版されて、二、三カ月が過ぎたころ、著者の一人がイギリス国税庁から興味深い質問を受けました。これほど大勢の人に、ホテルでタオルを再利用する気にさせたやり方なら、納税者に所得税の申告を促す場面でも同様の結果が得られないだろうか、というのです。数カ月後、その答えが「イエス」であることが判明しました。受け取った人の注意を、期日までに税金を払わなかった場合の罰則に向けさせていた従来の督促状の文面を改め、一番上の目立つ位置に、ある一文が加えられました。書かれていたのは、イギリスの大多数の人が期限内に税金を納めているという、嘘偽りのない指摘です。効果はすぐにはっきりと現れ、申告率が五パーセント上昇しました。その次に、私たちは別の督促状を作成しました。文面には、イギリス人の大多数が期限までに税金を納めていると書く代わりに、督促状を受け取った人と同じ地域に住む人の大多数がそうしていると書きました。この督促状では納税率が約一二パーセント上昇しました。こうした督促状は、その後、イギリスの行動インサイトチームが開発した他のさまざまな文面とともに、何億ポンドもの税金を回収し、歳入増加と経費削減の役に立っています。

この実験からは不可解な疑問が生じます。もしイギリスが、他の大半の国と同じく、税金徴収の効果的な手法を見出すことに、何世紀ものあいだ興味をもっていたとすれば、なぜこのような簡単でお金もかからない手法が、これまで検討されずに来たのでしょうか。おそらく、複雑で特殊な環境で働くほとんどの専門家と同じく、イギリスの税務署職員たちも、自らの課題に対する答えは、自分たちとよく似た人たちの活動（つまりこの場合は、他の国々の税金システムで最善とされている手法）のなかにあると考えたのでしょう。その結果、社会的証明のメッセージを督促状に付け加えるというアイデアが見逃されたのは、容易に理解できます。たとえ、そうしたアイデアが検討される場合があったとしても、すぐに却下されるのがオチだったかもしれません。考えてみれば、それは本書のような本の影響もあってのことなのかもしれませんが、他の人の振る舞いが私たち自身の振る舞いに与える驚くべき影響について、現在ほどよく分かっている時代はないわけですから。

私たちは、さまざまな組織同士が、最善の手法を共有することに異を唱えているわけでは全くありません。ただ、目を向ける場所はそこだけでいいのですか、とは述べておきたいと思います。

3

社会的証明の思わぬ落とし穴

ふつう広告が意図しているのはものを売ることであり、人を感動させることではありません。しかし、一九七〇年代初頭にキープ・アメリカ・ビューティフルという団体が制作した広告は多くの人の胸を打ち、史上最も効果的な公共広告と評判になりました。アメリカの毎日のテレビ番組を食生活にたとえるなら、この道徳的なCMは食物繊維といったところでしょうか。それは一人のアメリカ先住民が、大規模な環境破壊を目の当たりにして、一粒の、しかしとても雄弁な涙をこぼすという内容でした。数年後、同じ組織が別のキャンペーンで、このアメリカ先住民のキャラクターを再度取り上げました。今度は、まずバスの待合所でコーヒーを飲んだり、新聞を読んだり、タバコを吸ったりしている人たちの、ごく日常的な風景が映ります。やがてバスが来て人々がそれに乗り込み待合所が無人になると、そこには彼らの残した紙コップや新聞、吸殻などが散乱しています。画面が右から左にゆっくりと動いていくと、そこには例のアメリカ先住民の顔が大きく載ったポスターが貼られています。ポスターの人物は汚された無人のバス停を無言で見下ろしていて、相変わらずその目には涙が浮かんでいます。画面が静かに暗転し、締めの文句が現れます。「みんなが無関心だから戻ってきたよ」。
　みんなが無関心だから戻ってきた。この言い回しは、どのようなメッセージを視聴者に伝えているでしょうか。この広告は、ポイ捨て行為は禁じられているにもかかわらず、実際にはたくさんの人が行っていると言っています。ポイ捨てが絶対許されないと伝えること自体には問題はありませんが、それが日常茶飯事なのだと示してしまうと、ポイ捨てに強力な社会的証明を与えてしまうことになります。誰もが最も一般的な行動規範に従いたくなるのは前述したとおりです。社会的証明の原理は、実は諸刃の剣なのです。

　同じような例は日常的に見られます。保健所や病院では、予約をすっぽかす人がいかに多いか非難するポスターをよく待合室の壁に貼っていますが、そういう人は減るどころか増える一方です。政治家たちは有権者の無関心の広がりを言い立てますが、その情報の効果を分かっていないため、投票率はどんどん下落しています。アリゾナ州にある化石の森国立公園には、化石木のかけらを持ち出す来訪者があまりに多いため、公園の存続が危ぶまれていることを知らせる派手な看板が設置されており、訪れた人にそのことがすぐに伝わるようになっています。「貴重な遺産が毎日破壊されています。一人ひとりが取っていく化石木はわずかでも、合わせると一年間で十四トンにもなるのです」。

　ここで悪い例として挙げたいくつかのスローガンは、現実をありのままに表していますし、それを作った人が善意であることも間違いありません。しかし、これらのスローガンを考えた人たちは、ネガティブな社会的証明を使ったせいで、人々の注意が、その行為がいかに悪いかではなく、いかに頻繁に行われているかに向いてしまっていることに気づいていません。実は、われわれが化石の森の木が盗まれていることを知ったのは、ある元大学院生の話が発端でした。彼はある日、化石の森を婚約者の女性と訪れました。彼によると婚約者の女性はとても誠実な人で、クリップ一つでも借りたものは必ず返すタイプとのことでした。二人が公園を歩いていると化石木を持ち出さないよう警告する看板に出くわしました。その文句をまだ読み終わらないうちに、ふつうなら法律違反などとんでもないという婚約者が彼をひじでつつきながらささやいた一言に、彼は愕然としました。「私たちも今のうちに取っておいたほうがいいわよ」。

社会的証明のネガティブな効果を調べるために（同時に、もっと効果的なメッセージを作れないか探るために）、われわれの研究者チームは化石の森国立公園から木が盗まれるのを防ぐための看板を二種類用意しました。一つはネガティブな社会的証明の看板で、「これまでに公園を訪れた多くの人が化石木を持ち出したため、化石の森の環境が変わってしまいました」という台詞に、木を持ち出そうとしている数人の来訪者の写真を組み合わせました。もう一方の看板には社会的証明を示す情報は入れず、ただ「公園から化石木を持ち出すことをやめてください。化石の森の環境を守るためです」という台詞に一人の来訪者が化石木を取ろうとしている写真を添え、さらにその人物の手の部分に赤い丸に斜めの棒線が引かれた「禁止」マーク（⊘）を描きました。また、比較対象とするために、どちらの看板も設置しない対照群も設定しました。

そうして来訪者に知られないように園内の遊歩道に印をつけた化石木のかけらを置き、さらに遊歩道ごとに入り口に立てる看板を変えました（看板なしの入り口もあり）。この方法で、看板の違いが持ち出し行為にどう影響するかを調べることができました。

その結果は、国立公園の管理者を化石にしてしまうぐらいショッキングなものでした。なんとネガティブな社会的証明メッセージの看板が立てられていた遊歩道は、どちらの看板も立てなかった対照群（盗まれた化石木は二・九二パーセント）よりも、ほぼ三倍も盗まれた数が多かったのです（七・九二パーセント）。これでは犯罪防止どころか犯罪助長対策です。それにひきかえ、単に化石木を持ち出さないよう訴えたメッセージは、対照群よりやや低い数字（一・六七パーセント）になりました。

好ましくない行動が頻繁に起きているという社会的証明のメッセージが、意図せずに害を引き起こしてしまうことについて前に述べましたが、今回の結果はそれと符合します。ですから、情報発信者はネガティブな社会的証明は伝えずに、その場ではどう行動すべきか、もしくは、すべきでないのかという点に情報の受け手の注目を集めなくてはなりません。あるいは、状況が許すならば、好ましい行動をしている人たちのほうに焦点を当てるとよいでしょう。これは単純にデータの見方を変えるだけで可能なこともあります。たとえば、公園では年に十四トンもの化石木が持ち出されていますが、ルールを守り自然環境の保護に努めた大多数の人たちと比べれば、盗んだ人の数は少数です（訪問者全体のわずか二・九二パーセント）。

本書初版刊行後も、私たちは、好ましくない行動が嘆かわしいほど頻繁に行われていることを非難するメッセージの効果について調べています。二〇一二年に実施した研究では、保健所が前月の診療予約のすっぽかし件数を目立つところに掲示した場合、翌月のすっぽかし件数に増加傾向が見られました。そうなる主な理由は二つあります。一つは、掲示を見た患者が「ほう、そんなにたくさんの人がすっぽかしてるなら、もう一人増えたってどうってことはないだろう」と考え、すっぽかすことをほとんど当たり前のように思ってしまう場合があるということ。もう一つは、そのメッセージを見るのは、実際に予約を守ってやってきている人だけなので、望ましい行動を取っている人々に、反対の行いを推奨してしまう可能性が生まれるということです。

幸い、すぐに実行できて費用もかからない解決策がありました。掲示内容を変えて、すっぽかした人よりずっと大勢の、予約を守っている人の数を掲げたところ、予約のすっぽかし率が一八～三一パーセント下がったのです。

さて、あなたが説得力を高めようとするとき、こうしたことから何が学び取れるでしょうか。たとえば、あなたが月例会議の欠席者が多いことに頭を悩ませている管理職だとしましょう。欠席者が多いという点に注目を集めるような真似をしてはいけません。あなたがそのことを残念に思っていることを示し、同時に、実際には大多数の人が出席していることを指摘して、欠席者は少数派だという事実を強調してください。同様に、経営者であれば、新しい仕事の仕方や新しいソフトウェア、新しい顧客サービスプランなどの導入を促進するためには、それをすでに日常業務に取り入れている部署や従業員の数を公表するとよいでしょう。そうすれば、安心して社会的証明の効果を活用できるため、まだ新方式を取り入れていない人たちを非難して社会的証明が裏目に出るなどという羽目に陥らずに済みます。

4

「平均値の磁石効果」を防ぐには

化石の森の例から、人はたとえそれが社会的には好ましくない行為でも、大多数の人が行っているとそれに同調してしまうことが明らかになりました。そうした場合には見方を変えて、妥当な振る舞いをしている人たちのほうに焦点を絞ったメッセージにすればよいと述べましたが、実はそこにもう一つの落とし穴があります。具体的に見てみましょう。

私たちは高名な研究者であるウェス・シュルツとともに、ある調査を行いました。まず、カリフォルニア州の約三百世帯から、毎週エネルギー消費量の記録を取る許可を得ました。[*2] それから研究助手が協力家庭を訪ねてメーターをチェックし、週にどれだけエネルギーを消費したかという基準測定値を求めました。その後、各家庭の玄関に、その家庭の消費量に加えて、近隣家庭の消費量の平均値を

＊2　助手たちの身を案じてくださる読者のために付け加えると、彼らは記録を昼間にとり、つながれていない犬のいる家庭には派遣されなかった。そういうわけで、この研究によってケガをした助手はいなかったのでご安心いただきたい。

記した小さなカードをぶら下げました。こうすると当然ながら、全体の半数の世帯は平均より消費量が多く、残りの半数は平均より少ないことになります。

この後、カードをぶら下げたことによって消費量がどのように変化するかを調べました。すると、隣近所よりエネルギー消費量が多かった世帯は、数週間で消費を五・七パーセント減らしていましたが、これはさして驚くには当たりません。面白いのは、平均値より少なかった世帯のほうです。元は省エネ派だったはずの世帯で、実は八・六パーセントも消費量が増えていたのです。この結果は、大多数の人が取る行動には「平均値の磁石効果」があること、つまり、平均値から外れている人は平均値に向かって引き寄せられる傾向があるということを示しています。人は、元の行動の善し悪しにかかわらず、自分の行動を世の中の標準に合わせようとするのです。

では、望ましくない行動のほうが多数派になっている場合、元々社会的に望ましい行動をしていた人が平均値のほうになびいてしまうのを、どうやって防いだらよいでしょうか。私たちが考えたのは、社会的承認を表すシンボルマークを使って、良い行動をしている人にその行動が社会的に望ましいものであることを伝え、その自尊心をくすぐるという方法です。シンボルマークには、単純なスマイルマークを使うことにしました。私たちは協力家庭の玄関にぶら下げるカードに、近隣の平均値との比較結果に応じてスマイルマーク（☺）か、しかめ面マーク（☹）をつけてみました。結果を見ると、しかめ面マークをカードにつけてもあまり違いはなかったことが分かりました。比較的電力消費量の多かった世帯は、しかめ面マークがカードについていてもいなくても、五パーセント以上消費を減らしたのです。けれども、われわれが感心したのは、比較的電力消費量の少なかった世帯に対してスマイルマークが大きな影響を与えたことです。何もマークをつけなかった場合には八・六パーセント消費が増えてしまったことはすでに触れましたが、それにひきかえスマイルマークをもらった世帯のエネルギー消費は、以前と同じ低さに抑えられていたのです。

この実験結果から、社会的規範が磁石のように人々の行動を引き寄せる力をもっていること、そして、望ましい行動を取っている人たちに対して彼らの行動を肯定するメッセージを伝えると、社会的規範によるマイナスの効果を減少させられることが分かりました。

別の例を挙げましょう。ある大企業において、従業員の遅刻率が平均五・三パーセントだということが分かったとします。良い面から見ると、平均より遅刻が多かった人たちはおそらく自分の行動を規範に近づけるよう努力するでしょうが、悪い面から見れば、全く遅刻をしていない人たちが、遅刻率五・三パーセントのほうに引き寄せられてしまいます。先ほどの研究から分かるのは、時間どおりに出勤している人にはその行動をすぐに褒めると同時に、時間厳守がどれほど高く評価されるかをはっきり伝えるべきだということです。

特に公職に就いている人は、自分のメッセージの与える影響を考慮する必要があります。たとえば、学校をずる休みする生徒が多い場合、教育を取りしきる立場の人は、まず大多数の保護者が自分の子どもをきちんと登校させているという事実を公にしてそれを褒め、同時に、そうしていない少数の保護者に対しては、はっきりとその責任を問うべきです。

5

選択肢が多すぎると買う気が失せる

誰にでも、こういう経験があるはずです。新しい仕事に就くと、たちまち山のような事務手続きに追われ、たくさんの重要な決断を迫られます。退職金制度に加入するかどうかもその一つで、これは給与の一部を天引きして投資ファンドへ回し、後から支給を受けるという制度です。加入を決めると、ふつうは、さまざまなプランのなかから自分に合ったものを選ぶことになります。そのなかには税制上有利なものや雇用者による同額拠出など、たくさんの有益なオプションが用意されています。ところが、それを活用しようとしない人が大変多いのです。なぜでしょうか。どうやら会社の用意した選択肢が多すぎることが、加入する意欲を失わせてしまっているようなのです。

行動科学者のシーナ・アイアンガーが、この問題について研究を行っています。彼女の研究チームは約八十万人の被雇用者を対象に企業が出資している退職金制度を分析し、ファンドの選択肢の数に応じて加入率がどう変わるかを調べました。案の定、選択肢が多いほど従業員の退職金制度加入率は下がることが判明しました。また、ファンドの選択肢が十個増えるごとに、加入率が約二パーセント減少することも分かりました。比較例を一つ挙げると、選べるファンドが二種類の場合には加入率はおよそ七五パーセントだったのに、五十九種類の場合にはそれが約六〇パーセントにまで下がったのです。

アイアンガーと同僚の社会科学者マーク・レパーは、選択肢が多すぎると逆効果になるという現象が食品などの分野でも起きるのかを調べました。彼らは、買い物客が同一メーカーのいろいろなジャムを試食できるように、高級スーパーマーケットの中に二カ所の試食コーナーを設けました。ただし、そのうちの一カ所には六種類のジャム、もう一カ所には二十四種類のジャムを置いておきました。すると、これら二カ所で売り上げに大きな違いが見られました。選択肢が豊富なほうのコーナーでは立ち寄った人の三パーセントしかジャムを買わなかったのに対し、選択肢が限られているほうのコーナーでは三〇パーセントもの人が買ったのです。

なぜ、売り上げに十倍もの差が出たのでしょうか。研究者の見方では、あまりに選択肢が多すぎると消費者にとってそれぞれを差別化することが負担となり、決断を下すのが煩わしくなってしまうからです。客は、選ぶ面倒を避けようとして商品全体に対する購買意欲も関心もなくしてしまいます。これと同じことが退職金制度にも起きていたわけです。

では、たくさんの種類や選択肢を揃えることは常に不利なのでしょうか。この疑問に答える前に、バンクーバーで最も有名なアイスクリーム店、ラ・カーサ・ジェラートの例を見てみましょう。同店は思いつく限りの、そしてアッと驚くような、とにかくあらゆる種類のジェラート、アイスクリーム、シャーベットを取り揃えています。一九八二年にバンクーバーの商業地区に開店したときはピザが売り物の飲食店でしたが、現在は、オーナーのビンスいわく「夢のアイスクリーム・ランド」へと発展しました。

店に入ると、二百種類以上の多種多様な味の選択肢が目に飛び込んできます。いくつか挙げてみると、ワイルド・アスパラガス、イチジク・アンド・アーモンド、年代物バルサミコ酢、ハラペーニョ、ニンニク、ローズマリー、タンポポ、カレーといった具合です。しかし、二百種類以上もの味を揃えてしまうと、選択肢が多すぎることによるデメリットが発生するのではないでしょうか。この経営者が、顧客に提供する選択肢が多いほど商売はうまくいくと考えているのは間違いありません。また彼が成功しているところを見ると、やっていることはあながち間違いでもないようです。その成功の理由は、第一に、非常に多くの種類の味を揃えることで店が大きな注目を浴び、その点が、他の店にはない素晴らしい特徴とみなされていることです。第二に、常連客のほとんどは、まず味見をしてから買うアイスを決めるため、味を決めるプロセスのほうも楽しめます。第三に、自分の好みがはっきり分かっていてそれが手に入る店を求めている顧客には、選択肢がたくさんある店のほうが便利です。

とはいえ、これほど幸運な企業はまれで、多種類の品物やサービスのなかから好きなものを選ぶ機会を待ち焦がれている客など、そうそう見込めません。むしろ、選択肢を示されない限り自分の好みがよく分からない客のほうがふつうです。つまり、ほとんどの企業にとっては、必要以上に多くの種類の商品を市場にあふれさせると、売り上げを損ねて収益を下げる可能性があるということです。その場合、製品ラインを見直して不必要で人気のないものを廃止すれば、顧客の購買意欲を高めることができるでしょう。

　大手消費財メーカーにも近年品揃えを減らしたところが多くあり、なかには顧客が選択肢の多さに拒否反応を示したことがきっかけとなったケースもあります。たとえば、プロクター・アンド・ギャンブルは洗濯洗剤から処方薬まで幅広い商品を揃えていますが、二十六種類あった売れ筋のシャンプー「ヘッド・アンド・ショルダーズ」をたったの十五種類（これでも十分多い気もしますが……）に減らした途端、あっという間に売り上げが一〇パーセントも伸びました。

　以上の事柄は、次のように活用できます。たとえば、あなたが一つの品目につき多種類の商品を販売している会社に勤めているとします。最初は直感的に抵抗を感じるかもしれませんが、顧客の関心を最大限商品に向けさせるために、選択肢を狭めることを考えたほうがよいでしょう。これは、顧客が自分の好みを正確に把握していない場合には、特に効果があります。もちろん、選択肢を減らせば他にもメリットはいろいろあります。在庫の保管場所に余裕ができて、原材料の調達費用が減り、マーケティングや販売促進に必要な戦略も少なくて済みます。ぜひ品揃えを見直し、自分に問いかけてみてください。「もし顧客が自分に何が必要かはっきり分かっていないとしたら、選択肢が多すぎるせいで他社に顧客を奪われないだろうか」と。

　この研究の結果は家庭生活にも応用できます。どの本を読むか、晩ご飯は何がいいかといったことを選ばせるのは確かに子どものためになりますが、選択肢が多すぎるとそれに圧倒されてしまい、かえって子どものやる気をくじいてしまいます。

人生は、いろいろな変化が起きることで面白くなります。でも、あまりにたくさんの変化が目の前に迫ってきても困ってしまいます。過ぎたるは及ばざるがごとしです。

6

「何もしない」という選択肢が影響力を高めることも

前節「5」では、説得によって相手の決定に影響を与えようとするときに、提供する選択肢そのものだけではなく、提供する選択肢の数も検討することが、なぜ重要かという話を取り上げました。しばしば、選択肢が多すぎるよりも少ないほうがよい、ということがあるのです。

ですがこれは、選択肢やオプションの数を必ず絞らなければならない、と言っているわけではありません。余分な選択肢の存在が、望ましいだけでなく、より好意的な反応を引き出す場合もたくさんあります。驚くべきことに、その余分な選択肢に実体がなくても、効果の出ることすらあります。研究の示すところでは、ときとして、何もしないという選択肢を加えるだけで相手の行動に影響を与えられるのです。

誰かにある選択を行うよう説得する場面を思い浮かべてください。相手がその選択をした後、あなたが考えなければいけないのは、どうすれば相手が、時間が経ってもその選択にコミットし続けるかという問題です。研究から分かった有効なやり方の一つは、こちらが最初に提示する選択肢のなかに、「何もしない」という選択肢を入れておくというものです。

ウォートンスクール（ペンシルベニア大学の経営学大学院）のロン・シュリフト准教授と、ジョージア州立大学のジェフリー・パーカーが中心となって実施したある実験では、言葉探しのパズルに取り組み、なるべくたくさんの単語を見つけるよう、実験参加者に指示しました。参加者たちには、正しい単語を見つけるたびに報酬が増加すること、いつ終了してもいいことを伝えました。説明を受けた後、参加者たちは条件の異なる三つのグループに振り分けられました。それぞれの条件は次のとおりです。

1 **「強制的選択」条件1**——参加者は二種類のパズル（有名な俳優の名前が隠れているものか、各国の首都名が隠れているもの）のどちらかを解かなくてはなりません。

2 **「強制的選択」条件2**——1の二種類に、有名バレエ・ダンサーの名前が隠れているものを加えた三種類のパズルから一つ選び、解かなくてはなりません。

3 **「選択拒否可能」条件**——条件1と同様に、参加者たちは二種類のパズル（有名な俳優の名前が隠れているものか、各国の首都名が隠れているもの）のどちらかを選択しますが、このグループではどちらも選ばず、実験にそれ以上参加しないという選択肢も提示されます。言い方を換えれば、「何もしない」という選択肢が追加されたわけです。

結果を分析してみると、参加者が言葉探しのパズルを解こうとして費やした時間の長さに関して、最初の二つのグループに差はほとんどありませんでした。一方、「何もしない」という選択肢の入ったグループでは驚くべき結果が出ました。どのパズルを解くかを決めた後、実験参加者がそれぞれの選んだ課題に取り組む時間は、他のグループより四〇パーセント以上も長かったのです。

「何もしない」という選択肢を加えるという些細な行為によって、実験参加者が何かを行い、しかも、他の場合より、その何かに費やす時間とエネルギーが大幅に増えたのです。なぜなのでしょう。

一見すると、「何もしない」という選択肢を加えることは無意味に思われます。何か別の項目を追加するのとは違って、「何もしない」ことを選択肢に入れても、選べるパズルの種類は増えません。ですが、そう考えてしまうのは、重要なポイントを見落としているからです。この文脈では、「何もしない」というオプションは、単なる追加選択肢ではありません。そうではなく、このオプションはコミットメントを発生させる戦術として見るべきなのです。それは選択を行う人の心に働きかけて、選んだものが良いものであるという考えを強めます。そうでなければ、「何もしない」という選択肢を選んでいたはずだからです。

ですが、「何もしない」という選択肢を加えることに、潜在的なリスクはないのでしょうか。この研究の実験参加者のうち、「何もしない」という選択肢を提示されたグループの人たちは、全員、実験への参加を続けました。でも、現実の生活において、もし、参加しないことを選ぶ人が出てしまったら、どうなるでしょう。もちろん、そういう事態もありえます。とはいえ、「何もしない」という選択肢を加えることは、それでもなお、良い戦略だったということになるかもしれません。とりわけ、選択を行う人のコミットメントの高まり（今回の実験では四〇パーセントも取り組む時間が長かったことを忘れないでください）から得られる利益が、脱ける人が出ることによる損失を上回る場合には。実のところ、正しいインセンティブ（誘因）を用いて「何もしない」ことを選ぶ人を大幅に減らしつつ、同時に「何もしない」という選択肢を加えることで、その後のコミットメントを高めるという利益を得ることは十分可能です。

このやり方は一見、直感に反していますが、説得によって、課題や目標へのコミットメントを引き出し、その後、それを持続させることが重要になる状況はたくさんあります。個人トレーナーが、「何もしない」という選択肢をお勧めエクササイズのリストに入れておけば、クライアントは選んだエクササイズにより粘り強く取り組むようになるかもしれません。同様に、栄養士が、カウンセリングの段階で、「何もしない」ことを選ぶ自由があると伝えれば、患者がダイエットプランを守る見込みは高まるでしょう。経営コンサルタントが、顧客企業の重役をサポートして職業上の目標を達成させようとする場合なら、「何もしない」という選択肢の導入が、結果を大きく左右する小さな工夫になるかもしれません。そしてもし、影響力を行使して取り組みたい課題が、自分自身の行動に関係するものであるなら、同様の効果を得るために同じやり方を試すことができます。あるいは、「何もしない」という選択肢を選んでもいいわけですが……

7 特典のありがたみが薄れるとき

文房具セット、ボールペン、化粧ポーチ、チョコレート一箱、香水やコロンの試供品、オイル交換のサービス。いずれも無料の特典やサービスの例ですが、読者も一消費者として、買い物をすると何かがタダになるという話に、一度は心惹かれたことがあると思います。ちょっとしたおまけがついているためにある商品を選んだということも、わりとある話です。ところが、理屈のうえでは無料の特典を喜ぶ人ばかりなはずなのに、実際には特典が逆効果になることもあるようです。いったいどういうことでしょうか。

社会科学者のプリヤ・ラグビールは次のように考えました。ある商品（以下、ターゲット商品）に無料の特典をつけると、その特典の価値がとても低いように見えるのではないか、というのです。つまり消費者は、メーカーが価値あるものをただで配るはずがない、と思うわけです。それどころか、消費者は「この商品はどこかまずいところがあるに違いない」とまで考えるかもしれません。たとえば、その特典は旧式で時代遅れなのではないか、メーカーは売れ残り品の在庫を一掃したいだけではないのか、という具合です。

無料にすると本当にその商品に対する評価が下がるのか調べるために、ラグビールは調査対象者に、ターゲット商品であるリキュール類と特典である真珠のブレスレットが載っているカタログを見せました。対象者のうち一つのグループには、無料特典として扱われている場合、その真珠のブレスレットをどのぐらい欲しいと思うか、どれほどの価値があると思うかを尋ね、もう一つのグループには、単独の商品としてそのブレスレットがどれくらい欲しいか、価値があると思うか尋ねました。結果はこの仮説を裏づける形となりました。ターゲット商品の特典になっていると、別個の商品として扱われたときよりも、ブレスレットに払ってもよいと思う値段が約三五パーセントも低くなったのです。

以上から分かるのは、ある一連の商品の販売促進のために、通常は別個に売られている商品やサービスを無料で提供するというやり方は、マイナスの結果を生む可能性があるということです。ラグビールは、特典やサービスの提供が逆効果になるのを防ぐ策として、顧客にその特典の実際の価格を知らせる方法を挙げています。たとえば、あなたがソフトウェア会社の社員で、新規顧客を開拓するためにソフトウェアを一点無料で提供することにしたとします。仮にそれをセキュリティ・ソフトだとしておきましょう。この場合、広告や宣伝メールでこの無料特典について謳《うた》いながら、それを別個に買ったらいくらするのかを示さないと、この特典の価値をアピールするせっかくのチャンスを無駄にしてしまいます。要するに、「無料」というのは数字で表せばゼロですから、自社製品の価値を顧客に伝えるのにふさわしくありません。あなたの提案を文句なく価値あるものにするためには、顧客に実際の価格を知らせる必要があります。「無料のセキュリティ・ソフトをご提供」というキャッチフレーズは即刻やめにして、代わりに「お客様のご負担なしで二万円相当のセキュリティ・ソフトをご提供」にしてください。

自分の行動の価値を相手に示すという考え方は、なにも会社経営者でなくても、人に影響を与えたいと思うすべての人に役に立つはずです。たとえば、残業して同僚が企画書を書き上げるのを手伝ってあげるときには、「その案件があなたにとってどれほど大事か分かっているから手伝うのだ」と言い添えてください。相手の立場になって、あなたの提供する時間がどれほど貴重か示すわけですから、とても効果的な方法です。

同様に、あなたが学校の父母会の役員で、無料の放課後クラブ活動を推進したいのなら、子どもを学校外のクラブに個人で通わせた場合にどれだけ費用がかかるのか、他の父母に知らせるべきです。そうすれば、あなたの提案の価値が高まるばかりか、結果的にクラブの加入者も増えるはずです。

この方法はビジネスや公共サービスだけでなく、家庭でも応用できるかもしれません。たとえば、この研究結果を、口うるさい義理の親を説得するときに使ってみてはいかがですか。せっかくの彼らの意見の価値が下がらないように、無料であなたにあれこれ忠告するのは止めたほうがいい、と教えてあげましょう。

8

上位商品の発売によって従来品が売れ出す不思議

数年前のことです。アメリカの台所用品専門店のウィリアムズ・ソノマが、それまで最もよく売れていたパン焼き器よりはるかに高性能の新機種を売り出しました。ところが、この新製品の投入後に、従来品のほうの売り上げがほぼ倍増するという現象が起きたのです。なぜでしょうか。

ウィリアムズ・ソノマは小売業界で大きな成功を収めています。その歴史は一九四〇年代の終わりから五〇年代始めにかけて、カリフォルニア州ソノマで建築請負業を営んでいたチャック・ウィリアムズという男性が友人とパリに旅したときに遡ります。そこで彼は初めてオムレツ用のフライパンとスフレ型を見て、用途が特化しているフランスの調理器具がアメリカの製品にはない質と美しさを備えていることに驚きました。それなら！――というわけで、ウィリアムズ・ソノマ台所用品店が誕生したのです。その後は店舗を増やし、通信販売にも進出して急成長を遂げ、今日では子会社を含めた同社の年間売上高は五十億ドル近くになっています。ここにはもちろんパン焼き器の売り上げも含まれていて、それが値段の高い上位製品が売り出されるやいなや、従来品のほうの売り上げが倍増したというわけです。

その理由は何でしょうか。イタマール・サイモンソンという研究者によれば、消費者がある商品について複数の選択肢を検討する場合、「妥協の選択」を行う傾向があるためです。つまり人は、最小限必要なものと最大限手に入れたいものの中間を選びがちだということです。買い手は「二つのうちから一つだけ選べ」と迫られると、安いほうを選んで妥協することがよくあります。しかし、これら二つより高価な第三の選択肢が加わると、妥協するポイントが低価格商品から中間価格商品へとシフトします。ウィリアムズ・ソノマのパン焼き器の場合は、一段と高価な製品の登場により、前からある製品を選ぶほうが賢明で経済的な選択になったわけです。

さて、パン種が膨らむように、頭のなかで良いアイデアが膨らんできたでしょうか。たとえば、あなたがある商品やサービスの販売を統括する経営者か営業部長だとします。その場合、自社製品のうち最も高級で高価な商品は、二つの点で会社の利益に大きく貢献することを知っておくべきです。まず、そうした優れた商品は、少数ではあるものの高級品志向の顧客のニーズを満たすことができるため、大きな収益が見込めます。二点目ははっきり見えづらいために過小評価されがちですが、最高級モデルが製品ラインナップに含まれていると、そのすぐ下の価格帯の製品のお買い得感が増すという利点があります。

残念ながら今のところ、この原則はあまり一般では活用されていないようです。バーやレストランでワインを選ぶ場面を思い浮かべてください。最も高価なワインはワインリストの一番下に表示されていることが多く、顧客がワインを選ぶ際にはそこまで眺めずに終わることが多々あります。高級店のなかには最上級のシャンパンは別メニューにしているところさえあります。その場合、中間価格帯のワインやシャンパンは妥協の選択肢とはみなされず、顧客にとってはあまり魅力がありません。しかし、ほんの少し手を加えて高級なワインやシャンパンをメニューの一番上に載せるようにすれば、レストランやバーも妥協の効果のすごさに気づくはずです。

この方法は仕事上の関係でも役立ちます。たとえば、あなたが豪華客船で開催される会議に参加することになったとします。費用は会社が負担してくれますが、あなたの希望する窓つきの船室に泊まれるかどうかはまだ分かりません。この場合、窓つき船室に泊まってもよいか上司にそのまま尋ねるよりは、あなたの希望する選択肢を、一つはやや劣る選択肢（窓なしの船室）、もう一つは豪華でおそらく高すぎる選択肢（バルコニーつき船室）の二つのあいだに挟んで見せるとよいでしょう。あなたのねらいとしている選択肢の両側にこうした代替案を配置すれば、上司があなたの希望を通してくれる可能性が高まります。

妥協の効果を活用できるのは、パン焼き器やアルコール飲料や泊まる部屋に限りません。複数の商品やサービスを取り揃えている人なら、高価な商品を先に提示することで中間価格の商品の魅力が高まることがよく理解できるはずです。もう一つ押さえておきたいのは、この高級品によるフレーミングの方法を使うと、高級品自体の売り上げが予想外に落ちるため、その商品をラインナップから外したくなるという点です。しかしその商品を別の最上位商品を投入せずにただ廃止してしまうと、負の効果がドミノ倒しのように発生して、一つ下の価格帯の商品が売れなくなり、そのまた一つ下と、順次値段の低いほうへ悪影響が広がる恐れがあります。そして顧客による妥協の選択がそのまま下へ移動し続けていったら、結果的にあなた自身の立場まで妥協を余儀なくされるかもしれません。

9 いかにして説得の試みに「Xファクター」を与えるか

誰かと競い合う状況に身を置いていると想像してみてください。たとえば、収益性の高い顧客を捕まえようとして売り込みを行っているとします。あるいは、素晴らしい昇進を巡る戦いで最終候補の三人に残ったとします。その選考の場で、あなたが審査を受ける順番が、結果に何か影響すると思いますか。

企業の採用担当者、購入部門、経営者、財務担当者などによって、毎日、無数の意思決定が行われていることを考えるなら、私たちにこの疑問がほとんど浮かばないというのは、おそらく驚くべきことです。そして、驚きがいっそう大きくなるかもしれませんが、この疑問への答えが見つかる可能性のある場所の一つが、テレビ番組の『Xファクター』[†3]なのです（あるいは、もし、そちらのほうがお好みだという向きには『ストリクトリー・カム・ダンシング』[†4]でもかまいません）。

その理由についてはすぐにお話ししますが、その前にご紹介したい人がいます。コロンビア大学のビジネススクール教授、アダム・ガリンスキー博士です。博士号を取得した研究を終えてすぐ、彼はシカゴ大学で素晴らしい職に就くチャンスを得ました。かなりの距離を移動する必要があったため、シカゴ大学の選考委員会は、彼の希望に沿って面接の時間を設定すると言ってくれました。現地に前泊し、当日は最初の一人として面接を受けるべきでしょうか、それとも当日現地入りして、後のほうの順番で面接を受けるべきでしょうか。どんなことも運任せにはしたくなかったので、ガリンスキーはプリンストン大学の同僚たち（非常に優秀な心理学者たちです）の意見を尋ねて回りました。誰に訊いても答えは同じでした。「一番で面接を受けなさい」と言われたのです。

この助言を支持する理由はいくつもあります。その一つは一九六〇年代、七〇年代にまで遡るいくつかの研究と関係しています。実験参加者に単語のリストを見せた後、できるだけたくさんの単語を思い出すよう求めたそれらの研究では、リストの最初、もしくは最後のほうにあった単語が記憶に残りやすいという傾向が確認されました。この結果はそれぞれ「初頭効果」、「新近効果」として知られるようになりました。その後の研究では、リストを見てから思い出すまでに時間が空くと、新近効果はほとんど消滅するのに対して、初頭効果は残り続けるということが分かっています。ガリンスキーのプリンストン大学の同僚たちが、一番で面接を受けるようにと助言した理由は、これを踏まえてのことでしょう。その文脈において、その助言は理にかなっているように思われました。ただ、ガリン

†3　イギリス発の新人発掘オーディション番組。
†4　有名人が社交ダンス大会に挑むイギリスの番組。

スキーは採用されませんでした。

おそらく、その日、彼には運がなかったのでしょう。あるいは、もっと適切な人物が職を得た、ということだったのかもしれません。理由はどうあれ、その経験はガリンスキーの記憶にしっかりと残り、もっと調べてみようという気にさせたのです。その結果、驚くべき発見がなされました。ガリンスキーは、プリンストン大学の雇用記録を閲覧する許可を取った後、過去五年間に実施された面接のいくつかを無作為に拾っていきました。そして、そのほとんどで、最後に面接を受けた人が採用されていたということが分かったのです。好奇心をそそられたガリンスキーは、さらに調査範囲を広げましたが、結果は同じでした。ユーロビジョン・ソング・コンテスト[†5]の一九五七年から二〇〇三年分を調べたある分析では、大会で演奏順が後ろのほうだったアーティストたちはたいていの場合、演奏順が早かったアーティストよりも良い成績を収めていることが分かりました。この現象は『アメリカン・アイドル[†6]』や『Xファクター』といった番組にも当てはまるようです。これは単に、登場順が早いと、その人に対する審査員の記憶が色あせていく、ということなのかもしれません。

ですが興味深いことに、参加者全員のパフォーマンスが終わった後、まとめて評価を行う（『ストリクトリー・カム・ダンシング』はこの方式です）のではなく、参加者を一人ずつ、パフォーマンスを終えた段階で評価する場合にも、やはり最後に登場する人に優位性があるようなのです。

どうやらここでは、二つの事情が結果に影響を与えているように思われます。第一に、順番に演じられるパフォーマンスそれぞれの採点をするよう求められたとき、人は始めのほうの点数が辛くなりがちです。これは、最初のほうの参加者に高い点数を与えてしまうと、その後もっと良いパフォーマンスがあった場合、評価に差をつける余地がなくなってしまうことを心配するためです。第二に、そうした早い段階で、採点者は参加者を完璧なパフォーマーのイメージと比べがちです。

ですから、次回、誰かと競い合う状況になったときには、選考プロセスの終わりのほうで登場できるようお膳立てをすると、普段以上に有利な状況に立てるかもしれません。また、もし自分が評価や採点をする側だった場合には、順番のもたらすこうした偏りを避けるための対策を講じることで、ふさわしい候補者の取りこぼしを防止できます。やり方の一つは、担当者を二人にし、片方の担当者が早い時点で審査を行った人を、別の担当者が後のほうで審査するように取り計らうことでしょう。採用の決定を面接官一人で行う場合なら、面接と面接の間隔を長めに取っておけば、判断の偏りをいくらか是正する助けとなるかもしれません。

誤解しないでほしいのですが、私たちは、最後のほうにいる候補が必ず勝つと言いたいわけではありません。もし、求人を行っている企業が採用基準を満たす最初の応募者を雇うつもりでいれば、順番が早い人たちは、遅い人たちより有利でしょう。英語のことわざ、「早起き鳥は虫を捕まえる」がそのまま当てはまる事例になります。[*3]

†5　欧州放送連合（EBU）加盟放送局によって開催される、毎年恒例の音楽コンテスト。評価得点が公開されたのは一九五七年から。

†6　全米規模で行われるアイドルオーディション番組。

応募者が二人だけという状況では、先に登場したほうが高評価を得やすいということを示唆する証拠もあります。ですが、どんな場合もそうであるように、大事なのは自分の置かれた状況を知ることです。そして、競争相手が三人以上の場合、もしあなたがトリを務めるなら、昇進や新規顧客を勝ち取れる見込みが高まるでしょう。

＊3　「早起き鳥は虫を捕まえる」（訳注：「早起きは三文の得」と訳されることが多い）という言葉はイギリスの博物学者、ジョン・レイのものと広く考えられており、彼の一六七〇年の著書 *A Compleat Collection of English Proverbs*（『英語のことわざ大全』）に出ている。ためになる話なのでお伝えしておくと、レイは同書に「初め上々ならこりゃけっこう、終わり上々ならなおけっこう」ということわざも収録している。それから三世紀以上経った現在、行動科学者たちは、レイのこの洞察に同意している。今では「ピーク・エンド効果」という言葉もできたし、人間には、ある出来事を、その体験中に発生する苦痛や喜びを伴った重要な瞬間（ピーク）と、最後（エンド）の時点で起きたことによって記憶に刻むという傾向のあることが分かっている。したがって、あなたのパフォーマンスが評価される場面での最善の助言は、ただ順番が最後になるようにするだけでなく、そのパフォーマンスのなかでも、一番の見せ場は最後に取っておくべし、というものになる。

10

三位が二位より好ましいときとは

良い格付けが、ビジネス、製品、サービスに与えうる効果は、誰でも知っています。ある銀行、大学、あるいは映画が、第一位の評価を受けていると言われると、見込み客たちは背中を押されます。もしあなたが格付けのトップにいるなら、きっとみんなにそのことを知ってもらいたいと思うはずです。

格付けの第二位だった場合は、それ自体、素晴らしいことではあるものの、少し状況がややこしくなるかもしれません。自分が二位であるとみんなに知らせるのは、それによって一位でないとはっきり教えてしまうため、あまり意味がないように思われます。これは、すべてが無意味になると言っているわけではありません。二位になっていると分かったときは、曖昧な余地を残した、より馴染みのある区切りを用いてトップスリーに入ったと宣伝すれば、トップツーと言うよりも効果的かもしれません。同じ考え方は、ランキングのもっと下位のほうに入ったときにも当てはまるのでしょうか。第十六位の銀行が見込み客に、トップ一六に入ったと言うのとトップ二〇に入ったと言うのでは、どちらのほうが顧客は増えるのでしょうか。第四十二位の大学の場合は？　その大学がトップ五〇、あるいはトップ一〇〇圏内であっても、ランクインしていると分かれば、入学希望者が増えるのでしょうか。

イリノイ州エバンストンにあるノースウエスタン大学のマーケティング学准教授、ケント・グレイソンが実施した諸研究が示すところによると、概して人は、ランクづけされるものに関係なく、馴染みのある数字を使ったリストをより好みます。たとえば、トップ九二など、馴染みのない形式を使えば、注意を引くことはできますが、目新しさの効果はすぐに弱まり、そのような変わった主張に対する受け手の不信を招きます。

ですから、自分の順位や地位を、最も説得力のあるやり方で顧客や見込み客に伝えたいときには、うまいやり方やとっぴなやり方を使うという誘惑を退け、ただ、状況と最も関連した数字を使うのが最善です。サッカー選手の場合なら、リーグのトップ・イレブンに入ったと言っても筋が通りますが、ランキングで十一位のホテルの場合でしたら、端数を切り上げてトップ二〇に入ったと言うほうがずっとよい結果になるでしょう。コミュニケーションではよくあることですが、手法が率直であればあるほど、説得力は増すことが多いのです。

第二位と第三位の選手を比較した研究が正しいなら、順位はあなたが自社を顧客に紹介するやり方にだけでなく、あなたのチームの満足度にも影響を与えることがあります。

この知見の出典は心理学者のビクトリア・メドベック、スコット・メイディ、トーマス・ギロビッチによる研究で、それによれば、スポーツの世界では、銀メダリストの満足度が銅メダリストよりずっと低くなることがままあります。そうなる理由は、結果が出た直後の高揚感の後、第二位だった選手はしばしば事実に反する考えにとらわれるからです。現実に起きたことと、起きたかもしれなかったことの比較を始めてしまうのです。優勝者と自分を比べることで、彼らの注意は自分の獲ったメダルよりも獲れなかった金メダルに集中してしまいます。

それにひきかえ銅メダリストは、もう少し出来が悪かったら、メダルに届いていなかっただろうと考えることのほうが多いようです。その結果、表彰台に上がれたというだけで、第三位の選手はより大きな満足を得ています。

この結論に辿り着くために、トーマス・ギロビッチは、一九九二年に開催されたバルセロナ・オリンピックのビデオ映像を使って、メダルを獲得した選手たちの感情反応を学生たちに調べさせました。学生たちには選手たちの成績を教えず、ただ、選手たちがどれくらい嬉しそうかを、十段階（一が「辛そう」、十が「有頂天」）で評定してもらいました。その結果、ある一貫したパターンが現れました。銅メダリストたちは、競技が終わった直後も表彰式でも、銀メダリストたちよりずっと嬉しそうだったのです。

二〇〇六年には、カリフォルニアを拠点とする心理学者、デビッド・マツモトとボブ・ウィリンガムがいくつかの研究を実施し、試合を終えた柔道の選手たちがどんな笑みを見せるか調べました。結果は、ギロビッチのものと驚くほどよく似ていました。銅メダリストたちは、銀メダリストたちよりもずっと自然な笑顔（本物の笑顔《デュシエンヌ・スマイル》として知られています）を見せる傾向があったのです。ただし、一つだけ例外がありました。金メダルを獲った経験のある選手が銅メダルに終わった場合は、自然な笑顔を見せることはあまりありませんでした。これは、期待したほどの結果が出なかったためです。

どうやら私たちの喜びは、本当に期待値次第のようです。

この最後の発見は、これまで自社がカスタマーサービス・ランキングや利益幅ランキング（あるいは、ホテルやレストランならトリップ・アドバイザーのランキング）などに入ったことのある、会社経営者たちにも当てはまるかもしれません。第二位にランクインした場合は、トップだったらと思ってしまうせいで、第三位になるよりも満足度が下がる、ということもあるでしょう。十一位になった人たちは、ひょっとすると、十二位になった人たちより満足度が低いかもしれません。あと一歩のところでトップテン入りを逃しているからです。そういうわけで、自社のランキングを社内に伝えるときにも、顧客に宣伝するときと同じような言葉を選ぶのが理にかなっているでしょう。たとえば、チームの仲間に（十二位だったと言うのではなく）トップ二〇に入ったと伝えるのは、彼らの関心を引く、より建設的なやり方であり、もしかすると、そう伝えることで、次はトップテン入りを目指そうと張り切るようになるかもしれません。

11 恐怖を呼び起こす説得の微妙な効果

就任演説において、第三十二代アメリカ大統領、フランクリン・ルーズベルトは、不安を抱えた世界大恐慌時代のアメリカ国民に対し、次のような有名な一節をもって語りかけました。「まずは皆さんに、私の固い信念をお伝えしたい。私たちが恐れるべきなのは恐怖そのものだけです……（中略）……恐怖は、後退を前進へと転化させる力を麻痺させてしまいます」。さて、ルーズベルトの言葉は正しかったでしょうか。聞き手を説得しようとするとき、彼が言うように恐怖は人を麻痺させるのでしょうか、それとも人にやる気を起こさせるのでしょうか。

研究結果によれば、ほとんどの場合、聞き手に恐怖を与えるコミュニケーション方法は、その恐怖を取り除くための行動を聞き手から引き出します。ただし、この原則には一つ大きな例外があります。たとえば聞き手が恐怖を与えられ、危険が示されていても、明確で具体的、効果的な危険回避手段が伝えられていないと、聞き手はその情報を「遮断」したり、自分は大丈夫だと思い込んだり（否認）することで、恐怖に対処することがあるのです。その結果、その人は本当に麻痺してしまい、全く何の行動も取らなくなります。

ハワード・レーベンタールらの実験では、学生たちに破傷風の危険を詳述した公衆衛生パンフレットを読んでもらいました。パンフレットは、破傷風感染の結果を示す恐ろしい画像が入ったものと入っていないものを用意し、また、一部の学生には破傷風予防注射の具体的な受け方を伝え、それ以外の学生には伝えませんでした。さらに、対照群となる別の学生たちには、破傷風の危険は告げずに予防注射の受け方のみ教えました。その結果、恐怖を強く訴えたメッセージを受け取った学生たちは破傷風の予防注射を受ける気になりましたが、これはそのメッセージが予防注射を受けるための具体的な方法も同時に示していて、破傷風の恐怖が和らげられた場合に限られました。このことから、具体的な危険回避手段を添えることがなぜ重要なのかが分かります。つまり、恐怖を取り除くための手段が明確であればあるほど、情報の遮断や否認といった心理的な対処法に頼る必要がなくなるのです。

このことは、ビジネスその他の分野にも応用可能です。たとえば、宣伝キャンペーンを行って、潜在顧客に対し、あなたの会社の商品やサービスを使えば危険を軽減できると訴えるときには必ず、危険を減らすための明確で具体的、効果的な方法を一緒に伝える必要があります。単に顧客の恐怖につけこんで、あなたの商品やサービスがあれば問題解決が可能だと信じ込ませようとしても、かえって逆効果となって、何の行動も取らないという反応に追い込んでしまいかねません。

別の活用例としては、あなたの会社で進行中の大規模プロジェクトに重大な欠陥があることに気づいてしまう、といったケースが考えられます。この場合、大事に至る前に会社としてどう対応すべきか、具体案を最低一つは用意してから経営陣に報告するのが賢明です。先に事態を報告して後からプランを立てようとすると、対応策ができあがる前に、経営陣がそうした報告に耳を貸さなくなったり、うちの場合は大丈夫だと言って事態を受け入れるのを拒んだりするかもしれません。

医療関係者や公共サービスの広報担当者には、特にこの研究の意義を認識してもらいたいものです。たとえば、医師や看護師が太りすぎの患者に対し体重を減らしてもっと運動するよう促す場合、減量しないといかに危険かという点を強調する必要があります。しかし、具体的な食事制限や体操メニューなど、患者が行動に移せるような分かりやすい方法も同時に提示しなければ効果がありません。減量しないと心疾患や糖尿病の危険が高まるということを指摘するだけでは、患者に恐怖と否認を植え付けるだけで終わってしまいます。公共サービスの担当者であれば、喫煙や無防備な性行為、飲酒運転といった危険な行動の結末をぞっとするような絵にして見せるだけでは効果は望めません。適切な行動プランを一緒に示さなければ、逆効果にさえなってしまいます。

受け手と関連のある具体的な情報をメッセージに含めることで、危険な行動だけでなく、不誠実な行動の発生も減らすことができます。二〇一五年の終わりごろ、私たちは、無賃乗車の罰金を払う気にさせるためのメッセージに、具体的で目立つ、そして受け手本人と関係のある情報を含めることの効果を調べました。

あるヨーロッパの鉄道網の利用者で、有効な乗車券を持たずに列車に乗っているところを捕まった人たちのもとに、後日、罰金の支払いを求める通知が届きました。通知には、罰金を期日までに払わないと、裁判所から呼び出される場合があると書いてありました。裁判所の所在地を目立たせた地図を通知に同封したときには、そうでないときよりずっと多くの人が要求に応じ、ずっと迅速に罰金を支払いました。地図を同封したことで、罰金を支払わなかった場合の次の行為（ここでは裁判所へ行くこと）がより目立つようになっていたため、嫌な結果を避けたいという気持ちが強まったのです。

ひょっとすると、ルーズベルトの演説は、こんなふうに修正されるべきかもしれません。「私たちが恐れるべきなのは恐怖だけしかない状態です」。

12

チェスに学ぶ、うまい一手

二〇〇五年四月、ある国の議会が、アメリカ人のチェスの元世界王者ボビー・フィッシャーに市民権を与えることを、圧倒的多数で議決しました。フィッシャーという人は、二〇〇一年九月十一日の同時多発テロの実行者を大っぴらに称賛するような変人で、しかもアメリカ政府から追われていました。フィッシャーに市民権が与えられたことに対し、アメリカは強い非難を浴びせましたが、この国はかまいませんでした。さて、世界一の強国との関係を悪化させる危険を冒してまで、フィッシャーを守った国とはどこでしょうか。イランか、ひょっとしてシリア、それとも北朝鮮でしょうか。

実はそのどれでもありません。フィッシャーに市民権を与えた国とは、アメリカと強い同盟関係にあるアイスランドだったのです。世界中の国のなかで、なぜアイスランドだけがそれほど熱心に彼を歓迎したのでしょうか。ちなみに、彼は旧ユーゴスラビアで五百万ドル（約五億円）を賭けたチェスの試合を行ったため、国連の制裁措置違反に問われていました。

この問いに答えるには、三十年以上前に遡らなければなりません。一九七二年のチェスの世界選手権はアイスランドで行われ、挑戦者であるフィッシャー（アメリカ）と前回優勝者のボリス・スパスキー（旧ソ連）のあいだで争われました。歴史上これほど世界的に注目された対戦は例がなく、チェスの試合がこれほど各方面から加勢を受けたこともありませんでした。冷戦時代、最も緊張の高まった時期に行われたこの試合は、二十世紀最高のチェス・マッチと呼ばれました。

フィッシャーはいつもの気まぐれで、開会式の時点ではまだアイスランドに到着していませんでした。数日間は、この試合が本当に開催されるかどうかさえ危ぶまれました。それというのもフィッシャーが、やれテレビカメラを締め出せ、やれ観戦料収入の三〇パーセントをよこせと、とても主催者側には飲めないような要求を出し続けたからです。フィッシャーの振る舞いは矛盾だらけで、それはチェスの世界でも、また、個人としての生活でも変わりませんでした。なんと賞金が倍増され、また、時の米国務長官ヘンリー・キッシンジャーからの度重なる電話要請などさまざまな説得工作が功を奏したおかげで、ついにボビー・フィッシャーはアイスランドにやってきました。そしてスパスキーを簡単に打ち負かしてしまったのです。対戦が終わるころには、国内外の新聞はどのページもこの話題でもち切りになっていました。実際、フィッシャーは何かと問題を起こす人物だったのにアイスランド人が彼を大目に見たのは、ある新聞記者の言葉を借りれば「彼のおかげでアイスランドは世界地図の上でやっと日の目を見ることができた」からでした。

この出来事が、ぽつんと離れたこの国への、フィッシャーからの素敵な贈り物となったことは間違いないでしょう。とても大事なことだったからこそ、三十年以上経ってもアイスランド人は忘れていなかったのです。アイスランド外務省は、「彼がこの国で行われた特殊なイベントに貢献したのは三十年以上も昔のことではあるが、国民に今でもよく記憶されている」というコメントを出しました。BBC（英国放送協会）の分析によれば、彼を好ましく思わない人が多いにもかかわらず、アイスランド国民は「フィッシャー氏に避難場所を提供して恩に報いたい」と望んでいたのです。

この話から、受け取った分だけ返さなくてはならないと考える返報性の原理が、いかに重要で普遍的であるかが分かります。この原理のおかげで、私たちは日々の交流や仕事上の取引、身近な人間関係において公平さを意識し、互いに信頼を築いていくことができるのです。

この返報性の原理に関してデニス・リーガンという人が行った有名な実験があります。まず、実験参加者は見ず知らずのジョーという人から思いがけずちょっとした贈り物、この場合はコーラを一缶もらいます。次にジョーが自分が持っている福引の券を何枚か買ってほしいと頼むと、ジョーからコーラをもらった人たちは何ももらわなかった人たちと比べて、二倍も多く福引券を買ってあげたのです。贈り物と頼み事のあいだにはしばらく時間が経過しており、また、ジョーは券を売る際にコーラのことには何も触れなかったにもかかわらず、そういう結果になりました。

面白いことに、好感と承諾の相関関係を示す研究はこれまでたくさんあるにもかかわらず、ジョーからコーラをもらった人たちは、ジョーが好きかどうかには全く関係なく、福引券を買うことを決めていました。言い換えると、贈り物（コーラ）をもらった人たちは、ジョーを好きか嫌いかにかかわらず同じだけ券を買ったわけです。このことから、返報性の働きによって、相手に借りがあるという感覚が生まれると、好感の有無による影響さえ打ち消してしまうことが分かります。自分の説得力を高めたいと考えている人にとって、返報性の原理には強い持続力があり、好き嫌いにも勝るという事実は、得るところが多いと思います。また、当面は何も見返りがなさそうなのに誰かから厄介なことを頼まれてしまったときにも、この原理は役に立つはずです。すでに見てきたように、また、倫理的な見地からも、先に相手に援助を与え、譲歩してあげるのが賢明なやり方です。仲間、同僚、知り合いに対して折を見て手助けしておけば、先々あなたを援助しなければならないという気持ちが相手に生じます。上司に手伝いを申し出ておけば、逆にこちらが手助けを必要とするときに何かと手伝ってくれるはずです。部下から歯医者の予約があるので早退したいと言われたときに上司が快く許可してあげたなら、重要な案件がもち上がったときには、部下は恩義に感じて残業してくれるでしょう。つまりこれは賢い投資なのです。

ありがちな間違いは、「誰が自分を助けてくれるだろう」と考えてしまうことです。この考え方は、目先の利益にとらわれすぎています。むしろ、「誰を助けておけばいいだろう」と考えるほうがはるかに生産的です。返報性の原理からいって、相手に恩義の感覚が生まれると、逆にその人に頼み事をしやすくなるのです。経営者が社員の協力を求める場合も同じです。上司から有益な情報を得た、融通を利かせてもらった、親身に話を聞いてもらったなどの恩義を受けていれば、それに報いようという良識ある部下が力を合わせて、大いに役立ってくれるでしょう。同様に、友人、隣人、パートナー、そして子どもでさえ、先に相手の要求を満たしてあげていれば、こちらの要求にずっとよく応えてくれるはずです。

もう一つ、ある職業の人たちには、ちょっと好意を示しておくと大きな効果が期待できるということにも触れておきましょう。それは、顧客サービス係です。たとえば、クレジットカードの請求金額が間違っている、ぎりぎりになってから航空券の変更をしたい、何かを返品したいといった場合に、親切とは程遠い顧客サービス係に当たってしまうことがあります。そんな目に遭わずに済むように、この方法を試してみてください。顧客サービス係と会話を始めて、相手が親切で腰が低く、気が利くことが分かったとして――一番面倒な要求を持ち出す前の段階です――相手の応対にとても感心したので、この用件が済んだらすぐに相手の上司に宛てて手紙かEメールでそのことを伝えたい、と言いましょう。相手の名前、上司の名前と連絡先を聞き出したら、おもむろに本題の難しい交渉に移ります（あるいは、相手の応対が素晴らしいので、話が済んだら上司に電話を回してもらってぜひ褒めておきたいと伝えます）。心理学から見るとこの方法が効果的な理由はいくつか挙げられますが、最も強力な要因は返報性の原理です。つまり、あなたが相手に好意を示したため、今度は相手がそれに報いなければならなくなったのです。上司に簡単なEメールを出すだけで、電話で怒鳴り合う必要もなくなり、それが徒労に終わってイライラが募るという事態も避けられるわけです。ただし、相手にした約束は守ってください。私たちが探求しているのは、倫理的かつ効果的な方法なのです。

13

影響力をしっかり貼り付けるオフィス用品

あなたがこの本を会社で読んでいるなら、それはあなたのすぐそばにあるかもしれません。いったい、何だと思いますか。クリップ、ペン、鉛筆、メモ用紙、分度器、スケジュール帳、文鎮、プリンター。オフィスに事務用品が山ほどあるなかで、あなたの影響力をしっかり定着させるものとは何でしょう。

社会科学者のランディ・ガーナーは、スリーエム社の「ポストイット」に代表される付箋こそが、人に書面で何かを依頼して承諾をもらう際に威力を発揮するツールなのではないかと考えました。彼は面白い実験を行っています。まず、ある調査票に依頼状を添えて対象者に送りました。送り方は、①調査票の記入をお願いしますと手書きで記した付箋をカバーレターに貼ったもの、②直接カバーレターに同じメッセージを手書きで記したもの、③カバーレターと調査票のみ、という三種類でした。

その結果、付箋という名のこの小さな黄色い紙には大変な効き目があることが分かったのです。付箋つきの調査票を受け取った①グループでは、七五パーセント以上の人が記入後返送してくれたのに対し、②グループは四八パーセントのみ、③グループに至っては三六パーセントしか記入・返送をしてくれませんでした。どうして付箋つきだとうまくいったのでしょうか。付箋は蛍光色なので目立つから、といった単純な理由でしょうか。

それを確かめるため、ガーナーはまた新たに調査票を送りました。今度は、三分の一には手書きの付箋をつけて、次の三分の一には何も書かれていない付箋をつけて、最後の三分の一にはいっさい付箋をつけずに送りました。付箋が効果的なのは単に蛍光色で目立つからというのであれば、付箋つきのグループはどちらの回収率も同じように高くなるはずです。しかし、そうはなりませんでした。手書きの付箋が六九パーセントという回収率で一位となり、何も書かれていない付箋は四三パーセント、付箋なしは三四パーセントという結果に終わりました。

この結果をガーナーは次のように説明しています。送り主が付箋を探してカバーレターに貼ってメッセージを書き添えたところで、別にたいした手間ではありません。しかし、受け取る側はそこに送り主の手間と心遣いを感じ取り、それに報いなければならないと思うようになるのです。要するに、返報性は人と人とを結びつけて協力的な関係を維持する、接着剤のような働きをしているわけです。その粘着力が付箋の裏側よりもはるかに強いのは間違いありません。

実は、この研究で証明されたことは他にもあります。ガーナーによると、一言書き添えた付箋を調査票に貼るという方法には、単により大勢の調査協力を促すという以上の効果がありました。①の手書きの付箋つきの調査票を受け取って記入した人たちは、②③の人たちよりも短期間に、より詳しく丁寧な回答をしてくれたのです。また、付箋に送り手のイニシャルを入れたり「ありがとうございます」と書き添えたりしてもっと親しみを込めた場合、回収率はさらに跳ね上がりました。

この研究は人間の行動に関して重要なことを教えてくれます。つまり、何かを依頼するときには、その方法に親しみや心配りが表れていればいるほど、相手が承諾してくれる可能性が高まるのです。もっと具体的にいえば、職場や地域で、あるいは家庭でさえも、手書きの付箋を使えば報告書でも連絡文書でもその重要さが一目瞭然になります。これで、あなたの連絡が他の文書や郵便物のなかで埋もれてしまうのを避けられるでしょう。そのうえ、依頼に対して短時間で質の高い対応が得られる可能性まであります。

結論は何かですって？　依頼をする際に手書きの一言を記した付箋を活用すれば、得をするのはスリーエム社ばかりではないということです。

14

ミントキャンディーの置き場所再考

これから吸血鬼を退治しに行くというのなら話は別ですが、たいていの人は、レストランでニンニクを使った料理を食べた後、出入口にミントキャンディーやガムが置いてあるのを見ると喜びます。確かにこれでお客の口は爽やかになりますが、はたしてレストランやウェイターにとって、この場所にキャンディーやガムを置くのがうま味のあるやり方といえるのでしょうか。

別のもっと効果的なやり方でキャンディーをサービスしているレストランはたくさんあります。たとえば、食事の最後にウェイターがささやかな贈り物として渡すといった方法です。贈り物といっても、チョコレートかキャンディーが一つ伝票と一緒に銀盆に載っているだけなのですが、実はこうしたお菓子には驚くほど説得力があるのです。

行動科学者のデビッド・ストローメッツらは、食事の最後にちょっとしたお菓子を客に出すことがウェイターの受け取るチップの額に影響するかどうかを調べるために、ある実験を行いました。設定された三つの条件のうち、最初の条件では、伝票を渡す際にウェイターが客一人につき一つずつキャンディーを渡しました。キャンディーを全くもらわなかった人たちと比べて、この群のチップの平均額は、三・三パーセントと、わずかながら多くなっていました。二番目の条件では、キャンディーの数を一人二つずつに増やしました。すると、一個いくらもしないキャンディーを足しただけなのに、何ももらわなかった場合と比べると、チップの額は一四・一パーセントも多くなりました。この結果は、何かをもらうとその分だけ返さなくてはならないと感じてしまう返報性の原理を知っていれば、当然予測可能です。では、どのような要因によって、こうした贈り物やサービスの説得力が増すのでしょうか。その答えは、三番目の条件の結果が教えてくれます。

三番目の条件では、ウェイターはまずキャンディーを一人一個ずつテーブルで渡しました。そして、いったん客のテーブルから離れる素振りを見せてから、途中でわざわざ戻ってきて、ポケットから二個目のキャンディーを人数分だけ取り出して渡したのです。この一連の動作は、客に対して「おっと、皆さんはいいお客さんですから、もう一つずつキャンディーをサービスしておきますよ」というふうに見えます。さて、結果を見ると、この条件ではチップが二三パーセントも多くなっていました。

この研究から、贈り物やサービスの説得力が増す要因が三つあることが分かります。最初の要因は、渡されるのが受け手にとって重要なものだということです。渡すキャンディーを一つから二つに増やしただけで、チップの伸びは三・三パーセントから一四パーセント強にまでなりました。ここで、重要というのは値段が高いという意味ではないことに注意してください。キャンディー二個の値段など、たかが知れています。それから、第三の条件のなかに、まだ大事な点が含まれていることにも要注意です。金銭的には、二番目と三番目の条件は同じであり、どちらの場合も客は食後にキャンディーを二個もらっています。違うのは、渡されるキャンディーの個数ではなく、渡され方でした。このことから、贈り物の説得力強化に関する残りの二つの要因が分かります。どれほど予想外であるかと、どれほど個人的な親しみが感じられるかです。第三の条件では、ウェイターがキャンディーを一つずつ置いて立ち去りかけたときには、おそらく客はそれで彼とのやり取りは済んだと思ったに違いありません。だからこそ、ウェイターが二個目のキャンディーを渡すために戻ってきたことは予想外だったのです。さらに、ウェイターがそのテーブルの客に特に好意をもったかのように振る舞ったおかげで、二個目のキャンディーには親しみが込められているように映ったのです。

　もちろん、全部のテーブルでこの方法を使ったら、すぐに効果がなくなってしまいます。全員に同じことが行われているのに客が気づいたら最後、キャンディーを追加したところで、重要でも、予想外でもなくなり、親しみも感じられなくなります。逆にこのウェイターは、汚い小細工をする人だと白い目で見られるでしょう。とはいえ、この研究の結果を倫理的なやり方で活用することは可能です。あなたの贈り物やサービスを必ず喜んでもらえるように、受け手にとって何が本当に重要で、予想外で、親しみが感じられるものかを、少し時間をかけて考えてみてください。

　さて、最初の二つの条件の結果だけ見れば、レストランがミントキャンディーを出入口の横に置いておくのはまずいやり方だということは明らかです。これではウェイターが客に感謝の印を渡して、お返しに感謝の印をもらうという貴重なチャンスを逃してしまいます。キャンディー一つでも、使い方によっては、お客に強い印象を残すことができるのを忘れないでください。

15

お願い事が次の取引をひと味変える

交渉は油断ならない仕事かもしれません。買い手としては、買おうとしているものが払う金額に見合ったものであると、納得する必要があります。そして、払いすぎるのはごめんです。逆に売り手の興味は、利益の最大化にあります。そのため、売り手は、コストやマージンに関する情報を秘密にしておくべく、さまざまな苦労を重ねます。ですから、交渉の場面でときに双方が、かなり頭に血をのぼらせたり、疑念を抱いたり、けんか腰になったりするのも、それほど不思議ではありません。

さて、あなたが次回の交渉の際に採用できる戦略で、交渉相手に対抗意識ではなく協力する気を起こさせ、そのうえ、取引がまとまる見込みも高められるようなものは、何かあるのでしょうか。

ワシントンDCにあるジョージタウン大学スクール・オブ・ビジネスの研究者たちの研究によれば、それはあります。先に妥協案を提示し、その際、その妥協案と一緒に何か相手にお願いをすると、有利な状況にもっていけるようなのです。そうすることで、より協力的に交渉を進める雰囲気が生まれるだけでなく、その後、取引がまとまる見込みも高まります。

なぜでしょう。どうやら、妥協案にお願い事を加えると、相手方が、その妥協案をある種の犠牲を伴ったものだと推測しやすくなるようなのです。そして、特に売り手がそのような要請を行うことは、自分が身を切っているのでないかぎりほとんどないため、交渉の相手方は返報性の枠組みを採用しがちになります。その結果、要請に従う見込みが潜在的に高まることになります。

この理屈は、研究者たちの実施した実験ではっきりと現れました。その実験では、売り手と買い手が二人一組になり、半分の組では売り手に、金額の妥協案を示したらすぐ買い手候補に何らかのお願い事をするように、という指示が出ました。たとえば、適度な値引きを提案した後、購入者にネット上で好意的なレビューを書いたり、同僚にそのサービスを勧めたりするよう、求めるのです。対照群になる、もう半分の組では、そうしたお願い事をすることなく値引きの提案だけを行うよう指示が出ました。

値引きの提案だけで取引に応じた買い手が四〇パーセントだったのと比べると、お願い事を加えることには、素晴らしい効果のあることが分かります。同意率が六二パーセントまで上昇したからです。そのお願い事を実行するコストを負担するのが買い手であることを考えると、これはかなり驚くべき結果です。研究者たちはさらに、この「お願い事＋要請の効果」が、複数のやり取りからなる交渉でも生じることを突き止め、この手法が、その場だけで完結する取引をまとめる戦術以上のものであることを示唆しました。別の言い方をするなら、この手法はもっと長い期間にわたる交渉ごとにおいて、有効な戦術になりうるのです。

ですから、もしあなたが、交渉や売り込みの成功率を上げるという課題に直面したときには、この戦略はただ使い勝手がいいというだけでなく、値引きはすでにすると決まっているようなものなので、追加コストの要らない戦略でもある、ということにもなりそうです。そして、好意的なレビューや言及という形でおまけの利益をもたらすかもしれないという事実が意味するのは、この手法によって、交渉を本当にひと味変えられるということなのです。

16

与えることが人を動かす

　すでに触れたように、多くのホテルは宿泊客に環境保護の重要性を指摘して、タオル再利用の取り組みに協力してもらおうとしています。なかにはさらに一歩踏み込んで、客に対するお願いに相互協力的な要素を組み入れているところもあります。協力へのインセンティブ（誘因）を加えるのです。たとえば、タオル再利用お願いカードに、もし宿泊客がタオルを再利用してくれたら、ホテルは節約されたエネルギーの一定割合分を環境保護団体に寄付すると記されています。

　こうしたカードの考案者がなぜインセンティブ方式が効果的だと考えたのかは、容易に察しがつきます。多くの人は直感的に、見返りには効き目がある、と考えています。アイスクリームは子どもに部屋の掃除をさせるのに効果抜群ですし、上手にご褒美を与えれば老犬でも新しい芸を覚えます。また、給料日に会社に遅刻する人はあまりいないと思います。ホテルが示しているインセンティブは直接宿泊客の得になるわけではありませんが、環境保護にさらに役立つわけですから、タオルの再利用を促すことはできそうです。でも、本当にこれでうまくいくのでしょうか。

それを見極めようと、私たちは前と同じホテルで新たな実験を行いました。今回は、環境保護を訴えた一般的なメッセージを記したタオル再利用お願いカードと、インセンティブに基づいた協力方式について説明したお願いカードを、別々の客室に置いてみました。しかし、その集計結果からは両者の効果に差がないことが分かったのです。いったい、なぜこうなったのでしょうか。

実はインセンティブ方式にもそれなりの効果はあるのですが、一般的なメッセージより強い説得力をもたせるには、少し工夫が必要なのです。つまり、誰かが「あなたが私に先に何かをしてくれたら」という条件つきで「○○してあげる」という見返りを提案してきた場合、あなたがそれに協力する義理はほとんどないということです。そうした類の交換は、単なる商取引にすぎません。一方、あなたがすでに相手から恩恵を受けている場合は、それに報いねばならないという返報性の規範が働いて、非常に強い恩義の感覚が生まれます。ですから、宿泊客にタオル再利用を促すにあたって、インセンティブに基づくお願いが一般的なお願いと同じ効果しかなかったのも当然といえます。ホテル側は先に何もしなかったために、客の側にもその要請に応える義理は全くなかったわけです。

このことから、インセンティブ方式のカードを使っているホテルは、ホテルと客が互いに協力するという発想は良かったものの、順番を取り違えていることが分かります。返報性の原則から考えれば、取り組みへの参加者を増やすには、先に便宜を図る者の順番を入れ替えるべきです。つまり、ホテルのほうが無条件でまず先に寄付を行い、その後で宿泊客にタオル再利用への協力をお願いするということです。以上の考え方をもとに、実験で使用する三つ目のメッセージが完成しました。

この三番目のメッセージは、環境保護団体への寄付について述べている点では、インセンティブに基づいたメッセージと同じです。しかし、お客が先に協力姿勢を見せてくれたら、という条件つきで寄付を求めるのではなく、当ホテルはお客様に代わって、すでに寄付をしました、と記されているのです。そのうえで、滞在中にタオルを再利用してこの行為に報いてくださいと宿泊客にお願いします。

驚いたことに、返報性に基づいたメッセージは、インセンティブに基づいたメッセージに比べて四五パーセントも高い効果がありました。この結果は、二つのメッセージがほとんど同じ内容にもかかわらず、その本質は全く異なるという点で大変興味深いものです。両方ともホテルが環境保護団体にお金を寄付することを宿泊客に知らせていますが、返報性に基づいたメッセージは、ホテルがこの共同の取り組みを率先して行うという点に触れ、返報性と恩義の効果を利用して宿泊客の参加を促しているのです。

要するに、同僚、顧客、生徒、知り合いなど誰かに協力を促すためには、まずこちらが本当に完全に無条件で手助けを申し出なくてはならないということです。ですから、誰かに影響を与えようとするときには、「誰が私を助けてくれるだろう」ではなく、「私は誰を助けられるだろう?」と問うほうが、ずっと生産的でしょう。そうすることによって、相手の承諾を得られる可能性が高まるだけでなく、インセンティブに基づいた脆弱な関係よりも、確固とした信頼と相互理解に基づく協力関係を築くことができます。さらにこの関係はインセンティブによるものよりずっと長持ちします。互いに見返りを求める協力関係は、約束したインセンティブが得られなくなったり相手にとってあなたが不必要になったりした途端、その不安定な土台にひびが入り、それまで築いてきた関係が崩れ去るでしょう。

17

説得の効果を高める、企業の社会的責任《CSR》

現在、これまでになく多くの企業が社会的責任を引き受ける活動に従事しています。「企業の社会的責任（ＣＳＲ）」と呼ばれるこの考えは、次のようにまとめられるでしょう。「もし、社会的な責任を引き受ける一連の行為（たとえば、チャリティー活動への支援、職員がボランティア活動を行う時間の提供、あるいは、注目度の高いブランドの場合なら、その分多く税金を払う、など）に取り組めば、その後、会社の評判が高まり、従業員のやる気が増し、消費者の好感度が急上昇する」。

こう考えるのは間違いではありません。多くの企業が、ＣＳＲプログラムは概ね役に立っており、計測可能な見返りをもたらしていると認識しているようです。そうした取り組みは実際に企業の評判や従業員の意欲を高め、そして、何よりも驚くべきことに、消費者の好感度を高めるばかりか、実は、消費者がその企業の製品をどう評価するかという点に影響を与える場合もあるのです。

組織の善行が製品の質の認知に影響を与えるという発見は、ただ驚くべきものというだけでなく、論理的に見て筋が通っていません。もし、あなたが毎朝出勤途中にラテを買っているとすれば、その味を気に入っているのは間違いありません。でも、そのラテの販売元が利益の一部をチャリティーに寄付しているというだけで、あなたがますますその味を気に入るとすれば、そこに合理的な理由は何もありません。同様に、歯磨き粉のメーカーが、何らかの社会貢献をしているからというだけで、消費者がその歯磨き粉の歯を白くする効果をより高く評価するなら、それはばかげた話に思われます。

ですが、イリノイ州エバンストンにあるノースウエスタン大学のケロッグ・スクール・オブ・マネジメントの研究者たちが実施した研究は、こうしたことが起こるということを示しています。しかもこれは、社会的責任を引き受けているブランドの製品やサービスが、競合他社と全く同じものの場合にも生じるのです。

その研究では、消費者があるブドウ園に招かれ、そこで作られたワインへの評価を求められました。実験参加者たちは、ラベルのない、小さなプラスチックカップに入った赤ワインのサンプルと一緒に、製造元のワイナリーを紹介するカードも渡されました。カードにはブドウの特色と収穫技術に関する情報が書かれていました。その一方で、参加者の半数は、カードに加えて、ワイナリーが行っている立派な社会貢献に関する情報も伝えられました。こう言われたのです。「このワイナリーは売上利益の一〇パーセントをアメリカ心臓協会[†7]に寄付しています」。カードを読み、ワインを試飲した後、参加者全員が一点から九点のあいだでワインの味を評価するよう言われました。また、ワインに

†7　アメリカの患者支援団体。心肺蘇生法に関する教育プログラムの発信元として知られる。

関する知識についても尋ねられました。

結果はかなり印象的なものになりました。ワイナリーが寄付を行っていると知らされていた参加者の多くが、知らされていなかった参加者よりも、ワインの味を高く評価したのです。ただし、「多くが」であって、「全員が」ではありません。あるタイプの参加者は、追加情報から全く影響を受けませんでした。それは、ワイン〝通〟を自認する人たちです。この人たちは、追加情報を与えられていなかったグループの〝通〟を自認する人たちと同じ評価しかワインに与えていなかったのです。

そうなるとどうやら、ある組織の善行の影響は、問題となる製品やサービスについての知識と経験があまりない消費者に対して最も大きくなりやすいといえそうです。また、こうした情報は、製品やサービスの品質を評価しにくかったり、消費者のほうにはっきりとした好みがなかったりする場合に、より顕著な効果が出やすくなります。つまりこれは、誰に対しても効果があるわけではありません。ですが、そうだとしても、消費者の大部分に対しては有効です。少なくとも、影響力という観点で見た場合、CSRプログラムに効果を発揮させる鍵は二つあるといえそうです。

一つ目は、CSRプログラムの価値を、意思決定者に納得させることです。これはかなり難しい課題になるかもしれません。さまざまな研究の示すところによれば、CSRプログラムがビジネスにもたらしうる効果を、経営陣はひどく低く見積もっているからです。これは、彼らがひたすら論理的な観点に関心を集中させているせいかもしれません。ここでの知見は、人間の行動と意思決定に関する戦略を練るときは、常に心理的観点と論理的観点を提示すべし、というものです。そして、CSRプログラムの場合、「善行を為すこと《ドゥーイング・グッド》」が「よい業績《ドゥーイング・ウエル》」につながるという確かな証拠があります。

第二の課題は、慈善行為や社会的責任を引き受けた活動を、自慢や独善だと見られることなく、宣伝する方法の発見です。この点については、研究が適切な助言を提供しています。企業の慈善事業について消費者に知らせる場合、直接それを告知するのはたいていの場合、最善の策ではありません。それよりも、第三者を情報源とするほうが、その企業の慈善的な性質を消費者に納得させるうえでは効果的です。ですから、ソーシャル・メディアと広報活動が選択肢となるでしょう。

そしてもし、お偉方がまだ納得していなければ、ＣＳＲプログラムの別の利点を伝えてみましょう。顧客のロイヤルティ（忠誠心）です。ある企業のＣＳＲ活動を知った顧客は、そのブランドへのロイヤルティを増すだけでなく、価格の上昇を受け入れやすくもなり、また、ブランドが批判にさらされるような事態が起きたときにも擁護にまわりやすくなるという証拠が、調査で示されています。

この最後のポイントは、念入りな税金対策を行っている企業を、特にハッとさせるかもしれません。不正をしないということは、ただ、引き受けるべき社会的責任というだけではないようなのです。それは、顧客のロイヤルティ、値上げの受け入れといった、他の手段では手に入れにくい利益も、もたらす可能性があります。そして、このことから興味深い疑問が浮かんできます。この逆も真なりといえるのでしょうか。つまり、もし、企業が税金を相応に納めていないと、その企業の製品への好感度は下がるのでしょうか。この疑問については、また別の機会に考えることにしましょう。

18

感謝の気持ちを蘇らせる一言

　ここまでのいくつかの節で、まずこちらから贈り物、サービス、あるいは何かの恩恵を与えると、それに報いなければならないという社会的な義務感が相手に発生する場面を見てきました。贈り物には、役に立つ情報を提供する、同僚に便宜を図る、何かを依頼するときに手書きの付箋をつける、あるいはボビー・フィッシャーの場合なら、一国を世界中の注目の的にするなどさまざまなものがあります。では、時間が経つと、そうした贈り物や恩恵の影響力はどうなるのでしょうか。恩恵はパンのように受け手の心のなかで硬くなって、時間とともに価値を失っていくのか。それとも、むしろワインのように時とともに味わいが豊かになり価値が増していくのか。フランシス・フリンという研究者によると、この疑問への答えは、恩恵を与える側か受ける側かによって話が違ってくるそうです。

　フリンはアメリカの大手航空会社の顧客サービス部門の従業員を対象に調査を行いました。彼がこの職場を研究対象に選んだ理由は、同僚同士が仕事のシフトを交代して融通し合うことが、ごくふつうに行われていたからです。フリンは、従業員の半数には同僚のためにシフトを替わってあげたときのことを考えてもらい、残りの半数には同僚からシフトを替わってもらったときのことを考えてもらいました。その後で参加者全員に、自分が同僚に与えた、もしくは同僚から受けた恩恵はどれぐらいの価値があると思うか、そしてそれがいつのことだったかを特定してもらいました。すると、恩恵を受けた側の人は、受けた直後は恩恵の価値を高く見ていましたが、時間が経つにつれて価値を低く見るようになることが分かりました。一方、恩恵を与えた側の人の回答はこれと正反対でした。与えた直後は恩恵の価値を低く見ていたのに、時間が経つにつれて、自分が相手にしてあげたことの価値を高く見るようになっていたのです。

どうやら、時が経つと出来事の記憶が歪められ、人は物事を自分に都合よく解釈するようになるようです。つまり、恩恵を受けた側はあんな助けは必要なかったと考えるようになり、恩恵を与えた側は自分はとても努力したと思うようになるわけです。

この事実は、職場やその他の場面で、どれほど効果的に人を説得できるかということに関係してきます。同僚や知人に恩恵を与えてあげた場合、相手がそれに対して報いようとする気持ちが一番強いのは、恩恵を受けた直後です。また、あなたが恩恵を受けた場合には、時間の経過とともにその恩恵を軽視することがないよう注意する必要があります。数週間、数カ月、あるいは数年と経つうちにその恩恵の元々の価値を忘れてしまったら、それを与えてくれた人との関係を損ねてしまうかもしれません。また、あなたが恩恵を与えた側ならば、自分がしてあげたことに対してお返しもせずに黙っている相手を悪く思うかもしれません。では、時間とともに受け手のなかで下がっていく恩恵の価値を、与える側はどうすれば最大限に引き出すことができるでしょうか。一つの方法は、あなたが喜んで手助けしたのは「もし逆の立場だったら、あなたも同じことをしてくれると分かっているから」だと受け手に伝えて、与えた贈り物や恩恵の価値を再確認することです。

二つ目の方法はやや危険を伴いますが、後から自分が頼み事をする際に、以前与えたギフトの価値を改めて念押しすることです。もちろん、この方法を使う場合は、注意して言葉を選ぶ必要があります。「二、三週間前に助けてあげたよね？　さあ、今度はお返しをしてもらう番だ！」などという言い方では失敗は目に見えています。でも、「このあいだ送った報告書、少しは役に立ったかな？」と軽くほのめかす程度なら、こちらの頼みを切り出す前の台詞としてふさわしいでしょう。

相手に影響を与える万能の策などありませんが、恩恵の価値がどのような要因に左右されるかを理解しておくことは大事です。そして、たとえあらゆる方法が失敗に終わっても、恩恵のやり取りに関する簡単な原則だけは忘れないでください。それは、人に接するときは、感じの良い態度で接したほうが良い結果が得られるということです。誰だって、一週間前のパンより年代物のワインをもらったほうが嬉しいに決まっています。

19 千里の道も一歩から

　あなたの家が高級住宅街に建っていると想像してみてください。近所の人たちは、よく手入れされた生垣や芝生、真っ白なフェンスがご自慢です。その地域では不動産業者も楽な商売をしていて、苦労せずに住宅が売れるどころか、そこに引っ越して来たいという客の順番待ちリストがあるぐらいです。さて、ある日、地元の交通安全協会の人が訪ねてきて、「安全運転で安心な町作り」キャンペーンのために、「安全運転」と書かれた大きな看板をあなたの家の前庭に立てさせてほしいと頼んできました。こちらの作業員が支柱の穴掘り作業など全部やるので心配無用と言われたものの、あなたは不安です。

　こうした要請を承諾する人はどれぐらいいるでしょうか。社会心理学者のジョナサン・フリードマンとスコット・フレイザーが行った実験によると、先に述べたような高級住宅街では要請を受け入れた世帯は一七パーセントでした。ところが驚いたことに、あまり重要とも思われないある行為をこの要請に追加しただけで、別の住民グループでは七六パーセントもの同意が得られたのです。いったい何を追加したのか、また、それは人を効果的に説得するのにどう役立つのでしょうか。

実は、別の住民グループのところには、立て看板に関する厄介なお願いをする二週間前に、別の研究助手が他の依頼をしに行っているのです。それは、「安全運転しよう」と書かれた小さくてあまり目立たない紙を窓に貼らせてほしいというものでした。大変ささやかなお願いだったので、ほとんどの住民は同意してくれました。そして二週間後に別の人がやってきて、美しい前庭に目障りな看板を立てさせてほしいと頼むと、住民たちはそれに非常に前向きに対応したというわけです。

これは研究者のあいだでは「フット・イン・ザ・ドア・テクニック」[†8]と呼ばれている方法です。なぜそんな簡単な要請を加えただけで、それよりはるかに面倒な要請に同意してくれる人が格段に増えたのでしょうか。それは、住民は一度要請を受け入れると、自分は安全運転キャンペーンのような有意義な運動には熱心にコミット（かかわる）する人間なのだと考えるようになるからなのです。そのため、二週間後に交通安全協会の人が訪問したときには、問題意識が高い市民、という自身のイメージと一貫性のある行動を取ろうという気持ちが働いたのです。

フット・イン・ザ・ドア・テクニックは営業などあらゆる場面で活用が可能です。たとえば、ある販売職の達人は次のように述べています。「全商品へと販路を切り開いていくには、まず小さな注文を取るところから始めることです。とにかく何か注文を取ることが大事です。そうすれば、たとえそこから得られる利益が費やした時間と手間に見合わないほど少なくても、その相手はもう単なる見込み客ではなくて、立派な顧客なのです」。

わずかな新規注文さえ取れないという場合でも、このコミットメント（かかわり）と一貫性に基づいた方法を、別のやり方で応用することもできます。たとえば、あなたのサービスを利用するのは乗り気でないという潜在顧客でも、まずは十分間だけ会ってもらえるようにお願いするなど小さなステップから始めれば、可能性が開けるでしょう。

同じように、市場調査部門の場合なら、簡略な調査票の回答を依頼することから始めれば、ぶ厚い調査票にも協力してもらえる確率が高まります。実際、フリードマンとフレーザーが行った別の実験は、この点を証明する結果となりました。その実験では、研究助手が家々に電話をかけて調査への協力を要請しました。以下が実際にそのとき使われた説明です。

「この調査では、午前中二時間ほど私どものスタッフ五、六人が皆様のお宅におじゃまして、ご家庭内のすべての品物を数えて分類します。スタッフは、戸棚や物置を含めあらゆる場所を自由に見せていただく必要があります。そうして得られた情報はすべて『ザ・ガイド』という公共サービス出版物の作成に使われます」

†8　「ドアに片足をこじいれる」という意味の言葉で、転じて、「きっかけ」「あしがかり」を意味する。しつこい訪問販売のセールスマンが、ドアの間に足をこじいれて追い出されないようにする様子からきた表現。

この非常に迷惑な要請を受け入れた世帯は二二パーセントと、驚くべき結果でした。こんな図々しい行動には、ふつうなら捜査令状が要ります。

次に研究者たちは別のグループの住民に対して、この図々しい要請を行う三日前に電話をかけて、次のようにお願いしました。この一回目の要請には大多数の世帯が同意しました。

「今朝は、ご家庭でお使いの品物に関する質問に答えていただけないかと思いまして、電話を差し上げております。この情報は、『ザ・ガイド』という公共サービス出版物に使われます。この調査のために情報をご提供いただけますか」

さて、三日後に何が起こったでしょう。五三パーセント弱の世帯が面倒な要請を受け入れてくれたのです。

この方法は、最も反抗的であり、かつ対決が避けられない二人の相手、つまり、あなたのお子さんとあなた自身にも応用できます。何かと言い訳を考えては宿題や部屋の片付けをさぼろうとする子どもでも、小さなステップから始めて導いていけば、言うことを聞くようになるものです。たとえば、短い時間でもいいから一緒に宿題をしようと誘ったり、大切なオモチャで遊んだ後は箱にしまおうと促したりすれば効果的です。最初に小さなことを頼まれたときに、強制的にではなく自分から進んで同意したのだと子どもが感じれば、それが心理的なきっかけとなって、学業成績の向上であれ部屋の片付けであれ目標に向かっていくはずです。

自分自身に影響を与えようとする場合にも、到達不可能と思われるような大それた目標を掲げるのは考えものです。それよりは、一度も実行しないことなどありえないほど小さな課題を設定したほうがよいでしょう。たとえば健康管理をしたいなら、通りを一区画分だけ歩くといった程度の目標を設定してください。そうすれば、次第にコミットメントの度合いを深めて、より高い目標を達成できるようになるはずです。孔子曰く「千里の道も一歩から」。さあ、ソファから立ち上がって前進です。

20

ラベリング・テクニックの上手な使い方

遠い昔（正確には三十四年前）、銀河系のはるか彼方で、ルーク・スカイウォーカー[†9]は究極の承諾を得ることに成功しました。ダース・ベイダーを説得して、自らの命を守り、悪の皇帝から離反させ、銀河系に希望と平和を取り戻したのです。いったいどのようにしてルークはダース・ベイダーから承諾を引き出したのでしょうか。この力は、あなたの職場でも活用できるのでしょうか。

映画スターウォーズ・シリーズ旧三部作の完結編『ジェダイの帰還』のなかに、ルーク・スカイウォーカーがダース・ベイダーに向かって「僕には分かってる、父さんには善の心が残っているって。父さんの善の心を、僕は感じるんだ」と叫ぶ場面があります。はたしてこのような単純なフレーズが、悪の塊のようなダース・ベイダーに正義の心を蘇らせる効力（少なくともそのきっかけ）をもつのでしょうか。社会心理学の研究によれば、この問いに対する答えはイエスです。

先のルークの台詞で使われたのはラベリング・テクニックと呼ばれるものです。これは相手に対しである一定の〈性格特性〉〈態度〉〈信念〉をラベルのように貼り付け、そのうえで相手にそのラベルのとおりに振る舞うよう求める、という一種の戦略です。その効果が実証された例として、アリス・タイバウトとリチャード・ヤルクという研究者がラベリング・テクニックを使って有権者の投票率を高めた実験があります。彼らは大勢の有権者に聞き取り調査を行い、無作為に半数を選んで、その回答が「投票を通じて政治に参加する、平均より意識の高い市民」であることを示していると告げました。残りの半数には、「あなたは関心や信条、行動といった点から見てほぼ平均的だ」と伝えました。その結果、模範的市民で投票に行く可能性が高いというラベルを貼られた回答者は、平均的であると分類された回答者よりも自分のほうが良い市民だと考えるようになり、しかも一週間後の選挙で投票を行う可能性が一五パーセントも高かったのです。

もちろん、ラベリング・テクニックは、次の指導者を選んだり、悪の皇帝を追い落としたりと、政治分野に限ったものではありません。商取引やその他の交渉・対応でこの手法を用いる場面はたくさんあります。たとえば、あなたの部下が、管理を任されている案件で苦労しているとしましょう。どうやらこの部下は、自分には必要な役割を果たす能力がないのではないかと自信をなくしかけていま

†9　一九八三年に公開された映画『スター・ウォーズ――ジェダイの帰還』の主人公。主人公が属する善（ライトサイド）と銀河に圧政をしく皇帝が属する悪（ダークサイド）の二つの勢力が、宇宙を舞台に戦いを繰り広げる。ジェダイとは劇中で超能力を操る戦士を指す。また、ダース・ベイダーは悪の皇帝の腹心で、主人公ルークの父親。元々は善の側にいたが、慢心のため悪の世界に取り込まれた。

す。あなたが彼の力を信じているのであれば、こういうときは、彼がどんなに勤勉で努力家であるかを気づかせてあげるとよいでしょう。過去の例を挙げて、同じような困難を彼がどううまく切り抜けたか指摘してあげてください。教師やコーチ、親もこのラベリングの方法を応用することができます。生徒や子どもに対して、君は困難を力強く乗り越えるタイプだと言ってあげると、望ましい行動が促されるのです。この方法は、大人にも子どもにも効果があります。たとえば、私たちのメンバーが同僚と行った研究では、先生が子どもたちに、「みんなは字をきれいに書くよう気をつけているんだね」と言ったところ、誰も監視していないようなときでも、子どもたちは休み時間に書き方の練習をすることが多くなりました。

この方法で企業が顧客との関係強化を図ることも可能です。たとえば、多くの航空会社がこの原理を巧みに利用しています。フライトの最後にチーフパーサーが乗客に「皆様のご旅行に私どもをお選びいただき、誠にありがとうございます」と言うのはラベリング・テクニックの派生形で、どれだけ選択肢が多かろうと自分たちの航空会社を選ぶだけの理由があるのだと、暗に念押ししているのです。その航空会社を信頼しているというラベルを貼られることで、乗客は自分の選択（そしてその航空会社）にさらに信頼を置いていると思うようになります。同様にこの手法を使えば、顧客があなたの会社との取引を決めたのは彼らの信頼の証しであり、あなたは感謝の念をもってその信頼に必ず応えるということを伝えられるでしょう。

他の研究では、望ましいラベルを貼る代わりに、自分はそうした特徴をもっているのだと相手に思わせるだけでいい場合もあることが分かっています。たとえば、研究者のサン・ボルカンとピーター・アンデルセンの実験では、協力を求める前に「あなたは人助けができるタイプですか?」と尋ねると、要請の承諾率が二九パーセントから七七パーセントまで上昇しました。

さて、この方法を携えてダークサイドに寝返るという誘惑に駆られる人もいるかもしれません。しかし、忘れてはならないのは、他のあらゆる影響手段と同じように、この方法は倫理的に問題がない場合にしか使えないということです。言い換えると、性格特性、態度、信条その他のラベルが相手のありのままの能力、経験、性格などを正確に反映している場合にのみ、許される戦略です。もちろん、倫理に反するやり方でこの方法を使うなど、皆さんには思いもよらないということは分かっています。なんといっても皆さんには善の心が感じられますから。

21

簡単な質問が相手の協力を引き出す

政治家であれば誰でも、選挙期間中の候補者の悩みの種を知っています。それは有権者に自分の力を認めてもらうことと、どうしたら自分の支持者に実際に投票に行ってもらえるかという問題です。アメリカでは、テレビコマーシャル、ダイレクトメール、メディア出演などの選挙キャンペーンに莫大な資金が費やされますが、本当に頭の切れる候補者（そしておそらく勝利を手にする人）ならば、説得の技に加えて説得の科学も活用しようとしているはずです。

わずか五百三十七票差で勝敗が分かれた二〇〇〇年のアメリカ大統領選挙では、アメリカ人は一票の重みをかつてないほど思い知らされました。何かと問題の多かったこの選挙では、メディアも国全体も数限りない論争に明け暮れ、有権者の票がほんの少しどちらかの陣営に傾いただけで、結果が大きく左右されかねませんでした。実は、どちらの政党の支持者をも投票所に向かわせる簡単な方法があったのですが、それはいったいどのようなものでしょうか。

その方法とは、有権者に自分が投票日に投票に行くかどうかを予測してもらうこと、そしてなぜそう思うのか、その理由を挙げてもらうことです。社会科学者のアンソニー・グリーンワルドらが、ある投票日の前日に有権者に対してこのテクニックを試してみたところ、事前予測を求められた人は求められなかった人と比べて二五パーセントも投票率が高くなりました（八六・七パーセント対六一・五パーセント）。

このテクニックは、二つの重要な心理的ステップから成り立っています。第一に、ある社会的に好ましい行動を自分が将来行うかどうか予測するよう求められると、その状況では「行う」と答えることが社会的承認を獲得する方法であるため、回答者はそう言わざるを得ないと感じてしまいます。投票は重要な社会的役割ですから、「見たいテレビ番組があるので家にいる予定だ」と言える人はまずいないでしょう。この調査で投票行動について予測を求められた回答者全員が、投票には必ず行くと答えたのも、不思議ではありません。

第二に、全員でないとしても大多数の人は、社会的に好ましい行動を取るつもりだといったん公言してしまうと、自分が請け合ったことと一貫性を保って行動しなければならないような気持ちになります。例を挙げると、あるレストランの所有者はすっぽかし（予約をしておきながら反故にしてキャンセルの連絡もしない）の率を大幅に下げることに成功しましたが、それは受付係の応対を変えたおかげでした。それまでは予約を受ける際に「キャンセルなさるときはお電話ください」と言っていたのを、「キャンセルなさるときはお電話いただけますか」と尋ねるようにしたのです。もちろん、ほぼ全員の客がこの問いに「はい」と答えて電話することを請け合いました。さらに重要なのは、彼らが自分が請け合ったことは守らねばならないと感じたことです。結果、すっぽかしの率は三〇パーセントから一〇パーセントに下がりました。

つまり、選挙候補者が楽な方法でより多くの支持者に投票に行ってもらうには、ボランティアが支持者に電話して投票日に投票に行くかどうか尋ね、「行く」という答えを待つようにすればよいのです。それから、電話でこう付け加えてもらいます。「お名前に〈行く〉という印をつけて、他の者にも伝えておきます」。こうしておけば、そのコミットメントは三つの点から見てほぼ確実だといえます。つまり、自発的、積極的になされ、公に表明されたものだからです。

では、どうすればこの方法を職場や地域で効果的に使えるでしょうか。たとえばあなたが、支援しているNPOのための慈善活動への参加を考えているとします。ただ、自分が十分に寄付を集められそうだと確信できない限りは申し込みたくありません。このとき、家族や友人、同僚に寄付をしてくれるかどうか尋ねれば、あなたの取り組みに対する周囲の支持がさしあたりどの程度なのか分かります。また、あなたが参加を決めた場合に彼らが実際に寄付をしてくれる可能性を高めることができます。

もう一つ例を想定してみましょう。あなたはあるチームのリーダーで、ある新しい計画を導入するところですが、その成功には、他のメンバーから言葉による支持を得るだけではなく、その言葉が具体的な行動に結びつかなければならないと考えています。この場合、単にメンバーにその計画のメリットを説明するよりは、まず協力してくれるかどうかを尋ね、「協力する」という返事を待つのが得策です。そうして同意を得てから、協力してくれる理由を聞くとよいでしょう。

管理職、教師、販売員、政治家、資金調達係など役割は何であれ、この方法を使えば、おそらくもう一つの大事な票、あなたの働きに対する強力な信任票を獲得することができるでしょう。

22

人を目標に結びつける積極的コミットメント

アムウェイはアメリカで最高収益を誇る直販企業の一つですが、販売スタッフの成績アップを促すために、次のようなアドバイスをしています。

「最後にもう一点。目標を決めてそれを書き出してください。どんな目標であれ、大事なのは自分で決めたゴールに向かって進むこと、そしてそれを書いて形にしておくことです。文字にして書き残すと不思議な力が生まれます。ですから目標を決めたら、それを書き出してください。その目標を達成したら、次の目標を決めてまたそれを書いておきます。きっと幸先よいスタートになるでしょう」

この場合、自分で書き出した目標は他人に見せるわけではありません。にもかかわらず、それがコミットメントの強化に効果を発揮するようです。なぜでしょうか。

簡単にいうと、積極的に行われたコミットメントと消極的なコミットメントでは、その持続力に差があるのです。先ごろ社会科学者のデリア・チオッフィとランディ・ガーナーは、積極的コミットメントがいかに強力に、また巧妙に働くかを示す実験を行いました。彼らはまず、大学生に対し、地元の学校で開催されるエイズ教育プロジェクトにボランティアとして参加するよう呼びかけました。そして、各学生が、積極的教示もしくは消極的教示という、二種類の教示のどちらか一方を受けるようにしたのです。積極的教示を受けたグループは、ボランティアを希望する場合には、参加希望と書かれた用紙に記入するように言われ、消極的教示を受けたグループは、ボランティアを希望する場合には、不参加と書かれた用紙に何も記入しないでおくように言われました。

その結果、ボランティアを希望した人の割合は、与えられた教示による同意の仕方が積極的だったか消極的だったかで、差はありませんでした。しかし、数日後、実際に会場に現れた人の割合には、驚くほど差が出たのです。同意の仕方が消極的だった人たちのうち、約束どおり来たのはわずか一七パーセントでした。一方、積極的なやり方で同意した人たちは、実に四九パーセントが約束を守ったのです。全体としては、予定どおり現れた人の大多数（七四パーセント）は、ボランティアを行うことに積極的な同意をした人たちでした。

なぜ、書き記す形のコミットメント（＝積極的コミットメント）は、これほどうまく参加を促せるのでしょうか。それは、人は自分の行動を振り返ることで自分自身に対する見方を決めており、さらにいうと、行わなかったことよりも、実際に行ったことを重視するからです。チオッフィとガーナーは、積極的にボランティアに参加した人は消極的参加の人に比べて、自分自身の性格や志向、理念が自分にその決断をさせたと考える傾向が強いことを明らかにしています。

それでは、積極的コミットメントは説得力を高めるうえでどう役立つでしょうか。一つの例として、昔から誰でも一年のある時期だけに掲げる具体的なコミットメント、「元旦」の抱負」について考えてみましょう。自分の決意をただ頭に浮かべるよりも、それを詳しく書き出して達成に必要なステップまで加えれば、より実現性を増すことができます。さらに、友達や家族にそれを見てもらうようにすれば万全です。

あるいは、あなたが営業部長だとしたら、部下に自分たちの目標を書くように言えば、目標に対するコミットメントを強化し、最終的には各人の成果を向上させるのに役立つでしょう。同様に、会議の場では、出席者に自分が実行すると同意したことを書き出して、みんなに見せてもらうようにするのも賢明な手です。

また、小売業界で見られる以下の例は、書くことの効果を大変よく示しています。多くの店では、顧客がそこでクレジットカードなどの金融商品を申し込めば、商品の購入代金を数カ月から数年にわたって分割できるようにしています。小売店によると、そういう場合、申込書の記入を販売スタッフではなく顧客自身が行ったほうが、後から申し込みをキャンセルされる率が少なくなるそうです。こうした調査結果を踏まえると、たとえばあなたが顧客や取引相手と共同で何かの計画に着手するときに、関係者のコミットメントを最大限引き出すには、全員が実際に業務契約書に記入するようにする必要があることが分かります。

積極的コミットメントは、医療の分野でも大変効果的に使うことができます。医療機関によると、近年、予約の時間に現れない患者がかつてないほど増えています。イギリスで二〇一四年に発表されたデータによれば、予約の時間に現れない患者の数は、一般開業医で年間一千二百万件、病院の外来予約では七百万件近くに上ります。これは、国民健康保険サービス（ＮＨＳ）にとって、財政的見地からも医療的見地からも、看過できないショッキングな数字です。この問題の解決に積極的コミットメントが役立ちます。定期健診だろうと大事な手術だろうと次回の予約をするときには、ふつう受付係か事務担当者が小さな予約カードにその日時を書いてくれます。けれどもそうした一般的なやり方では、患者は受け身でいるだけです。代わりに、患者自身にカードに記入してもらえば、コストをかけず、かつ効果的にすっぽかし率を下げることができるのではないでしょうか。[*4]

この本で取り上げている他の方法と同様に、積極的コミットメントも私生活で何かの承諾を得る際に役立てることができます。必ず、あなたのお子さん、隣人、友人、パートナー、そしてあなた自身が、積極的にコミットメントを書き記すよう念を押してください。そうすれば、この些細な、しかし

＊4　患者に自分でカードの記入をするよう求めることで、積極的な関与を促すというアイデアは、すでに検証されている。インフルエンス・アット・ワークが主導し、ＮＨＳベッドフォードシャーと共同で実施したその研究では、予約のすっぽかし率が一八・四パーセント低下した。

心理的には大きな意味をもつ行動が、いかに効果的に相手に影響を与えるかが分かるはずです。そうしないと、結果は大きく異なってしまうかもしれません。やる気だけは誰にも負けないのにいつまで経っても取りかかれないというコミットメントは、空手形にすぎません。

23

複数の目標を達成する鍵とは

要請に同意させることが、比較的容易にできる場合があります。特に同意を得やすくなるのは、その要請が今すぐではなく、先々何かを行ってほしい、というものであるときです。手助けを行うのが数週間後だと、すぐに行わなければならないときよりも、相手が気楽に引き受けてくれることがよくあるのは、このためです。「分かった、来月やっておくよ」と言うとき、人は来月の予定が現段階でかなり空いているように見えたとしても、すぐに埋まっていくに違いないということを忘れています。そのため、一カ月経ったとき、私たちは必死になって、同じ相手に以前言ったことを守るように（あるいはひょっとすると、思い出すように）説得している、ということになりがちです。

前節「22」では、（しばしば、書き記すよう求めることによってなされる）積極的なコミットメントが、コミットメントを行動に移させるうえで重要なステップになりうることを説明しました。相手が以前行ったコミットメントを（特に要請に対して「イエス」と言ったときから、それを実行に移すときまでに間がある場合に）忘れずに実行してくれる見込みの高まる方法は、他にもあります。要請を行う際に、いつ、どこで、どのように、やると言ったことを実行するのかという具体的な計画を相手に立てさせるのです。説得を研究する科学者たちが「実行意図」プランと呼ぶこの手法は、ときにかなりの効果を発揮します。

ハーバード大学ケネディ・スクールの研究者、トッド・ロジャーズとデビッド・ニッカーソンは、有権者に、今度の選挙で投票に行くつもりかどうかを尋ねました。そして、相手がイエスと答えた後で、投票日に投票所へ行くまでの計画を立てさせると、数週間後の選挙で実際に投票に行く割合が、選挙に行くつもりがあるかどうかを尋ねられてイエスと答えただけだった人たちより、四から九パーセント高くなりました。

ですから、あるコミットメント（特に将来の行動に関するコミットメント）を実行に移させたいときのアドバイスは、相手にそれを行うための計画を立てさせる、つまり、別の言い方をすれば、実行意図プランを作らせるというものになります。ところで、実行意図は、やらせたいことが一つでなく複数ある場合であっても、同じくらい有効に働くのでしょうか。

残念ながら、大雑把に言うと、答えはノーです。マーケティング学の教授、スティーブン・スピラーとエイミー・ドルトンの研究によれば、実行意図の作成はやらせたいことが一つの場合には有効でも、複数ある場合にはさんざんな結果になることがあります。そうなる理由は、複数の行動に対する実行意図プランの作成が、二つの事柄を目立たせる結果にもなってしまうからです。一つは、複数の目標が確かに存在しており、いくつもの行動計画をこなすのが大変そうだということ。もう一つは、そうした複数の目標のあいだに、時間やエネルギーなど潜在的な対立や制約が存在するということです。

では、もしあなたが、多くのビジネスマンのように個人、もしくはチームを説得して、しばしば両立不能な複数の目標をすべて達成させるという課題に直面した場合、何かできることはあるのでしょうか。スピラーとドルトンは研究結果に基づいて、二つのやり方を提案しています。

一つ目は、一見ばらばらな目標それぞれが、実際にはより広い共通の目的に貢献するものであると、相手が理解するように働きかけるというものです。たとえば、管理職や経営者であれば、ミーティング中に時間を取って、チームの面々に、複数の目標のあいだに存在する（矛盾ではなく）相乗効果を認識させたり、議論させたりすることができます。

二つ目は、さらに達成困難な目標と関連させることで、複数の目標を比較的実行しやすいものであるように見せるというものです。つまり別の言い方をすれば、好ましいコントラストを用意する、ということになります。

スピラーとドルトンは、二つ目の手法の有用性について、証拠を提示しています。彼らの研究で、六つの課題を割り振られた実験参加者たちは、それぞれの課題に対する実行意図プランを作成する前に、他の人々がさらに多くの課題（具体的には十個の課題）を割り当てられていると教えられると、課題の達成率がずっと高くなりました。どうやら私たちは、最初に他の人がさらに多くの課題をこなしていると知ると、複数の課題にずっと熱心に取り組み、しかもその課題の難しさを低く見積もりもするようなのです。

この知見からは興味深い可能性が浮かんできます。自分が他の誰よりも忙しいと自慢するのが大好きな同僚（イライラさせられる相手です）は、もしかすると実はあなたにいいことをしているのかもしれません。本人にその気はなくても、そうした人たちのおかげで、どこまでも膨らんだ「やることリスト」の項目をすべて終わらせる可能性が、ほんの少し高くなっているかもしれないからです。もちろん、これは、あなたの「やることリスト」が彼らのものよりも本当に短いものであればの話ですが。

24

一貫性をもって一貫性を制す

オスカー・ワイルドの言葉に次のようなものがあります。「一貫性とは想像力に欠ける者たちの最後の拠り所である」。「愚かな一貫性は狭量な心に巣くう小鬼だ」とは、同じく冷笑家のラルフ・ワルド・エマーソンの言葉です。そして最後に、オルダス・ハクスリーは「真に一貫性をもちうるのは死人だけだ」と言っています。いったいなぜ高名な文学者たちは、老いて賢者となってからではなく生意気盛りの若造だった時代にこうした警句を吐いたのでしょうか。そしてまた、説得力を高めるうえでそれはどのような意味をもつのでしょうか。

こうした文学者たちの意見にもかかわらず、すでに本書で見てきたとおり、一般的には誰でも以前からの自分の言動、価値観、行動と一貫性を保つように振る舞うことを好みます。しかし、年を取るにつれてこの傾向は少し変わっていきます。ステファニー・ブラウンを主任研究者とするチームが行った研究によって、人は、加齢とともに一貫性に対するこだわりが強くなっていくことが明らかになりました。これは、一貫性の欠如は気持ちを動揺させるものであり、高齢者は動揺を引き起こすような出来事を避けようとする傾向が大変強いからだと考えられます。

この発見は、どうすれば高齢者に影響を与えられるかという点に大きく関係してきます。たとえば、あなたが中高年者向けの新商品を市場に投入しようとしている企業に勤めているとしましょう。ブラウンらの研究によれば、この購買層が他の世代と比べて変化に対する抵抗が強いのは、何か変化が起きると、そのせいで自分の行動と以前からのコミットメントのあいだの一貫性が失われると感じるためです。ですからこの場合は、新しい商品を購入して使っても、消費者の価値観や信条、習慣との一貫性は保たれるということを強調したメッセージを提供するとよいでしょう。同じことは、社内の古株に新しいシステムに移行するように説得するとき、あるいは自分の親に薬を飲ませるときなど、他の場面でも応用できます。

とはいえ、こちらが勧めている新しい行動が相手の元々の価値観、信条、習慣と一貫していると伝えるだけで、本当に皆それまで続けてきた行動を簡単にやめるのでしょうか。実際、前と同じやり方に従ったほうが一貫性は保てるわけです。それに、いつも一貫性に乏しく、絶えず気が変わり、何か新しいことを耳にするとすぐそれに影響される人は、とてもイライラさせる存在です。

一貫性に強くこだわる人たちを相手にするときは、こちらの提案が彼らが前から重視していたことと合致しているのを指摘するのに加えて、何か別の手を講じる必要があります。こちらのメッセージを最大限説得力のあるものにするには、相手を前のコミットメントから解放するとともに、前の判断は誤りだったという見方を避ける必要があります。おそらく一番生産的な方法は、以前の相手の判断を褒めて「その時点では」間違っていなかったと伝えることでしょう。「そのとき得られた根拠と情報からすれば」以前の選択は正しかったと指摘することで、相手が昔のコミットメントに縛られず、また、面子を失ったり一貫性を欠いたりせずに、新しい提案に注目するよう促せるのです。

　さて、こちらのメッセージはそもそも相手の価値観、信条、習慣と合致しているわけですから、そういった「説得前の」一言を放った後なら、きっとうまくいきます。ちょうど画家が絵を描く前にキャンバスを用意するように、医者が手術の前に医療器具を揃えるように、スポーツ監督がチームに試合に備えさせるように、説得にも準備が必要なのです。ときには、どうやってこちらのメッセージを伝えるかを考えるだけでなく、前のメッセージとそれに対する反応に注意を払うことも必要です。乗馬にたとえると、一番上手な馬の乗り方は「馬が進むほうに進む」ことです。まずは馬に合わせておき、その後でゆっくり慎重に自分の行きたいほうへ手綱を向けます。いきなり自分の行きたい方向へ馬を向けようとしてもくたびれるだけですし、下手をすれば馬が暴れだしてしまいます。

25

フランクリンから学ぶ説得のコツ

一七〇六年生まれのベンジャミン・フランクリンは、作家、政治家、外交官、科学者、出版者、哲学者、発明家として一流だったことで有名です。政治家としての一番の功績は、アメリカの建国を創案したことでしょう。外交官としては、アメリカ独立戦争中にフランスとの同盟を確実なものにすることで、独立を可能にしました。科学者としての彼は、電気を発見し、理論づけを行った第一人者でした。そして発明家としては、遠近両用めがね、走行距離計、避雷針を考案しました。でも、何よりもしびれるのは、驚くなかれ、相手に迷惑をかけることで自分の敵から尊敬を勝ち取るという方法を発見したことです。

フランクリンは、ペンシルベニア州議会議員だったときに別の議員から激しい敵意を向けられ、困り果てたことがありました。どうやって彼がその人物から尊敬と、さらには友情まで勝ち取ることができたのかは、フランクリン自身の言葉を引くのが一番です。

「私は彼にこびへつらってまで気に入られようとは思っていなかったが、しばらくして、次のような方法を試してみた。私は、彼の蔵書のなかに大変興味を惹かれる稀少本があることを人づてに聞き、彼に手紙を出してぜひその本を見たいので何日か貸してもらいたいと頼んだのである。彼はすぐにその本を送ってくれた。一週間ほどしてそれを返すときにはまた手紙を添えて、どれほど感謝し、嬉しく思っているか伝えた。すると、次に議会で会ったとき、それまで一度もそんなことはなかったのに、彼は大変礼儀正しく私に話しかけてきたのだ。それ以来、彼はいつでも私の味方だと公言してはばからず、親友同士となって私たちの友情は彼が亡くなるまで続いた。昔からの格言に次のようなものがあるが、この話はその良い例といえるだろう。〈あなたが恩を施してあげた人よりも、あなたに恩を施してくれた人のほうが、頼みを聞いてくれるものだ〉」

ずっと後になって、行動科学者のジョン・ジェッカーとデビッド・ランディが、本当にフランクリンのやり方は正しいのかを実験で確かめました。まず実験参加者たちはある競争に勝って実験者からお金をもらいました。その後で、実験者が半数の参加者に対して、そのお金は自腹で払ったのだが手持ちがほとんどなくなってしまったので返してもらいたいと頼んだところ、ほとんどの人が同意してくれました。残りの半数には、何も頼みませんでした。それから、参加者全員にその実験者をどのくらい好意的に思うか匿名で答えてもらったのです。

先のフランクリンの方法はあまり論理的でないように思われますが、この実験によって正しいことが証明されました。ジェッカーとランディは、お金を返すよう頼まれた人たちは頼まれなかった人たちと比べると、実験者のことをより好意的に見ていることを突き止めたのです。

なぜ、こういうことが起きるのでしょうか。それは、人は自分の行動と自分の考え方のあいだに一貫性がないと困るからです。フランクリンの政敵は自分が好きでもない相手に親切にしてやりながら、きっとこう考えたことでしょう。「なんだって私は気に食わない相手を助けるために、わざわざ本を送ったりしているんだ。やっぱり、フランクリンはそう悪い人間じゃないのかもしれない。考えてみると、彼にも取り柄はありそうだし……」。

フランクリンの方法は、さまざまな状況で人間関係をうまく保つのに役立ちます。一つ例を挙げると、同僚や隣人からなぜかあまりよく思われていないのに、その相手の助けが必要だということがよくあります。そんなとき、その人にますます嫌われそうだと考えて、助けを求めるのを躊躇しがちです。よくあるのは、相手に頼むのを思いとどまってしまい、そのせいで時間どおりに自分の課題を終わらせられなくなるケースです。しかし、この研究結果からすると、躊躇する必要は全くないわけです。

さて、気に入らない相手に何かを頼むのはかなり勇気の要ることです。そんなときは、こう考えてください。今までその相手との付き合いから（または付き合わないことで）何も得るところがなかったのなら、最悪の場合でも、同じように何も得られずに終わるだけです。勇気を出して頼んでみましょう。本当に、失うものなど何もないはずです。

26

朝の通勤中にお喋りをする効能

どこかへ行くときのことを考えてください。あなたはどんなタイプですか。そうしたときには、人付き合いを避けたがるタイプでしょうか。つまり、移動の時間を、遅れ気味の書類の作成や読書、あるいはひとりで考えごとにふけるチャンスだと考える人でしょうか。

それとも、もっと社交的なタイプでしょうか。つまり、移動中一緒だったことがきっかけとなって、興味深い人（もし運がよければ、有益な関係が築けたり、将来的に友人になったりするかもしれない人のことです）と知り合う可能性をいつも頭に入れているタイプでしょうか。

もし、あなたが後者のタイプに近いなら、お祝い申し上げます。あなたの会話能力は、あなたの人間関係、人脈、そしてそれに関係した影響力といったものの構築能力を向上させていると見込まれます。ですが、もしあなたに、他の大多数の人と同じく移動中の人付き合いを避ける傾向があるなら、知っておいたほうがいいかもしれない話があります。他の人たちと接触をもつことの、注目すべき長所をはっきりと示す研究結果があるのです。もし、人脈を広げ、それによって、将来のチャンスも広げたいと思っているのでしたら、やるべきことははっきりしています。雑談をしてください。

もちろん、公共交通機関を利用しているときに他の人に話しかけない理由はいくつもあり、特にある種の暗黙の社会的ルールは乗客同士のやり取りを実際に思いとどまらせています。ロンドンの地下鉄はそうした例の最たるもので、沈黙という社会規範がほとんど神聖不可侵の域に達しています。

見知らぬ人とかかわるのに二の足を踏む理由が何であれ、シカゴ大学ブース・スクール・オブ・ビジネスの行動科学者、ニコラス・エプリーとジュリアナ・シュローダーは、見知らぬ人に話しかけた場合に得られる、考慮すべきメリットについて、説得力のある証拠を提示しています。

実験は、ある日の駅で行われ、一人でいる通勤客が対象とされました。重要なのは、実験の舞台に選ばれたのが始発駅だったということです。つまり、乗客は比較的空いている電車に乗り込むため、ほとんどの場合、知らない人の隣ではなく、他の乗客から離れた座席を選ぶ（これは強い規範です）ことができます。研究者が実験対象とされた通勤客に求めたのは、電車に乗っている間に見知らぬ乗客と会話を始めること、相手について興味深い点を見つけること、そして、その相手に自分のことを話すことでした。また別の通勤客には、他の人とは話さず、孤独を楽しむようにという指示をはっきり出しました。そして、対象者全員にアンケート用紙を渡し、電車を降りた後で記入し投函するよう求めました。

電車の場合もバスの場合も、待合室や飛行場のラウンジの場合も、郵送されてきたアンケートの結果には同じパターンが現れました。他の人と話さないように指示された人と比べて、知らない人と積極的に会話を行うよう指示された人たちのあいだでは、通勤時間が有益なものとなったとした人が、ずっと多かったのです。始められた会話は平均で十四分ほど続き、「楽しかった」と評価されました。この最後の発見は、もし実際に知らない人と会話を行ったらどういうふうに感じると思うかという質問に対して別の通勤者グループが行った予想と正反対でした。彼らの多くは、不愉快な経験になると予想していたのです。なかには、知らない人に話しかけた場合、会話を拒否されるリスクはかなり高いと言う人もいました。でも実際には、研究参加者で知らない人に話しかけることに同意した百十八人のなかに、会話を拒否された人は一人もいませんでした。

さて、あなたはこう考えているかもしれません。それは全くけっこうな話だけど、自分のように、朝の通勤時間を使って、溜まったEメールを処理したり、業務報告書を読んだり、その日の仕事の準備をあれこれしている人間はどうしたらいい？　お答えしましょう。研究者たちはその点も調べました。その結果、他の通勤客と会話をすることは、生産性にたいした負担を与えないようだということが分かっています。

ほとんどの人の通勤中の生産性が本人が信じたいほどには高くない、ということがその理由かどうかは、はっきりしません。その一方ではっきりしているのは、知らない人と話をした人たちで、本来生産的に過ごせたはずの通勤時間が台無しになったと感じると報告した人は、一人もいなかったということです。

ですから、次回、バス、電車、飛行機に乗ったとき、知り合いの数を増やし、人脈を広げ、その結果、影響力を大きくするためにすぐできる方法の一つは、アイフォーンや報告書、キンドル、パソコンから離れ、隣の人に顔を向け、挨拶をすることです。もっと範囲を広げた話をするなら、会議、セールス・ミーティング、展示会といった、より伝統的な人脈作りの場でも、やはり、これと同じ戦略を採用すべきです。そうした場で、もしスタッフが、嫌な顔をされることを恐れて、客が近づいてくるのをただ待っているだけになってしまったら、企業はかなりの金額を失うことになります。この研究結果を見れば、話しかけて拒否される場合が実際には極めてまれであると分かり、きっと安心できるでしょう。ただし、会話を始めてしばらくのあいだは、集中して相手を知るようにする必要があることもお忘れなく。

このような戦略は、関係する全員の生活をより楽しいものにするだけでなく、ビジネスの結果にも大きな違いをもたらすことがあります。おそらく、その最も良い例を示しているのは、広告会社、アボット・ミード・ヴィッカーズ・BBDOが、一九九〇年代にブリティッシュ・テレコムのために行った、非常に印象的な広告キャンペーンです。このキャンペーンが大きな要因となって、ブリティッシュ・テレコムは五十億ドルという驚くべき収益増を遂げたと言われています。では、そのキャンペーンの中心的なメッセージは？

「話すって、良いよね！」

27

小さなお願いが引き出す大きな成果

「いいものは小さな包みで届く」と最初に言い出したのは、とても小柄な人だったのでしょうか。とにかく、このことわざを作ったのが誰にせよ、大きく考えて小さく動くことの利点をよく知っている人だったことは確かです。

ここまで本書では、効果的かつ倫理的に相手にイエスと言わせる方法に焦点を当てて解説してきました。しかし、ある特定の状況では、慈善募金のような妥当なお願いであってもノーと言われる場合があります。

私たちの研究チームは、その理由を探ることにしました。寄付を頼まれたときに、協力したいと思っている人でも断ることがあるのは、あまり大きな額を負担する余裕はなく、かといって少額ではたいして役に立たないと思うからだろう、というのが私たちの立てた推論でした。ということは、「どんなにわずかな額でも助けになる」と伝えて、少額の寄付を正当化すれば、寄付を増やすことができるはずです。

この仮説を検証するため、研究助手が戸別訪問を行ってアメリカ癌協会への寄付を募りました。自己紹介をしてから、住民たちに「ご寄付いただけませんか」と尋ねました。そして、半数の世帯に対してはそこまでで切り上げましたが、残りの半数には、「一ペニー（約一円）でも助かります」と付け加えたのです。

結果を分析したところ、この小さな銅と亜鉛でできた一ペニー硬貨は、説得の効果においては金貨にも値することが分かりました。仮説どおり、「一ペニーでも助かります」と言われたグループでは、もう一方のほぼ二倍の人たちが寄付に協力したのです（五〇パーセント対二八・六パーセント）。

一見すると、誰かに助けてもらいたかったら、ほんの小さな協力でもありがたいと相手に伝えるだけで効果があることになります。しかし、「一ペニーでも」作戦が裏目に出てしまう可能性はないのでしょうか。「一ペニーでも」と言われて寄付をした人の数は倍になったとしても、金額は普段より減らされて、そう言われなかった人たちより少なくなっている可能性もあります。そこで寄付の額を調べてみると、嬉しいことに一人当たりの平均寄付金額に違いはありませんでした。このことから分かるのは、「一ペニーでも助かります」という頼み方のほうがふつうに頼むよりも、寄付をした人の数だけでなく寄付金の総額も増えるということです。たとえばわれわれの実験では、百人当たりの依頼に対して、「一ペニーでも」のグループからは七十二ドル（約七千二百円）集まったのに比べ、もう一方のグループからはたった四十四ドル（約四千四百円）でした。

「一ペニーでも」作戦は、職場でもいろいろな応用の仕方が考えられます。たとえば、地域プロジェクトに関して同僚の助けが要るなら「一時間だけでも割いてもらえたら大助かりだけど」、字が汚い人には「もう少しだけ読みやすく書いてくれるとありがたいな」という具合です。忙しい見込み客のニーズをもっとよく知りたい場合には、「まずは手短に電話でお話しさせていただくだけでもけっこうなのですが」と言ってみましょう。小さな一歩でも正しいほうへ踏み出せば、得られる結果は決して小さくないということがきっと分かるはずです。

28 安くする？ 高くする？ オークションの売り出し価格

ブリトニー・スピアーズが噛んだガム、パパスマーフ[10]の記念皿、壊れたレーザーポインターといったものは、競争入札方式の取引で商品やサービスを効果的に販売する方法に関して、どんなことを教えてくれるでしょうか。イーベイ[11]でどのように「お宝」が出品されているか調べてみると、実に面白いことが分かります。

株式会社イーベイ（eBay Inc.）はイーベイ・ドットコムの運営会社で、そのオークションとショッピングのウェブサイトでは、個人や企業が世界規模で品物やサービスを売買しています。同社は一九九五年にカリフォルニア州サンノゼでピエール・オミダイアというコンピュータ・プログラマーによって設立されました。彼は当時エコー・ベイ・テクノロジー・グループというコンサルティング会社を経営しており、自分の会社のウェブサイトを登録しようとしたところ、echobay.com はエコー・ベイ・マインズという金採掘会社によってすでに登録されていたため、社名を短縮することにして

ebay.comが誕生したというわけです。イーベイで最初に売り出された商品は壊れたレーザーポインターで、落札価格は十四ドル八十三セント（約千五百円）でした。そんなものを欲しがる人がいたことに驚いたオミダイアは落札者にメールで連絡し、その商品が壊れていることが分かっているのか確かめました。それで分かったことは、なんとその落札者は「壊れたレーザーポインターのコレクター」だったのです。

二〇一二年には、イーベイは約百四十億ドル（約一兆四千億円）という売り上げをサイト上で記し、今では思いつくものはほとんど、ときには想像を絶するものまで買うことができます。ここ数年で言えば、ハリウッドスターのサインや英仏海峡トンネルの掘削機なども出品されています。アリゾナ州の男性は、実際には何も品物は得られないと注意書きしたうえで、自分の特技のエア・ギター[†12]のパフォーマンスを、五ドル五十セント（約五百五十円）という値段で売ることに成功しました。また二〇〇五年にはイギリスのあるディスクジョッキーの妻が、ラジオで夫がセクシーなモデルとふざけ合うのを聞いて逆上し、彼のお気に入りのスポーツカー、ロータス・エスプリをイーベイに出品してしまいました。なんと「即決価格――五十ペンス」（約五十円）で売り出したため、車はものの五分で売れてしまいました。

†10　マンガに出てくる小人のキャラクター。
†11　世界最大級のネットオークション・サイト。
†12　パントマイムでギターを弾いているように見せること。

イーベイ・ドットコムはネットオークションという大変有望なビジネスモデルを、鮮やかに提示して見せました。実際、多くの企業が同様のモデルを採り入れ、入札を確保したり売り手を選択したりするためにオンラインの競売システムを活用しています。ネットオークションの入札プロセスと、商取引における競争入札のプロセスは元々よく似ているため、イーベイのようなウェブサイトで出品者がどんな方法で品物を効果的に売っているのかを調べれば、企業が競争入札で成功を収めるためのヒントがいろいろ得られます。

行動科学者のジリアン・クーらの研究によると、買い手は開始価格が高いほうが低い場合よりも品物の価値が上だと考えがちです。しかし、売り出し時点で価値のある品物だとみなされたからといって、最終的な落札価格も実際に高額になるかというと大いに疑問でした。反対に、次のような三つの理由から開始価格が低いほうが落札価格は高くなることが示されたのです。

第一に、開始価格はオークションに参加する際のハードルのようなものなので、低ければ低いほど多くの人を入札に呼び込むことができます。第二に、低価格での売り出しによってアクセス量が増え、それが入札件数や入札者数に反映されることで、これから入札しようという人に対する社会的証明となります。言い換えると、開始価格が低かった品物への入札を検討している人は、他にも多くの人が入札しているのだからその品物は価値があるのだと考え、その社会的妥当性によってさらに競売への参加を後押しされるのです。第三に、安値で売り出された品物に入札した人は、特に早くから参加していた場合、たびたび自分の入札価格を更新する傾向があります。つまり、すでにかけた時間と手間が無駄にならないよう、価格をさらに上げてでも入札を続けて、ぜひとも落札しようとするわけです。

こうした研究結果からは、ビジネスにおいて競争入札を通じて品物やサービスを提供する場合、最終的な売値を上げるには入札をかなり低めの価格から始めるべきだということが分かります。ただし、注意しなくてはいけない点があります。前述のとおり、低価格の売り出しが効果を上げる際のキーポイントは社会的証明です。よって、ある品物に対するアクセスが妨げられると（たとえば、イーベイ上で商品名のつづりが間違っていると、商品を指定して検索してもヒットしないので入札者数が減る）、開始価格を低く設定しても意味がありません。要するに、多くの入札がありそうなときには開始価格を低くするのが効果的ですが、入札者が二人しかいない場合には意味がないのです。

このテクニックを使ったからといって、あなたの会社の余分な在庫や家宝のアンティークの指ぬきコレクションを高値で処分して大儲けする、というわけにはいかないかもしれません。でも、次にまたエア・ギターが出品されたら、その入札の足しぐらいにはなるはずです。

29

さりげなく能力を際立たせる

あなたがふつうの人なら、自分の知識に自信があるときは、みんなにそのことを言いたくなるでしょう。けれども、たとえあなたがその道の権威だったとしても、次のようなジレンマを乗り越えなくてはなりません。つまり、他の人に専門知識を披露して認めさせようとすると、逆に自慢好きのうぬぼれ屋だと思われてしまうという問題です。相手はあなたをあまりよく思わないでしょうし、アドバイスに従うかどうかもあやしくなります。臆面もない自己宣伝は問題外としても、あなたが本当に専門家である場合は、どうしたらよいでしょうか。

一つは、自分の代わりに誰か他の人に話してもらうことです。この方法は、昔から講演者、作家、アーティストなど公の場で話をする人たちがよく使っています。誰かに頼んで自分の専門知識や資格について伝えてもらうのは、驚くほど効果的な方法です。聴衆は話に引き込まれ、あからさまな自己宣伝によるデメリットも避けられます。理想的なのは、心からあなたの技術や知識を信頼してくれている人が、自ら進んで、あなたが大変優秀な人で世の中の役に立つことをみんなに説いてくれることです。そういう人がいない場合は、代理として誰かを雇うしかありません。

その人が褒め役として雇われたことを聞き手が知ったら、逆に興ざめするようにも思えますが、聞き手側が彼らにありがちな「間違い」をしてくれると、そうはなりません。その間違いとは、社会心理学者が「根本的な帰属の誤り」と呼ぶもので、人が誰かの行動を観察する際は、相手の行動に影響を与えている状況的な要因（お金など）にはあまり注意を向けない現象を指します。

ジェフリー・フェファーらの行った研究では、状況的な要因を考慮に入れない人が大多数であるため、自分の能力を保証してくれる仲介役を雇うのは効果的な説得方法だということが示されています。実験では、参加者たちに、自分が出版社の主任編集者で大物作家の担当だと想像してもらい、前払い契約に関する抜粋を読んでもらいました。一方のグループは、その作家の業績を代理人が派手に書き上げたものを読み、もう一方のグループは同一の文面を作家自身が書いたものを読みました。結果は仮説を裏づけるものでした。あらゆる点、特に好ましさの点で、作家が自画自賛した場合よりも代理人が売り込みをした場合のほうが、その作家に対する評価はより好意的だったのです。

このことから、熟練した第三者に代理として自分の専門知識について話してもらうのは、大変実り多く価値のある方法だということが分かります（そればかりか、可能ならば第三者に契約条件や報酬についても交渉してもらうべきです）。また、あなたをあまりよく知らない人たちにプレゼンテーションを行う場合は、他の人にあなたの紹介をしてもらってください。一番効率的なのは、簡単な自己紹介を代弁してもらうことです。長いものは不要ですが、少なくともあなたの経歴、研修経験、学歴など、当の話題についてプレゼンテーションする資格があることがはっきり分かる内容でなくてはなりません。その分野での実績について触れられていれば、なおよいでしょう。

最近、われわれのメンバーが不動産業者と仕事をする機会があったのですが、その会社はこの方法を使って即座に大きな成功を収めました。その会社には販売部門と賃貸部門があるため、受付係は顧客からの電話を取ったらどちらの部門につなぐか判断しなくてはなりません。たとえば「はい賃貸ですね、サンドラとお話しになってください」とか「販売部門でしたらピーターにおつなぎします」という具合です。

われわれのアドバイスに従って、今では受付係は顧客からの問い合わせに対し、誰が担当かだけでなくその担当者の専門分野についても伝えています。賃貸情報を求めている顧客にはこう答えます。「賃貸でしたらサンドラが担当です。彼女ならこの辺りの賃貸物件については十五年以上の経験がありますから。今おつなぎします」。同じく、不動産の売却に関する情報が必要な顧客ならばこうです。「それでは電話をピーターにお回しします。販売部門の主任で、経験二十年のベテランです。実は最近、お客様の物件と似たものを売ったばかりなのです」。

この新しい方法には、長所が四つあります。まず第一に、受付係が同僚の経験について顧客に伝えていることは、すべて本当のことです。サンドラは十五年の経験があり、ピーターは社内でもトップクラスの販売担当者です。しかし、ピーターやサンドラ自身がそれを言ってしまったら、自慢好きの自己宣伝にしか聞こえず説得力に欠けるでしょう。第二に、サンドラやピーターと明らかにつながりのある人物がそうした紹介を行い、また、その紹介が彼らにとって有利に働いても、さして問題ではないという点です。三番目はこの方法は効果的だということです。サンドラもピーターも他の同僚たちも、この紹介が行われる以前と比べて予約の件数が格段に増えたと報告しています。四番目は、ほとんど費用がかからないという点です。どの社員に幅広い専門知識や経験があるかは、肝心の顧客を除けば、社内の誰もが知っていた情報です。

では、他の人に紹介役をしてもらうのが難しい場合はどうしたらよいでしょう。大声で触れ回らなくても自分の力量を示せるうまい方法は他にないでしょうか。もちろんあります。一つ例を挙げると、ある医師の助手から、患者が健康管理に欠かせない大事な運動をしてくれなくて困っているという相談がありました。その運動を行う必要があるとどれほど説明しても、患者はほとんど忠告を聞かないというのです。その診察室を見せてもらうと、すぐにあることに気づきました。医師の資格を示す証書類が壁にもどこにもいっさい飾られていなかったのです。患者から見える場所に資格証書を掲示するようにというアドバイスをしたところ、しばらくして助手から、患者が非常によく指示に従うようになったと報告がありました。ここでの教訓は、説得したい相手には自分の卒業証書や免許状、賞状などを見せるべしということです。せっかく苦労してそうした証書を得たのですから、今度は相手の信頼を得るために、ぜひその証書を役立ててください。

30

優れたリーダーの力を最大限発揮させるには

酔客のほら話にはいろいろあるものです。「俺、あのスーパーモデルがまだ無名だったころに付き合ってたんだぜ」――でしょうね。「勝てたけんかだったけど、ガキにけがをさせたくなかったからな」――はいはい。「俺はサッカーのイングランド代表になるはずだったんだ。けど、足の故障でその話もおじゃんさ」――そりゃ残念！

寒さで気の滅入るような一九五三年二月のある夜、二人の紳士がケンブリッジにあるイーグルという名の酒場に入っていきました。そこで彼らが披露した話こそ、極めつけの大ぼらと思われたに違いありません。酒を注文した後、二人のうちの片方が居合わせた客に向かってこう言ったのです。「僕ら、生命の謎を解き明かしたんだ」。

二人の話は酒場の客には、大ぼらにしか聞こえなかったでしょうが、実は本当のことでした。その日の朝、二人の科学者が、本当に生命の神秘を解明していたのです。この二人の客こそ、生物の遺伝情報を伝える生体物質――DNAの二重らせん構造の発見者、ジェームズ・ワトソンとフランシス・クリックでした。

現代の最も重要な科学的発見と言われるこの出来事から五十年という節目を迎え、ワトソンは自分の業績についてのインタビューに答えています。このインタビューは、なぜ二人が、他の並みいる一流科学者に先駆けてDNAの構造を明らかにするという快挙を成し遂げることができたのか、その経緯を掘り下げようと企画されたものでした。

はじめに、ワトソンはこの発見を可能にした要因をいくつか挙げました。どの理由もそれほど意外なものではなく、たとえば、最も重要な問題点を割り出せたことや、二人とも自分の仕事に無我夢中で、目の前の課題に一心不乱に取り組んだこと、自分たちが精通している分野以外の方法も積極的に取り入れたことなどでした。しかし、ここで彼は、成功理由としてもう一つ驚くようなことを付け加えました。とらえにくいDNAのコードを解読できた一番の理由は、この問題を追究していた科学者のなかで彼らがそれほど優秀ではなかったからだ、というのです。

そんなことがあるでしょうか。ワトソンの言う、自分が誰よりも知的で判断力の優れた賢い人間だと思うことに、最大の危険が潜んでいるというのはどういう意味でしょうか。一番頭が切れるということに、何か落とし穴が隠されているのでしょうか。

続くインタビューでワトソンが述べたところでは、当時この問題に取り組んでいた科学者で最も優秀だったのは、パリ在住のイギリス人、ロザリンド・フランクリンでした。「ロザリンドはあまりに優秀だったので、めったに人にアドバイスを求めなかった。一番賢いということは、厄介なことなんだ」。

このワトソンの言葉は、多くのリーダーが図らずも犯してしまいがちな過ちについて、示唆を与えてくれます。ある組織のリーダーが、たとえば、見込み客に対する強力な売り込み方法とか、ＰＴＡの資金を効果的に集める活動など、何らかの課題や問題に取り組むとします。そうした場合、たとえグループのなかでリーダーが最も情報に通じ経験豊富で技術に長けていたとしても、目標達成のためには必ず他のメンバーと協力するべきです。そうしないことは無謀と言ってもいいでしょう。実際、行動科学者のパトリック・ラフリンらは、グループ内で協力し合いながら問題解決を図った場合の取り組みと結果は、平均的なメンバーが一人で行った場合を上回るだけでなく、グループで最も問題解決能力の高い人が一人で行った場合よりも優れていることを示しました。しかし、リーダーの経験や技術、見識が素晴らしいと、グループのなかで自分が一番うまく問題を解決できると考えて、他のメンバーの意見を聞かないことがよくあります。

優秀なリーダーが一人で求めた解決策が、それほど熟練していないメンバーが協力して得た解決策より劣る理由は次のようなものです。まず、リーダーただ一人による意思決定では、リーダー自身を含む複数のメンバーからなるグループがもつ知識や考え方の幅の広さには対抗できません。他のメンバーからの示唆があれば思考プロセスは刺激されますが、一人では限界があります。同僚の一言が刺激となってあるアイデアがひらめいた、という経験は誰でも思い当たると思います。もう一つ、問題解決にあたって発揮されるグループの強みとは、並列処理能力です。グループ内で協力し合えばたくさんの副次的課題をメンバーに振り分けられますが、それを一人で処理する場合にはそれぞれの課題を順にこなしていかねばなりません。

しかし、すべてを共同作業とすることに危険はないのでしょうか。結局のところ、合議制で出す結論が最良のものにならないこともよく知られています。投票によって結論を出すことは勧められない、いやむしろ共同決議は絶対に避けるべきだ、というのがわれわれのアドバイスです。最終決定は常にリーダーに一任されるべきです。リーダーがメンバーと一緒になって取り組むべきなのは、さまざまな意見を求めるプロセスのほうです。日頃からチーム内の意見交換に努めておくと、よりよい結果が期待できるうえに、チーム内により緊密な信頼関係が築かれ、先々にわたって協力や相互作用の強化が可能になります。意見を言ったのに結局採用されないというのでは、自尊心を傷つけられて、意欲をなくしてしまうのではないかと疑問に思う人もいるでしょう。この点については、各メンバーの意見が決定的な要因にならずとも、結論に至るプロセスで必ず考慮されることをリーダーが明確にしておけば、問題ありません。互いに協力しようという気持ちにあふれたチームを作り上げましょう。確かにワトソンとクリックのように「生命の謎を解き明かす」ほどの大発見は難しいかもしれません。でも、あなたやあなたのチームがもっている真の力を引き出す方法を発見するのには、十分役立つと思います。

31

機長症候群の教訓

優秀であることの危険性は、自分で自分の判断が最も的確だと思うことだけではありません。実は、周囲の人からその場で最も聡明もしくは経験豊富だと思われることも、同じくらい危険なのです。もしその場面が飛行機のコックピットの中で、リーダーとされるのがパイロットである場合、それは生死にかかわる重大な意味を帯びてきます。

たとえば、以下のやり取りは、一九八二年にフロリダ航空九〇便がワシントンＤＣ近郊で氷の張ったポトマック川に墜落する直前にボイスレコーダーが記録していたものです。

副操縦士　待機時間が長引きけっこう経ちましたから、もう一度、翼の凍結具合を調べてみましょう。

機長　いや、もうすぐ離陸だ。

副操縦士　（離陸態勢に入って、ある計器を示しながら）機長、これはおかしいですよね？　ああ、まずい。
機長　いや、大丈夫だ……。
副操縦士　ええ、たぶん大丈夫でしょう。（無理やり高度を上げようとして、機体が音を発する）
副操縦士　ラリー機長、墜落してしまう！
機長　分かってる！（機長と副操縦士ほか七十六名が亡くなった墜落の衝撃音）

これは、チームのメンバーが、正当で博識な権威者であるはずのリーダーに盲従してしまうという悲劇のほんの一例です。そしてまた、リーダーの地位や専門性が非常に強く周囲の人に影響を与えていることを、リーダー自身が見誤ることがいかに多いかを示しています。こういった行動パターンは「機長症候群」と呼ばれており、機長の明らかな判断ミスに乗員が受け身の対応しかせず、致命的な結果に至ることから来ています。機長の明白な過ちを誰も正さなかったために起こってしまった悲惨なケースは、いくつも存在します。

機長症候群は航空業界に限ったことではありません。ある研究では、資格や経験のある看護師が、いったん「ボス」である担当医師が絡んでくると、患者に対するプロとしての責任を放棄してしまうことが明らかになっています。心理学の研究者であるチャールズ・ホフリングは、その実験でさまざまな入院病棟の二十二のナース・ステーションに電話をして自分がその病院の医師だと告げたうえで、特定の患者にアストロゲン薬剤を二〇ミリグラム投与するよう看護師に指示しました。実はこの薬剤は病院での使用が未許可であったうえに、二〇ミリグラムという処方は通常の一日分の二倍に相当するものでした。にもかかわらず、なんと九五パーセントのケースで、看護師はただちに薬品戸棚からこの薬を取り出して病室に向かおうとしたのです。

この結果を踏まえて、研究者たちは次のような結論に至りました。すなわち、スタッフが揃っている医療チームでは「知的専門家」集団（医師、看護師、薬剤師など）が最善の判断をなすべく協働していると考えがちですが、よく調べてみると役割を果たしているのはそのなかの一人だけなのです。先の実験では、看護師は自分の豊富な経験や知識を放棄して医師任せにしてしまいました。そうした状況では、看護師の取った行動も無理からぬことです。担当医師は権限があると同時に権威でもあるのですから。言い換えると、医師は責任者であり、指示に従わないスタッフを罰する権限を握っているわけです。しかも、医師は他のスタッフより高度な医療教育を受けているため、周囲は自ずと医師の専門家としての立場に譲ることになります。医師こそ一番の専門家とみなした結果、医療スタッフが医師の治療方針に異を唱えるのに消極的になったとしても、不思議ではありません。

以上は、病院で自分の身を守るためというよりは、むしろオフィスや役員室で重要な決断を下すときの教訓としてリーダーに覚えておいてほしい話です。もし、リーダーがチームのメンバーから意見を聞くのを怠り、メンバーがリーダーに意見するのを怠れば、悪循環が起きて意思決定に支障を来し、選択を誤って、避けられるはずの間違いを犯すかもしれません。スポーツの監督、クラブの役員、中小企業の経営者、あるいは多国籍企業のＣＥＯでも同じことです。豊富な知識をもつスタッフからの意見を歓迎するような、協力に基づくリーダーシップこそが、この悪循環を断ち切る鍵となります。謙虚なリーダーも悪くありません。役員室や病院やコックピットのドアを開ける前に、自分のうぬぼれを戒めてください。

32

集団思考の落とし穴

宇宙開発の歴史に永遠に刻まれた、アメリカ中が喪に服した二つの日付。それはスペースシャトル「コロンビア」が大気圏突入時に破壊された二〇〇三年二月一日と、同じく「チャレンジャー」が打ち上げの際に爆発した一九八六年一月二十八日です。いずれの事故でも乗組員七人全員が亡くなりました。二つの惨事の原因を見てみると、一方は左翼前縁部の損傷、もう一方はロケットのゴム製の部品の不具合、と別々のように思われますが、これらの欠陥を詳しく調べると、根本の原因は同じであることが分かります。すなわち、意思決定の仕方が拙劣なNASAの組織風土です。二つの悲劇からどのような教訓を得られ、また、どうすれば互いに間違いを指摘し合える組織風土を作ることができるでしょうか。

まず惨事の概要を理解するために、コロンビアの事故調査員と計画を管理していた委員長のあいだで交わされたやり取りを見てみましょう。

調査員　あなたは管理職として、いつもどのように反対意見を求めていますか。
委員長　そうですね、私がそういう意見を聞いた場合は……。
調査員　反対意見の性質から考えて、通常あなたはそうした意見を耳にすることはまずないと思われますが。反対意見を出してもらうために、どのような方法を取っていますか。

委員長はこの質問に答えられませんでした。

コロンビアの惨事の場合、シャトルが損傷を受けたと見られる部分を衛星で撮影するように国防省に掛け合ってほしいという下級職員からの要請を、管理職は無視していました。チャレンジャーの場合には、打ち上げ当日の気温が低いとゴム製の部品が劣化しやすくなるという技術者からの警告を、やはり管理職はないがしろにしていました。いったい、このようなお粗末な意思決定が行われた理由は何だったのでしょうか。

社会心理学者のアービン・ジャニスは、ケネディ大統領のピッグズ湾侵攻作戦やニクソン大統領のウォーターゲート事件など、現実に起きた意思決定の失敗例を調べて、集団がどのようにして誤った判断を下してしまうのかを理論づけています。ジャニスの理論はジャーナリストのウイリアム・H・ホワイトによって「集団思考」と名づけられました。集団思考はグループにおける意思決定スタイルの一つで、メンバーは自分と異なる見方や考え方を検討するよりも、互いに仲良く意見を一致させることのほうを求めます。その要因としては、グループの結束が強く求められている、外部の影響から隔離されている、リーダーが権威主義的で自分の意見ばかり主張するといった点が挙げられ、いずれも多くの組織のさまざまなレベルで見受けられるものです。こうした要因のせいで、成員のあいだにリーダーの意見に従わねばならないというプレッシャーが生まれることがよくあります。また反対意見を検閲してリーダーに届かないようにする必要があるという考えが生まれ、そこからさらに、グループの成員同士は完全に意見が一致していて外部の意見は取るに足らないという幻想が作り出されます。その結果、不完全な議論と意思決定、代替案の検討が不十分、情報検索プロセスの偏り、リーダーの推す選択肢が抱えるリスク評価を見誤る、といった典型的な問題が引き起こされることになります。

ではどうすれば、こうした拙劣な意思決定を避けることができるでしょうか。グループの意思決定を改善する方法として、どのような意見――特にリーダーが支持する意見――に対しても、批判的、懐疑的に臨むようにすることが挙げられます。頭の切れるリーダーは、自分の立場を明らかにする前に、必ず他のメンバーの考えを聞きます。そうすることで、耳ざわりの良い意見ではなく、チームの本当の考え、意見、見方を確実に知ることができるからです。

リーダーは、メンバーが報復を恐れずに発言できる、公正で開かれた環境作りに努めるべきです。何よりも大事なのは、決定が下された後でも、それについて疑問が残っているときには再度話し合いの場を設けることです。さらに、より公平な立場で意見を評価できる外部の専門家を招くこともとても重要です。これは、視野が狭まり、新しい意見が全く出てこないときに、特に効果的です。馴染みはないけれども役に立ちそうなアイデアがあるという場合、それをもっとよく理解するには外部の人の視点が必要になります。

要するに、あなたが誰かに、自分のグループの決定に対して「イエス」と言ってもらいたいなら、まずは自分のグループ内の誰かに「ノー」と言ってもらう必要があるのです。

33

悪魔の代弁者の効用

四百年ものあいだ、ローマカトリック教会では、聖職者の候補を選ぶ際には「悪魔の代弁者[†13]」を使っていました。候補者の生活と仕事に関するあらゆる問題点を調べあげ、教会に報告させたのです。資産を評価するときに細かく調べるのに似ています。悪魔の代弁者の役割は、候補者に不利な内容を洗いざらい明らかにすることでした。これは教会の指導部がさまざまな考えや見方、情報源から、より多くの判断材料を得たうえで意思決定を行えるようにするための制度でした。

実業界で働く人は「ビジネス」と「聖人」とのあいだに共通点があるとは思わないかもしれませんが、悪魔の代弁者方式は経営者にも貴重な教えを授けてくれます。その教えとは、チーム全員の意見が最初から一致しているようなときは、問題を別の観点から見るように促すと、往々にして良い結果が得られるということです。集団思考や集団極性化（グループ内の多数派意見が、議論を重ねるほど極端な方向へ進む現象）による壊滅的な影響が心配される場合は、これはさらに重要なポイントになってきます。

グループのなかに全員一致を乱す者が一人でもいた場合、そのことでチーム内の創造的、複合的な考え方が喚起されることは、社会心理学者のあいだでは以前から知られていました。しかし反対者の性質については、最近までほとんど研究されてきませんでした。同じ考えの人ばかりのグループで問題解決能力を高めようとする場合、悪魔の代弁者、すなわち、わざと異論を唱える偽の反対者と、本気で反対している本物の反対者では、どちらが有効なのでしょうか。

社会心理学者のチャーラン・ネメスらによる研究の結果から、集団の創造的な問題解決の力を高めようとする場合、真の反対者と比べると、悪魔の代弁者はかなりその効果が劣ることが分かっています。本物の反対者の論拠や見解は一定の原則に基づいているため、大多数のメンバーはそれを妥当であるとみなす傾向があり、それと比べると悪魔の代弁者の姿勢は、わざと反対しているようにしか見えないからだそうです。たいていの人は、本気で反対していると思われる相手に対しては、なぜそれほど自信をもって反対しているのかを理解しようとします。その過程で、問題への理解が深まり、より広い視野から検討を加えられるようになります。

では、悪魔の代弁者はもう時代遅れなのでしょうか。現に一九八〇年代には、法王ヨハネパウロ二

†13 カトリック教会の列聖調査審問検事（devil's advocate）のこと。聖人になる候補者に対して意図的にあらゆる角度から批判を加え、候補者が真に聖人たるにふさわしいかどうか、その判断材料を出す役割を担う。「人にいちゃもんをつける人」という意味でも使われる。

世は公式にカトリック教会におけるこの制度の運用を廃止しています。しかし実際には、悪魔の代弁者がいることで、大多数のメンバーは自分たちの考えに対する自信を失うどころか逆に深めることができることが証明されています。おそらく、あらゆる代替案を検討した（そしてそのうえで却下した）という確信がその理由だと思われます。それに、代替案が却下されたからといって、悪魔の代弁者が何の役にも立たないというわけではありません。大多数の人が心を開いて代替案の検討を行う限り、悪魔の代弁者は異なる考えや見方、情報に対する注意を喚起することができるのです。

これらのことから読み取れるリーダーにとっての最善の策とは、多数派の見解に対して同僚や部下が安心して反対意見を言えるような職場環境を作り、その状態を維持することです。異議が個人的なものではなく仕事上のものである限り、複雑な問題に対する革新的な解決策の発見や、従業員の意欲の上昇などの効果が現れます。最終的には利益も増加するでしょう。ただし、決定による影響が長期間かつ広範囲に及ぶ場合は、本音で反対する人も重要です。私たちが間違った方向に行きそうなときに、見識のある人が積極的にそれを知らせてくれれば、見せかけではない本物の議論を通じた深い理解が得られるようになります。そして、最善の決定を下して最大限効果的なメッセージを発信できるようになるのです。

34 最良の教材は過去の失敗例

強さ、勇気、決断力、献身、無私無欲。消防士こそ、組織の行動規範のお手本といえるかもしれません。人命救助や木から下りられなくなった子ネコの救助はあなたの仕事と直接は関係ないと思いますが、その職業トレーニングについて知れば、日常生活でヒーローになるためのヒントが得られるかもしれません。

行動科学の研究者であるウェンディ・ジョンらは、職務上の判断ミスを最小限にするうえで、トレーニング・プログラムの種類によって効果に差が出るのかを調べました。具体的にいうと、過去の成功例と失敗例のどちらに重点を置いてトレーニングすべきなのかを明らかにしたかったのです。ジョンらは、より強い注意が向けられること、記憶に残りやすいことなどいくつかの理由から、失敗例に焦点を絞ったトレーニングのほうが効果的だろうという仮説を立てました。

そこで、プレッシャーのもとで意思決定をする能力が重視され、なおかつその下した決定が重大な結果につながる職業の人々を対象にして、この仮説を検証することにしました。実験の対象に消防士が選ばれたのもうなずけます。まず消防士には、いろいろな事例研究が盛り込まれた訓練および能力開発研修を受けてもらいました。実験の参加者は二つのグループに分けられ、受ける訓練の内容はグループごとに異なっていました。一方のグループでは、消防士の誤った判断によって残念な結末に至った実例を取り上げ、もう一方のグループでは、消防士の優れた判断によって悲劇的な結末を避けられた実例を取り上げて学びました。その結果、ミスのない事例を扱ったトレーニングと比べて、ミスが起きた事例に基づくトレーニングは、参加した消防士の判断力がはるかに向上することが分かりました。

トレーニングというのは、要は他者に影響を与えることです。ですから、従業員の今後の働きにプラスの影響を最大限与えるには、会社のトレーニング・プログラムをどう工夫すればよいかは明白です。多くの企業はふつうトレーニングの重点をプラス面、つまりどうやって優れた意思決定を行うかのみに置いていますが、過去にどのようにミスが起きたのか、どうすればそうしたミスを避けられたのか（そして、避けられるのか）にトレーニングの重点を置くべきなのです。具体的に言うと、間違いに関する事例研究、ビデオ、説明図、個人の証言などを検討してから、そうしたケースや類似の状況ではどのような行動が適切だったのかを話し合う必要があります。

検討する失敗の事例は誰のものでも全くかまいません。過去に判断ミスをした個人を特定することは不要です。もっとも、尊敬されているベテラン従業員ならば、会社のトレーニング資料用に、自分の失敗を交えた〝奮闘記〟を提供してくれるかもしれません。

　この方法は企業研修に限らず、教師、スポーツチームの監督などトレーニングを課す立場の人なら誰でも、もちろん親にも役立ちます。たとえば、自分の子どもに、知らない人についていかないように教える場合、よその子どもが知らない人にだまされた架空のストーリーを使うのは良い方法です。だまされた子どもがどうすればそんな目に遭わずに済んだのか、という点に的を絞って話をすれば、同じような状況にどう対処すればよいのか、しっかり心構えをさせることができるでしょう。

35

短所を長所に変える最善策

およそ半世紀前、広告代理店のドイル・デイン・バーンバック社（以下、ＤＤＢ社）は、アメリカの自動車市場に小型ドイツ車を売り込むという難題に直面しました。当時のアメリカ市場は大型の国産車ばかりが幅を利かせており、目標の達成は不可能に思えました。しかしそれからわずかのうちに、笑いの種にされるほどぱっとしない存在だったフォルクスワーゲン・ビートルは大人気になり、ステータスシンボルへと変貌を遂げたのです。このビートルの成功は、広告史に残る優れたキャンペーンを計画したＤＤＢ社に負うところが大きかったといえます。おそらく一番の驚きは、同社のこの課題に立ち向かった方法です。すなわちＤＤＢ社は、ビートルのブランドの宣伝では、比較的手頃な価格や燃費のよさといった長所を強調せずに、その短所を強調したのです。なぜ、そのようなことをしたのでしょうか。

この広告キャンペーンは、当時の業界の常識をまさに覆《くつがえ》すものでした。というのは、フォルクスワーゲンにはその時代の典型的なアメリカ車のような見た目のよさは全くないという事実に、あえて焦点を当てたからです。広告の見出しには、「不格好なのは見た目だけです」「ずっと不格好なままでいい」といった類の文句が使われました。こうした変わった広告文が注目を集めたのでこのキャンペーンの好感度が高かったのだ、と理由づけするのは簡単です。けれども、それだけでは、このキャンペーンの開始以降、全期間を通して売り上げが落ちなかった理由を説明できません。車が売れた理由は間違いなく他にあります。

実は、商品の小さな欠点にあえて触れることで、その企業は誠実で信頼できるというイメージが生まれるのです。それによって、商品の真の長所、ビートルでいえば燃費の良さや手頃な価格といった点を売り込む際の説得力が一段と増します。同じように、世界第二位のレンタカー会社エイビスにも、この原則を利用した「エイビスはナンバーツーです。だから頑張っています（ナンバーワンではないので）」という印象に残るキャッチフレーズがあります。他の例としては、「リステリン——嫌いな味でも一日三回」「ロレアル——高価ですが、あなたにはその価値がある」などです。

この手法の成功例は、広告業界以外にもあります。法廷における例を見てみましょう。行動科学者のキップ・ウィリアムズらの調査によると、弁護士が相手側に指摘される前に自ら自分の申し立ての弱点に触れた場合、陪審員はその弁護士を誠実だとみなして信頼を置き、評決にあたってその主張に対する支持が増しました。また、転職志望の人には耳寄りな話ですが、採用に関する調査では、履歴書に長所ばかり並べたてる応募者よりも、最初に短所や若干の不得意を明らかにしてから長所に触れる人のほうが、面接に呼ばれる確率が高くなることが分かっています。

この説得テクニックは、他にもいろいろ応用が利きます。たとえば、自分の車を売りに出して、買い手が試乗にやってきたら、その車の難点、特に買い手自身では発見できそうにない点（トランクの中のライトの調子が悪いとか、燃費はあまりよくないなど）を進んで教えると、あなたとその車に対する信用がぐんと高まります。

この方法は、交渉の場にも応用できます。たとえば、自分の側に少しだけ弱い部分があるとしたら、それが後で見つかるよりは先に自分から触れておくほうが、交渉相手から信頼を勝ち取ることができます。販売の場合でも同じです。ある会社にカラーコピー機を売り込むとき、その製品がセットで可能な紙の枚数が他社製品より少ないのであれば、買い手の信用を得るために、そのことを先に伝えるべきです。そうすれば、その製品が本当に優れている点に関しては、他社のものとは比べ物にならないということを、難なく買い手に納得させられるでしょう。

ただし、この手法を効果的に使えるのは、短所が本当に小さい場合だけですので注意してください。だからこそ、次のようなキャッチフレーズの広告はめったに見かけないのです。「当社はJ・D・パワー・アンド・アソシエーツ[†14]のランキングで最下位ですが、死亡事故の損害賠償の件がすべて片付きさえしたら、私たちはもっと頑張るつもりです」。

†14　アメリカの大手市場調査会社。

36

弱点も見せ方次第

フランソワ・ド・ラ・ロシュフーコー公爵という十七世紀フランスの文学者・哲学者が次のようなことを言っています。「人が自分の小さな欠点を告白するのは、大きな欠点がないことを信じさせたいときだけだ」。これはフォルクスワーゲン・ビートルの広告キャンペーンの大成功を予見したものといえるでしょう。ビートルのキャンペーンは製品の欠点を巧みに扱いました。しかしこの種のメッセージの使用には、ある問題がつきまといます。それは、小さな欠点のうちのどれを選んで告白すべきかということです。

社会科学者のゲルト・ボーナーらの研究によると、「両面的」な説得方法が最大の効果を上げるためには、メッセージが伝えるマイナス面とプラス面のあいだにはっきりとしたつながりが必要になります。ボーナーはあるレストランの広告を三種類作りました。一つ目にはくつろいだ雰囲気など、プラス面だけを載せました。二つ目にはプラス面とそれに無関係なマイナス面を載せ、当店はくつろいだ雰囲気ですが専用駐車場はありません、としました。三つ目にはマイナス面とそれに関係したプラス面を載せ、当店は狭いですがくつろいだ雰囲気です、というようなメッセージにしました。

つまり三番目の広告を見た人はマイナス面とプラス面をつなげて考えることができました（「狭さもくつろいだ雰囲気作りに一役買っている」など）。二種類の両面的メッセージは、ともにレストランのオーナーへの信用を向上させましたが、レストランの評価が最も高かったのは、三番目のプラス面とマイナス面に関連性があるメッセージでした。

よって、相手からの信頼を高めることを第一に考える場合は、両面的なメッセージでどのような欠点を伝えるかはさして問題ではありませんが、レストラン、商品、自分の資格など、特定の対象に対する好感度を上げたい場合は、短所には必ずそれに関連した長所を組み合わせて示す必要があります。実例を挙げてみましょう。一九八四年にアメリカ大統領ロナルド・レーガンは再選に向けて立候補しましたが、有権者のあいだでは二期目を務めるには高齢すぎるのではないかという懸念が取りざたされていました。対立候補ウォルター・モンデールとの大統領候補討論会の際に、レーガンは自分が高齢であることを認めたうえでこう述べたのです。「この選挙キャンペーンでは、私が年齢を問題にするつもりはないことも分かっていただきたい。政治的な目的のために、相手の未熟さや経験不足につけ込む気はないのでね」。モンデール候補はすぐにこれを笑い飛ばして応戦しましたが、その後の米大統領選挙史上に残る地すべり的大敗には、もちろん笑ってなどいられませんでした。

この研究はビジネスにもいろいろ応用できます。たとえば、今あなたは新開発の製品を新規顧客に紹介するところだとしましょう。その製品は競合製品を上回る利点がいくつもありますが、その分高価なため、顧客が現在使っているものよりも二〇パーセント以上も割高になります。しかし、この初期費用の増加は、耐久性やメンテナンスの費用効率の高さによって相殺されるのも確かです。そのうえ、あなたの新製品は処理スピードが速くコンパクトで、他社製品と比べかなりの省スペースになります。

研究結果に従うなら、購入費用の増加という短所を挙げてから、それと関係ある長所について述べ、他の特長には触れないでおくのが得策です。「一見、わが社の新製品は二〇パーセントも割高に見えますが、ずっと長持ちしてメンテナンス費用がかからないことをお考えいただければ、その分を補って余りあります」と言うほうが、「わが社の新製品は割高ですが、速くて場所を取りません」と言うよりも説得力があるのです。

言い換えると、欠点に触れた後は必ずそれに関係ある長所について述べて中和させるのが大事、ということです。酸っぱいレモンしか手に入らない運命なら、リンゴジュースなど欲しがらず、おいしいレモネードを作りましょう。†15

†15 「役に立たないものを与えられたら、自分でそれを役に立つものにせよ」という意味のことわざ。

37

過ちを認めて、防止に全力投球

二〇〇七年二月、ジェットブルー航空というニューヨークを拠点とする格安航空会社が、不手際によって何千人もの乗客を足止めさせました。それはアメリカ北東部を襲った冬の悪天候に直面して、同社が準備不足と判断のまずさを露呈した結果でした。その地域では他の航空会社はほぼ例外なく、暴風雪を見越して多数の便を欠航にしていました。それに対して、ジェットブルーは乗客に運航が可能だと伝えてしまい、結局嵐は止まず、たくさんの顧客に迷惑をかけたのです。

何千人もの乗客を空港と滑走路で立ち往生させるという悪夢が生じた後、次にジェットブルーは広報で難しい決断を迫られました。この事態を誰の、または何のせいにすればよいのか。異常な天候といった外的要因を挙げるべきか、それとも会社の運営方法がまずかったとするべきか。同社は後者を選び、危機に際してジェットブルーが失策を犯したのは、外部ではなく内部の問題によるものだと認めました。自らの非を認めるには、大変な勇気と謙虚さが必要になります。だからこそ、組織やその成員が自分の間違いや判断ミスの責任を取ることなど、めったにないのでしょう。では、ジェットブルー社が行った、おそらく他の多くの企業であれば検討さえしないような決断は、社会的影響の研究から見て妥当なことなのでしょうか。

社会科学者のフィオナ・リーらの説では、失敗の原因を組織の内部に求めることは、一般的なイメージだけでなく収益の点から見ても有利に働きます。内部の制御可能なミスが原因だとすることで、その組織はそれ自体の資源と将来設計をしっかり掌握しているように見えるためです。また、その組織は問題の原因となった点を改善するだろうと予想されるためでもあります。

こうした見方を確かめるために、リーらは簡単な実験を行いました。架空の会社の前年度の業績不振の原因を説明した年次報告書を二種類用意し、参加者たちにどちらか一方を読んでもらったのです。半数の人が読んだのは、次のように業績悪化を説明する際に内的な（制御可能な）要因を挙げた報告書Aです。

報告書A

本年度の予想外の収益の減少は、主に昨年に下されたいくつかの戦略的判断によるものである。直接的には、新たな企業買収と、新薬数種を国際市場へ投入するという決定が、短期的な収益減少を招いた。また、経営陣は、国内外で生じた厳しい状況に対する備えが不十分だった。

残りの半数の被験者は、外的な（制御不可能な）要因を挙げた報告書Bを読みました。

報告書B

本年度の収益減少は、主に予想外の国内外の景気悪化と国際競争の激化によるものである。こうした厳しい市場環境が直接的に影響して、短期的な売り上げが落ち込み、主力の薬剤の市場投入が難しくなった。この予想外の状況は政府の法案が原因であり、われわれには全く制御できない問題である。

実験の結果、報告書Aを読んだ人は報告書Bを読んだ人よりも、多くの点でこの企業を好意的にとらえました。

しかし、研究者たちはこれだけでは満足せず、現実の設定で仮説を検証しようとしました。そのために、十四の企業の過去二十一年分の年次報告書のなかから、先の実験で用いたような記述を何百も集めたのです。その結果からは、報告書のなかで失敗の原因として内的な・制御可能な要因を挙げた企業は、外的な・制御不可能な要因を指摘した企業よりも、一年後の株価が高いことが分かりました。でも、自分の過ちを認めて責任を取ることが正しいだけでなく会社のためにもなるのであれば、なぜそうした行動がとても少ないのでしょうか。それが組織であれ個人であれ、都合の悪いミスが起きると、外部の人物や要因のせいにして問題の根本から注意をそらすという対応は、私たちの周囲でもまま見られます。しかし、そうした方法では、二つの点でさらに問題が大きくなってしまいます。まず、その解決法では、集団が問題を掌握していて解決能力もあるということの証明には全くならないため、効果が上がりません。第二に、短期的にそのミスから注意をそらすことができたとしても長期的には露見して、注目の的、より正確には非難の的となり、隠ぺいの疑いまでかけられてしまいます。

このことは企業だけでなく個人にも当てはまります。自分の間違いに気づいたらそれを認め、ただちに行動計画を立てて、自分には状況の掌握と正常化が可能であることを示すべきです。そうした行動を取れば、有能で誠実だという評価が得られ、最終的には自分の影響力をより高めることができるのです。

要するに、自分の非を認めず外的要因のせいにして責任逃ればかりしていると、あなたも組織も損をするだけなのです。

38

システム障害発生。でも責任者は救われる

コンピュータのトラブルは、職場のイライラを募らせます。しかし、実は最近の研究によると、コンピュータトラブルが痛手ではなくむしろ恩恵となる場合があるようです。

社会科学者のチャールズ・ネイキンとテリー・カーツバーグは、組織内で何か支障が起き、その主因が人為的なミスではなくテクノロジーに関係した技術的な障害であると判明した場合、顧客やその他の人々は、その組織に全責任があるとはみなさないのではないかと考えました。そこで、この仮説を検証するために、会計学専攻の学生たちに実際に起きた事故を基にした架空の新聞記事を読んでもらう、という実験を行いました。その事故はシカゴ交通局の通勤列車同士が起こしたもので、多数の負傷者が出たうえに、大勢の人が不便を被りました。実験参加者の半数が読んだ記事には、事故の原因は技術的な障害だったと書かれており、コンピュータ・プログラムの不具合のせいで、列車が本来停止すべきところで前進してしまったという内容でした。残りの半数が読んだ記事には、原因は人為

的ミスによるもので、単に運転手が列車を止めるべきところで止めなかったからだと書かれていました。その結果、事故原因が技術的な障害だったと知らされた人たちのほうが、シカゴ交通局の責任を問う声が少ないことが分かりました。

別の実験に、大学のキャンパスで実際に起きた事件を利用したものがあります。その事件とは、大学のEメールのシステムにトラブルが発生し、ユーザーがキャンパス内のアドレスにしかメールを送れない状態が丸一日続いたというものです。研究者は学生たちにアンケートを配り、大学のコンピュータ・ネットワークを管理しているIT管理事務局がこの混乱にどのぐらい責任があると思うかについて訊きました。答えてもらう前に、半数の学生には「原因はコンピュータのトラブルによってサーバーがダウンしたからだ」と伝え、残りの半数には「原因は人為的ミスによってサーバーがダウンしたからだ」と伝えました。その結果、原因は技術的な障害ではなく人為的ミスだと教えられた人たちはIT管理事務局をより強く非難し、相当の罰金を科すべきだという意見までありました。

なぜ、実験参加者の回答にこのような違いが出たのでしょうか。研究によると、組織内の問題の原因が分かると、どうすればそれを避けられたのかという点にも考えが及びます。そして、そうした考えは、問題が技術上のトラブルから生じた場合よりも、人的ミスによって引き起こされた場合のほうが強く働くのです。これは、人間の失敗が絡んでいる出来事のほうが制御できる可能性が高いはずだ、というイメージがあるせいだと思われます。

前節「37」で取り上げたように、ほとんどの人は間違いを犯すと、ついそれを控えめに言ったり隠したりしがちです。そのせいで顧客や同僚にマイナスの影響が及びかねない場合にはなおさらです。けれども、影響を受ける側の人がそうした責任回避を知ったら、原因は人為的ミスで、簡単に避けられたに違いないと考えるでしょう。前節「37」で個人でも組織でも過ちを犯したら責任を認めるべきだと述べましたが、原因が人為的ミスではなく本当に技術的なトラブルの場合には、関係者全員にそのことを知らせる必要があります。ただし、必ず問題点を正確に突き止めたことをはっきり伝えて、状況掌握と再発防止は万全だと示してください。

テクノロジーの問題が引き起こす遅延は、日常生活で増え続ける一方です。実際、イギリス国民は平均すると年間十八時間以上も、技術的障害が原因の公共交通機関の遅れに巻き込まれると推定されています。人の一生の間では五十五日以上ということになります。生活上のどのような遅れであっても苛立たしいものですが、それに輪をかけて腹が立つのは、遅れの原因に関する情報を教えてもらえないときです。万が一技術的な障害のせいで起きた問題や遅延について発表するという厄介な立場に立たされた場合は、影響を被る人たちにできるだけ早くその情報を提供してください。それによって、二つの効果が期待できます。まず、人々に対して自分は役に立つ人間で、情報を豊富に持ち、彼らの味方であるという点を示せること。そして第二に、自分には問題の原因が分かっているため、今後は状況をよりうまく掌握できるとはっきり伝えられることです。

39

類似点が導く大きな力

一九九三年の夏、ミシシッピ川の洪水によりアメリカ中西部の諸都市は壊滅の危機に見舞われましたが、イリノイ州クインシー市もその一つでした。この緊急事態を受けて、クインシー市民は何千もの土嚢で脆弱な地域を守ろうと昼夜を分かたず作業に当たったものの、見通しは暗くなるばかりでした。生活必需品や食料が徐々に減っていく一方で、疲労と悲壮感、そして最悪なことに、水位が高まりつつありました。なので、マサチューセッツ州のある町の住民から大量の食料援助が届くという知らせが入ったときには、ボランティアの人たちの心はそれは明るくなったものです。

しかし、その町の住民が千マイルも離れたクインシーの住民にこれほど気前よく振る舞ったのは、なぜだったのでしょうか。一見気まぐれのようにも見えるこの行為には、どのような力が働いていたのでしょうか。それに、洪水に脅かされていた市や町は他にもたくさんあったのに、クインシー市だけに援助の手を差し伸べようとしたのも不思議です。

数多くの心理学の研究から、ほとんどの人は価値観や信条、年齢、性別など、個人的な特徴に関して何か共通点のある人の行動に従うものだということが分かっています。先ほどの問いに対する答えも、二つの自治体のあいだのほんの小さな類似点にあります。それはつまり、たまたま市の名前が同じだった、というだけの理由です。マサチューセッツ州クインシーの住民はイリノイ州クインシーの住民に親近感を感じ、それが彼らを寛大な行動に向かわせたわけです。

社会心理学者によると、人は、名前のように何かちょっとしたことでも自分と関連があるものには、特に好意を感じやすいようです。この傾向は、場合によっては驚くほど強力な形で表れます。たとえば、相手の誕生日が自分と同じだと、見知らぬ人からの依頼でも承諾する率が高いことが明らかになっています。

ランディ・ガーナーという研究者は、全く知らない人々に調査票を郵送するという実験を行いました。彼は、その調査票に、「記入と返送をお願いしたい」という旨の依頼状を同封しましたが、一方のグループではその差出人として受取人と似た名前を使い、もう一方のグループでは似ていない名前を使いました。たとえば、似た名前のグループでは、受取人がロバート・グリア（Robert Greer）ならば差出人はボブ・グリガー（Bob Gregar）とする、シンシア・ジョンストン（Cynthia Johnston）宛てにはシンディ・ヨハンソン（Cindy Johanson）とする、という方法を取ったわけです。似ていない名前のグループでは、実験にかかわった五人の助手の名前のうちの一つが差出人として使われました。

その結果、調査票に記入して送り返してくれた人の率は、名前の響きが似ている人が差出人だった場合のほうがそうでない場合よりも二倍近くも高くなりました（五六パーセント対三〇パーセント）。さらに、この第一段階の調査終了後、記入・返送してくれた人すべてにまた別の調査票を送って、最初の調査に協力すると決めた理由を答えてもらいました。この二回目の調査にはおよそ半数が回答を寄せましたが、一人として協力の理由に差出人の名前を挙げた人はいませんでした。このことから、誰を手助けするか決める際に、類似性がいかに強く影響するか、そしていかに当人がそれを認識しづらいかが分かります。

こうした社会心理学の研究結果から考えられるのは、顧客から良い反応を得るには、名前、信条、出身地、出身校など、何であれ顧客と類似点のある販売担当者が売り込みをしたほうが効果的だということです。同僚や隣人とのあいだに醜い争いの火種を抱えている場合でも、互いの類似点を指摘することが解決への第一歩になりえます。もちろん、承諾を得るためなら共通点を捏造してもよい、などと言っているのではありません。そうではなく、本当に何らかの類似点があるときには、相手に何か依頼したり提示したりする前に、話し合いのなかでそれを持ち出してみるべきだということです。

40

ウェイターから学ぶ説得術

顧客とのビジネスランチから友人・家族団らんの食事まで、レストランは仕事のうえでも私生活でも欠かせない役割を果たしていて、そこでは食事の相手とのやり取りから多くを得るものです。そしてレストランで働いている人からも、説得に役立つヒント[†16]をもらうことができます。その人は、人から何かもらうことはあってもくれることはめったにないので、これはかなりお得な話です。

そう、私たちに説得力を高める方法をいろいろ教えてくれる人とは、ウェイターのことです。たとえば、ウェイターのあいだでは、客が言ったとおりに注文を復唱するとたくさんチップをもらえるというのは有名な話です。読者のなかには、注文を伝えても、「はい」と言うだけか、ひどいときには返事すらしないウェイターやウェイトレスに当たったことがある人がけっこういると思います。でも、誰だって注文したチーズバーガーが途中でチキンサンドに変わってしまう心配のない、注文を復唱してくれるウェイターのほうがいいに決まっています。

リック・ファン・バーレンの研究では、ウェイターが注文を客の言葉どおりに繰り返すとチップが増えるという説が検証されています。言い換えも、うなずくのも、「はい」もなしで、ただその注文を一語一語繰り返すだけです。ある調査では、客の言葉と全く同じに注文を繰り返しただけで、ウェイターに支払われるチップが七〇パーセントも増えました。

なぜ相手を正確に真似すると、その人からそれほど気前のよい反応を引き出すことができるのでしょうか。おそらくこれは、自分に似た人を好むという人間のもって生まれた性質に関係していると考えられます。事実、タニア・チャートランドとジョン・バージは、相手と同じように行動することで好意が増し、双方のきずなが強まると説明しています。タニアとバージの行った実験では、二人の参加者が短い相互作用を行うという状況を設定し、実際には助手が片方の参加者になりすましました。半数のケースでは、助手はもう片方の参加者の姿勢や行動を正確に模倣しました。つまり、その参加者が腕を組んで貧乏揺すりをしたら、助手も腕を組んで貧乏揺すりをしたのです。一方、残りの半数のケースでは助手は真似をしませんでした。

その結果、真似をされた参加者は、真似をされなかった参加者より助手に対して好意をもち、相互作用そのものも円滑だったと感じたことが分かりました。つまり、客の言葉をそっくり繰り返したウェイターがチップを多くもらえたのも、自分が気に入った相手には親切にしたり「イエス」と言ってあげたりしたくなるという、この好意の原理のせいだったのです。

†16 英語のチップ（tip）には「心づけ」と「ヒント」の二つの意味がある。

最近、研究者のウイリアム・マダックスらは、好意の原理が交渉の場でどう働くかを調べました。彼らの主張は、交渉の場で相手の行動を正確に模倣すると、模倣をする側だけでなく双方にとって良い結果が得られるというものです。たとえばある実験では、経営学修士コースの学生たちに交渉を行ってもらったのですが、一つのグループでは片方の人にそれとなく相手の真似をするよう指示し（たとえば、相手が椅子の背にもたれかかったら自分もそうする）、別のグループでは相手の真似をしないように指示しました。真似をするように指示された学生が行った交渉では、全体の六七パーセントで双方が合意に達しましたが、真似をしないように指示されたグループで合意に達したのはたった一二・五パーセントでした。他の結果も加味して、マダックスらは次のような結論に達しました。行動の模倣によって信頼感が増すと、そのおかげで一方の当事者が安心して具体項目を開示できるようになります。その効果は、最終的には行き詰まりを打破して、双方にメリットのある状況を作るのに不可欠な役割を果たすのです。

ところであなたは、同僚と会議に出ているときや交渉の最中に、自分が相手と同じ姿勢をとっているのに気づいたことはないでしょうか。そう気づくと、だいたいの人は自分の姿勢を変えて相手と同じにならないようにします。言い換えると、同じ行動をするのはいけないことであるかのように反応するわけです。しかし、これまで見てきた研究からすると、実際は全く逆ということになります。つまり、模倣は双方にとって良い結果をもたらすか、少なくともこちらの得になって相手の損にはならないのです。

この点は他にも応用が利きます。たとえば、販売や顧客サービスの仕事をしている場合なら、質問だろうと苦情だろうと注文だろうと、まずは顧客の言葉をそのとおり繰り返せば、信頼関係を堅固にすることができます（たとえば、「お客様がおっしゃったのは、今回の購入希望は十個分だけれども、五月には二十個分に増える可能性があるということですね」）。

最近、われわれ著者の一人が、ある会社の顧客サービスセンターにかかってきた電話の録音記録のチェックを依頼されたのですが、そのなかに、この研究で得られた結論があまり望ましくない形で表れている例がありました。それは、ある女性の顧客が、その会社に約束を反故にされて怒りが収まらないので、マネージャーと話したいと電話してきたときのことでした。

オペレータ　「お気を悪くさせてしまい、申し訳ありません」

女性　（大声になって）「私は気を悪くなんかしていませんよ。怒っているんです」

オペレータ　「はい、ご不快に思われているのは承知しております」

女性　（金切り声で）「不快？　不快ですって？　私は不快じゃなくて怒ってるんです！」

この例では、相手が怒っていることをオペレーターが認めようとしないため、客の怒りが増幅されて、たちまち悪循環に陥ってしまいました。オペレーターが客の言葉どおりに繰り返しさえしていたら、結果は違っていたことでしょう。「お怒りはごもっともです。どうすれば、ご一緒にこの問題を解決できますでしょうか」とでも言えばよかったのです。この方法は、信頼感や良好な関係を築こうとするときの効果的な受け答えとして、誰でも応用できるものです。

さて、この節の教訓とは何でしょうか。それは、ウェイターが接客する姿には、人に対して影響を与えるためのヒントがいろいろ隠されているということです。人の真似をするのは最大級のおべっかだとも言われます。真似するということは、説得のテクニックとしては基本中の基本なのです。

41

お高くとまったほうが功を奏する場合もある

著者の一人が友人宅を訪問したとき、最近の出張でサンフランシスコに短期滞在した話をしました。会話の大部分は、同市にたくさんある見所（ゴールデンゲート・ブリッジ、アルカトラズ島、曲がりくねった急坂など）についてでした。しかしやがて、友人がこう言いました。「もちろん、あそこは素敵なところだけど、住んでる奴はどいつもこいつもお高くとまってるよ」。そして、「アメリカのお高くとまった都市十選」という記事の載った雑誌を取り出しました。サンフランシスコが第一位にされていました。

その記事を読んで、二つの感情が湧きました。一つ目は驚きです。同市訪問は楽しい経験で、お高くとまった相手の失礼な態度に不愉快な思いをしたということは一度もありませんでした。一方で、二つ目の感情は、熱望でした。記事を読んだ途端に、サンフランシスコがますます魅力的になったのです。そこから興味深い疑問が生まれました。ある企業からお高くとまった対応をされたとき、その企業の製品やサービスをますます求めたくなるということはあるのでしょうか。

横柄なセールスマンに対しては、ほとんどの人が不満を覚え、結果として、提案されている製品の購入意欲がかなり減退する、というのが常識です。これは、友好的で愛想のいい店員のほうが、顧客を引きつけ、不満を覚えさせず、顧客を離さない傾向があるということを示す、消費者調査の大部分の結果と完全に一致しています。

ですが、消費者研究を行っているモーガン・ワードとダレン・ダールによれば、横柄な店員が、見込み客にそっぽを向かせるのではなく、商品の望ましさを高め、その結果、売り上げの上昇を引き起こすことも実際にあるのです。

小売店での場面を想像して答えてもらう四つ一セットの研究で、ワードとダールが調べたのは、人々があるブランドに「拒絶」された後、そのブランドにお金を出したいという欲求と意欲が高まるのはどんなときかということでした。研究の結果示されたのは、そうした状況が最も生じやすいのは、拒絶を行ったのが、無名のブランドではなく高級ブランドの店員だった場合でした。しかし、ここが重要な点ですが、すげない対応をしたその店員は、ブランドを体現する人物でなくてはなりません。泥汚れのついたトレーナーを着たプラダの店員に拒絶されてもこの効果がほとんど生じず、きちんとした格好をしていると大きな違いが生まれる、というこの結果からはっきりするのは、販売スタッフにいつも会社やブランドの特質と価値を反映させておくのが、人材部門の担当者にとっていかに大切か、ということです。

なぜ人は、自分を拒絶する製品をより魅力的だとみなしやすいのでしょう。ワードとダールによれば、「小売りの拒絶」は、実は社会的拒絶の一形態なのです。学校でクールなグループに入れないときに、すげなくしてきたまさにその人たちと友達になりたいという欲求がしばしば高まるのと同じように、小売店の店員からすげなくされるという経験をした場合にも、私たちに無礼な態度を取ったまさにその人々の売る商品を、買ったり、着たり、消費したりしたいという意欲が高まることがあるわけです。

こうした反応の生まれる主な理由は、他の人々と社会的きずなを結び、彼らの承認を得たいという、誰にも備わっている根本的な衝動にあります。誰か、もしくは何かが、私たち自身の、もしくは帰属集団の自己イメージを脅かすようなとき、私たちは社会的地位と自己同一性の再確認をする必要に迫られます。そうするために、嫌々ながらも集団の規範に従うこともあれば、新しいグループとの社会的きずなを求めることもあります。また、単に消費や出費の仕方を変えるということもあります。

研究者のニコール・ミードが主導した実験がこのことを実証しています。ある特定の集団（この実験では同じ大学の学生仲間）に拒絶されたとき、実験参加者たちはその後、大学のロゴが入ったリストバンドを購入する見込みがずっと高くなりました。リストバンドが、自分へのご褒美（オレオなど）や実用品（コーヒーマグなど）よりもずっと、その集団を象徴していたからです。もし実験参加者たちが拒絶を受けた後、ただ気分を向上させようとしていただけなら、自分へのご褒美を選ぶ割合がもっと高くなっていたはずです。

ですから、あなたがもしも、自社をひと味違う存在にしたいと考える高級ブランドや超一流企業の人間なら、横柄さというのは、社員採用の際に求めてもよい性質かもしれません。ですがもし、顧客や消費者から手頃で近づきやすい会社だと見られることのほうが重要だと考えるのでしたら、もっとずっと受け入れやすく、満足を与える説得手法がお勧めです。そしてその手法とは、単に思いやりをもつことなのです。ああ、それと、おまけとして、笑顔を見せるというのも、ありかもしれません。

ところで、笑顔にもいろいろありますが、特に効果的と思われる笑顔というのはあるのでしょうか。実はあります……。

42

人の気持ちを変える本物の笑顔

「笑顔を見せるのが苦手なら商売はするな」という中国のことわざは、単純ですが、ためになる戒めです。サービスには笑顔が大切だという話はよく聞きます。しかし、どんな笑顔でも同じなのでしょうか。それとも、微笑み方によって相手に与える効果が違ってくるのでしょうか。

社会科学者のアリシア・グランディらは、接客係の笑顔の種類によって顧客の満足度が変わるのかを調べました。本物の笑顔と作り物の笑顔を区別できる人が多いということは過去の研究から分かっています。ということは、接客係の笑顔が本物か偽物かで生じる微妙な違いが顧客満足度にも影響を与えるはずです。

この可能性を検証するために行われた調査では、ホテルのフロント係とチェックインをしようとしている宿泊客とのあいだのやり取りを記録したビデオを、実験参加者に見てもらいました。そのうえで参加者に、自分が宿泊客だったらそのやり取りにどのぐらい満足したと思うかを答えてもらったのです。参加者には伏せられていましたが、実はビデオの内容は演技であり、フロント係も宿泊客もプロの俳優でした。台本は毎回同じものが使われましたが、フロント係の役の女優には異なる指示が与えられていました。一方のケースでは、宿泊客に対して好意的に接し、どうすれば喜んでもらえるか考えるという指示でした。つまり、本物の笑顔で接客する状況です。もう一方のケースでは、接客のあいだは無理にでも微笑まなくてはならないと指示されました。これは作り笑顔の状況です。さらに、フロント係の仕事振りが手際良いか悪いかという違いも加えました。ここでまず、はっきり分かったことがあります。実験参加者は、フロント係の手際が良かった場合は、悪かった場合よりも満足度が高いと見ていました。次に分かったのは、フロント係の手際が悪かった場合は、笑顔が本物かどうかで満足度に大きな違いはなかったということです。しかし、手際が良かった場合は、「本物の笑顔」のビデオを見た人のほうが「作り物の笑顔」のビデオを見た人よりも、満足度を高く評定していたのです。

二番目の調査はもっと自然な設定で行われ、レストランの客を無作為に選んでウェイターのサービスに対する満足度を調べるというものでした。また、ウェイターの接客態度の良さは本物だと思うかどうかも尋ねました。すると、先の研究結果と同様に、ウェイターの好ましい態度を本心からのものだと考えた人ほど、サービスに対する満足度が高くなっていました。

この研究結果からすると、「あなたが微笑めば世界も微笑み返す」(Smile and the world smiles with you) という古い格言は少し見直しが必要なようです。作り笑いをしたところで、相手は渋い顔を返してよこすだけかもしれないのです。では、どうすれば、もっと本心からの好意が表れるようなコミュニケーションを、自分にも周囲にも促すことができるでしょうか。

サービスが重視される企業の経営者にとって一つ考えられる方法は、従業員が上手に自分の気持ちをコントロールしたり良い気分で仕事ができるように、感情的スキルのトレーニングを実施することです。従業員が不満を抱いていると、顧客に対して笑顔を強いられてもお粗末な接客しかできず、結局は顧客満足度を低下させてしまいます。しかし、そういった感情面のトレーニングには、多くの時間と費用がかかるのも確かです。

もっと一般的で誰でも実践できる方法は、ベンジャミン・フランクリンの教えに倣《なら》うことです。すなわち「人のもつ徳に目を向けよ」です。往々にして、誰でも相手のあら探しにばかり時間を費やしてしまいがちですが、そうする代わりに何か相手の好ましいところを探すようにすれば、その人をもっと好きになれますし、その結果、相手にも自分をもっと好きになってもらえます。要するに、みんなが得をするというわけです。この方法は、上司との付き合いにも役立ちます。例を挙げると、われわれの友人に上司と仲の悪い女性がいて、互いにめったに目を合わせないどころか、彼女はその上司を人間的に心底嫌っていました。けれどもある日、彼女はフランクリンの教えに従おうと決意したのです。その上司は職場では親切な人ではありませんでしたが大変家族思いで、それには彼女も本当に感心していました。この点に注目しているうちに、少しずつではありますがだんだん彼のことを好意的に見るようになっていきました。そしてある日、彼女は上司に、家族をとても大切にしていて感心すると伝えたのですが、それは彼女の本心でした。驚いたことに、翌日彼は彼女のところにやってきて、ある情報に関する注意を与えてくれ、それはとても彼女の役に立ちました。それ以前だったら、絶対にそんなことはありえなかったでしょう。

43 日付違いのマグカップが完売した理由

二〇〇五年四月二日夜のローマ法王ヨハネ・パウロ二世死去の発表の直後に、奇妙なことが起こりました。はっきりした理由も見当たらないのに、大勢の人が土産物店に押し掛けて、コーヒーカップや銀製スプーンなどあらゆる種類の記念品を買い占め始めたのです。この人たちがヨハネ・パウロ二世がカトリック教会の最高位に在位した時代をしのばせる品物が欲しくて、彼の顔入りグッズを買う機会を逃さなかったというのなら簡単な話です。けれども、そうした土産物は、亡くなった法王にちなんだものではありませんでした。実は、この騒ぎはバチカンやローマで起きたのでもなければ、イタリアでの出来事でもありません。それはゆうに千マイルは離れた場所で起きており、しかしまた、この奇妙な購買行動に法王の死去が影響しているのは疑いのないところです。

ローマ法王ヨハネ・パウロ二世は共産主義の崩壊に大きく寄与したとされることも多く、また、消費者主義から妊娠中絶までさまざまな問題に非常に強い影響力をもった人でした。しかし、果たして記念のコーヒーカップにまでその力が及んでいたのかどうか……。実はこのコーヒーカップとは、正確にいうとイギリス王室の、同年四月八日金曜日にウインザーで行われるチャールズ皇太子とカミラ・ボウルズの結婚式を記念して作られたものでした。また、爆発的な売れ行きとなったのはコーヒーカップだけではなく、ティーセット、銀製スプーン、ふきん、マウスパッド、キーホルダーなどの記念品が、たくさんの土産物ハンターの標的となりました。いったいこの異常な騒ぎの原因とは何だったのでしょうか。

四月四日の月曜日、バチカン市国は法王ヨハネ・パウロ二世の葬儀を、その週の金曜日にローマで執り行うことを発表しました。ところが、その日はまさに件のロイヤルウエディングが予定されていた日だったのです。英王室は弔意を表し、皇太子が法王の葬儀に列席できるようにと、急遽予定を組み替えて葬儀の翌日の四月九日土曜日に結婚式を行うことにしました。その結果、ウインザーの土産物店はどこも間違った日付入りの結婚式記念グッズの在庫を抱える羽目になりました。それを見て、ひともうけのチャンスと考えた人たちが、日付違いの土産物を買い占めたわけです。もちろんそれは、すぐに希少価値が出るはずのそうした商品なら、後日ネットでオークションに出品したり、興味をもったコレクターに転売したりできるだろうと考えてのことでした。

日付違いの土産物は、現代の誤植版ペニーブラック[†17]となりました。買い占めのうわさが広まるにつれて、土産物ハンターの数は増える一方で、まもなくどの店でも結婚式関連の商品は売り切れになりました。ロイヤルウエディングの取材のためにウインザーに来ていた多くのジャーナリストは、土産物の袋を手に店から出てくる人たちを呼び止めては、普段からそういった品物を買っているのか尋ねましたが、驚いたことに大多数の人の答えはノーでした。土産物ハンターたちは、コーヒーマグが必要だったのでも、品物の質が気に入ったのでもなく、王室行事とのつながりに影響されたのでさえありません。彼らの動機は、日付間違いの商品を買っておけば、将来多少は価値が出るかもしれない、というその一点のみだったのです。

過去五十年にわたって、説得に関する科学的研究では、人は珍しくてユニークなものに高い価値を置くという結論が、たびたび得られています。対象物が希少で量的にも時間的にも入手が限られていると分かると、ますます欲しくなります。先ほどのイギリス王室にちなんだ土産物の場合でいうと、おそらく、不良品なのだから商店主たちは日付違いの品物をトラックに積んで廃棄してしまうだろうという憶測が飛んだのでしょう。しかし皮肉なことに、最近は王室行事として結婚式はあまり人気がないのか、数日後に店が日付訂正済みの土産物を仕入れ直したときには、正しい日付の商品をもっている人より間違った日付のものをもっている人のほうが多い、という事態になってしまいました。珍重されるはずだった日付違いの土産物のほうが実際にはありふれており、したがって価値が下がったのです。

もちろん、目端の利く買い手も少しはいました。そういう客は数日後に店に戻って来て、前と全く同じ土産物で新しい日付入りのものを買いました。例の殺到騒ぎに照らしてみると、一番珍しいのは

---

†17　イギリスで一八四〇年に発行された世界最初の郵便切手。希少価値があり、切手のコレクターに人気がある。

フルセット、つまり間違った日付と正しい日付両方のマグのセットだということが、彼らには分かっていたのです。

では、こうしたことは説得力の向上に関して何を教えてくれるでしょう。たとえば事業経営者の場合、自社の製品やサービスの本当に希少でユニークなのはいったいどこなのかを、顧客に伝えることが必要です。自社製品にあって他社製品にはない特長は、イエスと言ってもらうための強力な武器です。同様に、職場の同僚は、プロジェクトやビジネス案件のユニークさを知ることで、その仕事を手伝おうという気になるかもしれません。「こんな案件に携われるチャンスはそうめったにない」と伝えてみてください。家族にも、あなたの時間や手助けを求められるチャンスはそうそうないと言えば、効き目があるはずです。商品、サービス、時間、手助けなどに限りがあると正直に指摘するだけで、それらの価値が上がり、その提供者も高く評価されるようになります。そして、高く評価している相手には人はイエスと答えがちなのです。

非常に多くの科学的研究で、希少性のもつ威力が意思決定に影響を与えることが示されています。希少性の原理は、私たちの日常生活のなかでも見られます。近頃はのんびりした「休暇気分」まで希少になってしまったのか、クリスマスの時期には、親たちが売り切れ寸前のゲーム機を巡ってけんかでもしそうな勢いです。二〇〇〇年の夏にイギリスを襲ったガソリン不足の際には、極端に供給が減ったガソリンを求めて、人々が異常ともいえる争奪戦を繰り広げました。別の例では、二〇〇三年二月に英国航空が、コンコルドはまもなく永久に飛行しなくなると発表した途端、同機の航空券の売れ行きはまさにテイクオフ、急上昇しました。そして同年十月、何かを失うという考えに突き動かされて、何千もの人がコンコルドの最後の離陸を一目見ようと主要な高速道路で車を止めて、大渋滞を引き起こしました。念のため言っておくと、コンコルドが空を飛ぶ姿はそれまで約三十年間毎日見られたものです。

誰でも日常生活のなかで、希少性の原理がもつ心理的効果を経験しています。しかし、なかにはこの原理がやや分かりにくい形で巧妙かつ強力に働いている領域があります。それは、情報が鍵を握る分野です。研究結果が示すところでは、独占的な情報はより価値が高く説得力も上であるとみなされています。たとえば、アムラム・クニシンスキーという研究者が行った現場実験では、牛肉卸売業者の買いつけ人は、オーストラリア産牛肉の供給不足は現地の天候不順が原因であると知らされると、注文を二倍以上に増やしました。ところがさらに、その情報は独占的ルートで得たものなので一般にはほとんど知られていないと伝える条件では（この希少性に関する情報はどちらも真実でした）、なんと注文が六倍にもなったのです。

これらの事実が示す明確な視点と応用方法に従えば、より効果的に人に要請を行うことができ、結果として、より多くの人にそれを承諾してもらえるはずです。自分しか知らない情報を伝える際に、それは独占的な情報だということを伝えないと、人に影響を与える格好のチャンスを逃してしまいます。

44

損失回避と希少性の原理から得られる教訓

一九八五年四月二十三日、コカ・コーラ社は、後に『タイム』誌が「マーケティングの世界では過去十年で最悪の失敗」と呼んだ決定を下しました。その決定とは、甘みの強いペプシを好む人が増えているという調査データを踏まえて、従来の製法のコークを市場から撤退させ、もっと甘い「ニュー・コーク」に切り替えるというものでした。その日のことは多くの人の記憶に残っています。ある報道記事は次のように伝えています。「コカ・コーラ社はその決定がもたらす純然たる失望と怒りを予見し損なった。全米の都市で、コークを愛飲してきた何万もの人が、ニュー・コークの味をこき下ろし、自分たちのオールド・コークを取り戻そうと、一つになって立ち上がった」。

おそらく、この激怒と切望の入り混じった感情の最たる例は、ゲイ・マリンズという、シアトルに住む引退した投資家にまつわるエピソードでしょう。彼はニュー・コークに反対して、全米オールド・コーラ愛飲家協会という組織を立ち上げたことで全国的に有名になった人です。この組織には、あらゆる社会的、法的、政治的手段を使って従来の製法のコークを市場に取り戻すべく、休むことなく活動を展開する人々が広範囲にわたって集まっていました。たとえば、マリンズは人々が電話で怒りを吐き出したり気持ちを聞いてもらったりできるようにホットラインを設置したのですが、その電話件数は六万以上にも上りました。また、彼は反ニュー・コークのバッジやTシャツを何千と配布しました。さらに、コカ・コーラ社に対して集団訴訟を起こそうとさえしたのですが、これはさすがに連邦裁判所によって退けられてしまいました。そして、マリンズ氏の言動で一番驚かされるのは、ブラインドテスト[†18]で彼自身がオリジナルとニュー・コークの違いが分からなかったにもかかわらず、彼にとってはそのことがどうでもよかったという点です。

マリンズ氏にとっては、好きなものの価値よりも失いそうなものの価値のほうが高かったということに注目してください。この点については、少し後でまた触れます。さて、顧客の要求に屈してオリジナルのコークを市場に戻した後でさえ、同社の役員たちが一連の出来事によって痛手を受け、いささか当惑していたことは、注目に値します。当時コカ・コーラ社の社長だったドナルド・キーオは、オリジナルのコークに対する消費者の筋金入りの忠誠心についてこう述べました。「これぞ、アメリカ人の不思議さ、素晴らしさの表れ、愛すべきアメリカ人の謎です。愛情や誇りや愛国心同様、それ

†18 単盲検査法。一般的には、被検者が、自分が判定する対象や自分が行う行為の性質を知らされずに行われる検査をいう。文中では、銘柄が分からないようにして被検者にコーラを試飲させた後、銘柄を当てさせたり好きなほうを選ばせたりする検査を指している。

を測ることはできません」。

私たちはこの言葉には賛同できません。まず第一に、希少性の原理で表される心理、とりわけそれが、すでに手にしているものの喪失に対して過敏に反応する傾向とどう関係しているのかを理解していれば、この現象は謎でも何でもありません。このことは、コカ・コーラが世界中で常にそうであったように、人々の歴史や伝統に深く根付いている商品には特に当てはまります。

第二に、コカ・コーラ愛飲者が示した、誰もが生まれつき持っているこの傾向は、測ることができるだけでなく、まさしく同社の市場調査のなかですでに測ってあったと考えられます。彼らが製法を変えるという悪名高い決定を下す前から、その結果は目の前にあったのに、彼らは自分たちのデータを社会的影響の要因という考え方とは結びつけなかったのです。

コカ・コーラ社は決して市場調査に関して渋いわけではありません。新製品投入に際しては、正確な市場分析を確実に行うためなら何百万ドル費やすことも厭わない会社です。同社はニュー・コークへの切り替えを決める以前から、一九八一年から一九八四年にかけて、二十五の都市で約二十万人を対象に新旧のコークを念入りに試飲テストにかけています。そうした試飲テストはほとんどがブラインドテストで、その結果から、五五パーセント対四五パーセントという明らかな差でニュー・コークのほうがオールド・コークより好まれることが分かりました。また、無表示ではないサンプルを使ったテストも行い、その場合は参加者は事前にどちらがオールドでどちらがニューなのかを知らされていました。その条件の下では、ニュー・コークのほうを好んだ人がさらに六パーセント多かったのです。

ところが同社が満を持してニュー・コークの発売を発表した途端、人々はオールド・コーク支持をはっきりと表明しました。先ほどの実験結果とこの事実は、どうつじつまが合うのでしょう。説明可能な唯一の方法は、このパズルに希少性の原理を当てはめることです。試飲テストの段階では、買おうとしても手に入らなかったのはニュー・コークのほうだったので、サンプルがどちらなのかが分かっているテストでは、ふつうなら入手できないものが特に強く好まれたのです。しかし、後に同社が旧製法を新製法に切り替えると、今度はオールド・コークが手に入らなくなったため、そちらが好まれるようになったわけです。

つまり、ニュー・コーク支持者の六パーセント増は、試飲テストの結果のなかですでに判明していたわけで、問題は、コカ・コーラ社がその結果の意味を読み違えたことにあります。おそらく、同社ではこう考えたのでしょう。「よし、いいぞ、要するに、新しいものが手に入ると分かったら、そっちのほうがずっと欲しくなるということだ」。ところが、実際に六パーセントの増加が意味していたのは、手に入らないと分かったら、そっちのほうがずっと欲しくなるということだったのです。

オリジナルのコークが陳列棚から撤去されるということは、単にある商品が手に入らなくなるという程度の話ではありませんでした。物心ついて以来コークを愛飲してきた人たちにとっては、常に身近にあったものを失うという重大な意味があったのです。何かを得る可能性よりも何かを失う可能性に対して、人はより敏感に反応するという傾向は、社会科学の研究では最も確実な裏づけがある部類に入ります。「損失回避」という考え方を初めて検証し立証したのは、行動科学の研究者ダニエル・カーネマンとエイモス・トベルスキーでした。この考え方によって、財務活動、意思決定、交渉、説得などを含め、人間行動の多くを説明することができます。

たとえば、損失回避の結果を一つ挙げると、経験の浅い投資家は、すでに得た利益を失いたくないがために、時期尚早であっても利益の出た株は売ろうとすることが多いのです。同じように、損失の可能性はいっさい避けたいと考えるせいで、購入以来値を下げている株であっても保有し続けようとします。その時点で株を売却するとその投資の損失が正式、かつ決定的になるため、そうした投資家の多くはためらい、その結果さらなる株価下落に見舞われるということがよくあります。

損失回避はマーケティングの見地からも重要です。一般的に、マーケティング担当者や広告主は、潜在顧客に向けて商品の利点に関するメッセージを広めることに重点を置きます。そのために、顧客がその商品から得られるメリットばかりを強調してしまいます。しかし実際は、顧客が失うもののほうに的を絞ったほうが、はるかに説得力のあるメッセージになるのです。「二〇パーセント引きで新商品をお試しいただけるこのチャンスをご利用ください」という言い方よりも、「二〇パーセント引きで新商品をお試しいただけるこのチャンスをお見逃しなく」という言い方のほうが効果的です。後者の言い方は、この取引には希少性（期間限定など）があるので、割引価格で商品を買うチャンスを逃してしまう恐れがあるということを示しているわけです。

同様に、あるプロジェクトを手伝ってくれるよう同僚を説得したい場合は、どのような機会や経験を得られるかだけでなく、そういったチャンスを失いかねないと指摘することも重要です。実際、社会科学者のマージョリー・シェリーが行った研究では、経営者に対して、潜在的な利益としてある情報を提示したときより、潜在的な損失として同じ情報を提示したときのほうが、その意思決定にはるかに大きく影響を与えることが示されています。たとえば、もしそれを採用したら、その部署にとって年に最高十万ポンド（約千五百万円）の節約になりうるという案があるとします。その案を節約として提示するのではなく、採用しなければその金額を失うことになるという表現で伝えると、説得力を高められるのです。

メッセージを受け取る側になったときにも、損失という考え方は説得力があります。ある実験では、カリフォルニア大学の研究者たちが、地元の電力会社の者だと名乗って、住宅の所有者たちにエネルギー効率改善策を勧めました。その結果、その方法を実行すると毎日五十セント（約五十円）節約できると言われたときよりも、実行しないと毎日平均五十セント失い続けることになると言われたときのほうが、実行率が最大で三倍も高くなりました。二つのメッセージの内容には経済的な意味では差がないことに注目してください。経済的にはどちらの五十セントも同じですが、心理的には損失を強調したメッセージのほうが三倍も説得力があったわけです。

さらに、自分自身もこの方法に過度に影響されてしまう可能性があることを、念頭に置いておかなければなりません。たとえば、悪質な交渉相手だと（あるいは車の販売員でも）、こちらに話を決裂させる気がないのを十分承知のうえで、最終合意まであと少しのところで、受け入れがたい条件を持ち出して無理に決断を迫るということもありえます。なんといっても、交渉を途中で止めてしまうということは、多くの時間や手間や機会を失うこと（「埋没費用」とも呼ばれます）を意味するわけです。

またもし仮に、ある販売員がこの方法を使ってあなたの損失回避の気持ちを操作しようとしたときは、損失を意識すべきなのはその販売員のほうだということをはっきり示してください。

45

説得を後押しする決めの一言

L・フランク・ボームの有名な童話をもとにして作られた作品『オズの魔法使い』（一九三九年）は、今日でも人気の高い、家族向け映画の定番です。ドロシーとその友達のカカシ、ブリキ男、ライオンが、黄色いレンガの道に沿ってたどる冒険いっぱいの旅の顚末は、多くの人にお馴染みのものでしょう。そのなかに、オズの魔法使いが、自分が情け深くて力があるとドロシーたちに思わせることに成功しているのがよく分かるシーンがあります。それは、旅の途中で四人が歌う曲の「なぜなら、なぜなら、なぜなら、なぜなら、なぜなら！　すごい魔法をやってのけるから」という歌詞に表れています。ここには、どうすれば説得相手をこちらの思いどおりの道筋をたどらせるようにできるのかのヒントが隠されているのです。

列に並ぶときのことを考えてみましょう。銀行でも、スーパーのレジでも、遊園地でも、列に並ぶのは楽しいことではありません。ほとんどの人がなるべく早く前に進みたいと考えています。もしこのとき、誰かを自分の前に割り込ませてあげる気になるとしたら、それはどのような状況でしょうか。本書の中心テーマは、要請の仕方を少し変えるだけで、驚くほど大きな違いが結果に表れるという点にあります。でも、ほんの一言の違いで、「どうぞお先に」と言ってもらえる可能性がぐんと増す方法などというものが、本当にあるのでしょうか。

答えはイエスです。それは、「(なぜなら) ◯◯だから」という言い方です。行動科学者のエレン・ランガーらは、この表現の説得力を検証することにしました。ある実験でランガーは、コピー機を使おうとしている人に向かって単純に「すみません、五枚だけなんですが、先にコピーをとらせてください」と頼む状況を設定しました。この単刀直入なお願いに対し、六〇パーセントの人が見ず知らずの相手に順番を譲ることを承諾しました。ところが、お願いの後に理由を付け足したところ(「コピー機を使わせてもらえますか、とても急いでいるものですから」)、ほぼ全員(九四パーセント)が承諾してくれたのです。こうした効果増はたいした驚きではないかもしれません。何しろ、頼んでいる人は確かな理由を挙げていますし、割り込みのお願いを正当化できています。

さて、ここからがこの実験の本当に面白いところです。ランガーはもう一つ別のパターンのお願いも用意していました。今度もまた「(なぜなら) ◯◯だから」という言い回しが使われましたが、その後に全く無意味な理由が続いたのです。具体的には、「コピー機を使わせてもらえませんか、コピーをとる必要があるものですから」と頼みました。 コピーをとる必要があるから? もちろん、コピーをとるためにコピー機を使いたいのに決まっています。鉛筆を削るためにコピー機を使うわけなどありません。ところが、同語反復的に空虚な「理由」を述べたにもかかわらず、道理にかなった理由の場合とほぼ同じだけ承諾が得られたのです（九三パーセント）。

コピー機の実験は、「（なぜなら）○○だから」という言い方には動機づけの働きをする独特の影響力があることを示しています。この表現に説得力があるのは、「（なぜなら）○○だから」というフレーズには論理的根拠を伴うのがふつうだという関連づけが、毎日の経験を通して繰り返し強化されているからです（たとえば、「なぜなら、それが昇進に役立つから」「なぜなら、時間がなくなったから」「なぜなら、イギリス代表チームには世界最高のストライカーがいるから」）。

もちろん、何でもそうですが、「（なぜなら）○○だから」の威力にも限界があります。コピー機の実験では、「（なぜなら）○○だから」が示す論理的根拠がどんなに薄弱でも、同じだけの同意が得られました。とはいえ、その要請はささやかなもので、コピーを五枚とるというだけの話です。そこで、もっと大きなお願いをするとどうなるかを確かめるため、ランガーはまた別の条件で実験を行いました。今度のお願いは、二十枚コピーさせてくれというものでした。コピー機を使ったことがあれば誰でも知っていますが、機械が紙詰まりを起こす可能性は、枚数が一枚増えるたびにどんどん高くなっていきます。言い換えると、小さなお願いの場合よりも、この大きなお願いに対してどう返答するかは、その人に実質上より大きな影響を与えるわけです。

今度は、「（なぜなら）○○だから」を入れずに頼んだ場合には、二四パーセントの人しか承諾してくれませんでした。それでは、「コピーをとる必要があるから」という無意味な理由を述べた場合はどうだったでしょうか。この理由づけでは、承諾率は全く増えませんでした。しかし、大きな要請であってもまともな理由（「急いでいるものですから」）が添えられたときには、承諾率は倍増しました。まとめると、この実験から明らかになったのは、人はそこに絡む利害が小さい場合は、どう行動するかを決めるにあたって、問題を真剣には考えず、心理的に手っ取り早くて楽な判断を下しがちだという点です。そして、利害が大きくなってくるにつれ、どう答えるか決める際に、相手の根拠の確かさを真剣に考慮するようになります。

以上の点から、人に何かを頼むときには、たとえ自分にはその理由が明白に思われても、必ず強力な根拠を示すべきだということが分かります。たとえば、顧客に会合の予定を入れてもらう、または同僚に新プロジェクトへの協力を依頼するといったときには、必ずその理由づけを行ってください。他の人たちも依頼の理由を知っているはずだと考えるのは、単なる思い込みにすぎないことがよくあります。

この方法は、家庭でも使えます。たとえば、子どもに「すぐ食卓に着きなさい」「早く寝なさい」とただ言いつけるよりも、なぜそうしてほしいのかという理由を教えるほうが効果的です。ただし、頭ごなしに「親の言いつけは絶対だから！」と言うのは、なしです。

「（なぜなら）○○だから」という言い方には、二つの働きがある点に注意してください。相手にも「（なぜなら）○○だから」とこちらに対して説明するよう促すことが必要なのです。たとえば、あなたがＩＴ関連の会社で働いているとします。長年の顧客はあなたの会社との取引に慣れてしまい、年々その取引を継続する理由が曖昧になったり、最悪の場合には忘れられてしまったりします。そうなると、他社との競争で不利になりかねません。顧客との取引関係と、築いてきた信頼を強化するためには、得意先企業で意思決定を行う人物にあなたの会社と取引をする理由を考えてもらうのが効果的です。これは、フィードバック調査を実施して、顧客に取引を望む理由を挙げてもらうという形で行うことができます。グレゴリー・マイオらによる研究では、この方法によって、それまで続いた取引関係が単に習慣によるのではなく道理にかなったものだと再認識され、あなたの会社と顧客との関係が強化されることが示されています。要するに、相手に「(なぜなら) ○○だから」と理由を言わせることは、ドロシーとその仲間たちがそうであったように、あなたの素晴らしさを称えさせることにほかならないのです。

46

想像しやすさが成否を分ける

「まず害をなすな」。この「ヒポクラテスの誓い」は、医師が患者に対して負う責任のうち第一にして最も重要な原則であり、広告主が商品に対して負う責任にも当てはまります。広告主は最低限、売ろうとしている商品やサービスの売り上げに害をなしてはなりません。しかし、コピーライターが意図せずに見込み客を競合他社のほうに向かわせてしまうことがあります。

前節「45」の最後で、相手にある見方を好む理由を挙げてもらうと、その人のその見方に対する信頼感を大変効果的に高められるという話を取り上げました。この考え方を広告に当てはめると、対象とする商品やサービスを選ぶ理由を消費者にできるだけ多く考えてもらうのが、賢明な方法のように思えます。けれども最近の研究では、ある状況においては、この方法が逆効果になりうることが明らかになっています。

仮に、あなたが新しい高級車を買おうとしていて、ＢＭＷとベンツにねらいを絞ったとします。雑誌を開くと、次のようなＢＭＷの広告が載っていました。「ＢＭＷかベンツか？　ＢＭＷを選ぶ理由はたくさんあります。あなたは十個挙げられますか」。

　ミヒャエラ・ウェンケらの行った実験では、ビジネス専攻の学生のうち、最初のグループには、まさにこれと同じものを含め何種類かの広告を見てもらいました。さらに、二つ目のグループには、「ＢＭＷかベンツか？　ＢＭＷを選ぶわけはたくさんあります。あなたは一つ挙げられますか」（強調は原著者による）というほんの少し違う広告を見てもらいました。

　その後で、学生に、いつかどちらかの車を買いたいと思うかなど、ＢＭＷとベンツについて意見を求めました。結果は明白でした。ＢＭＷを選ぶ理由を十個挙げよと消費者に求めた広告は、一つだけ挙げよというものと比べて、ＢＭＷに低い評価を、ベンツに高い評価をもたらしたのです。

　このような逆効果が生まれた原因は何なのでしょうか。研究者の説明によると、実験参加者たちは、ＢＭＷを支持する理由を探すのがどれぐらい簡単かという点に基づいて、その評価を行いました。理由を一つ見つけるのは割に簡単でしたが、十個の理由となると厄介でした。そこで、考えついた理由の数を判断基準にする代わりに、理由を考えるのが易しいか難しいかを判断基準にしてしまったのです。心理学では、この何かを経験することの易しさや難しさを、経験の「フルーエンシー」[†19]と呼んでいますが、この考え方についてはもう少し後でまた触れます。

　この実験の結果からは、顧客に自分の見方を支持してくれる理由を挙げてもらう前に、相手にとっ

†19　「流ちょうさ、滞りのない状態」を意味する英語。

てそれがどのぐらい簡単かをよく考える必要があることが分かります。難しそうな場合には、二、三点挙げてもらうだけにしましょう。また、この結果を逆手に取った方法も考えられます。つまり、顧客に競合他社の商品やサービスを好む理由をたくさん考えさせることで、こちらのほうが優位に立てるかもしれないわけです。論理的根拠を数多く挙げるのが難しいほど、相対的にこちらの品物や、サービス、提案のほうがよく見えるはずです。

別の研究では、単にその商品を使うことを想像するのが易しいか難しいかも、消費者の判断に影響することが明らかになっています。社会科学者のペティア・ペトローバによる研究では、顧客にレストランでの食事や休暇旅行を楽しんでいるところを思い描くよう促すだけで、その想像が簡単な場合には、実際に行きたいという気持ちを強められることが示されています。

つまり、馴染みのない行動を顧客に求めるのはよくないということです。たとえば、自社の新商品をある消費者層に売り込みたいとします。その商品は複雑な専門的特徴を備えたものなのに、その消費者層はそれについてほぼ、または全く経験がなく、十分な説明も与えられていないとしたら、彼らには自分が実際にそれを使うことを想像するのは難しいでしょう。当然、彼らがあなたの新製品を選ぶ可能性は低いということになります。

これらの発見を大きく活用できるのが広告制作の分野です。ビジュアルデザインをどう目立たせ、あるいは印象的なものにするかは、多くの場合アートディレクターの裁量に委ねられています。注意しないと、ターゲットの消費者がその商品を自分で使うところを思い浮かべにくい、抽象的なデザインが採用されてしまう可能性があります。前述のとおり、商品のデザインは抽象的であるよりも具体的なほうが効果があります。さらに、意思決定の過程を改善するには、コピーライターとの綿密な打ち合わせ、広告の事前試行テストなどが必要ですが、もう一点、フォーカスグループ[†20]を使って、対象となる顧客層が自分たちをその状況に置いて考えることが簡単かどうかを把握することも大切です。

†20 市場調査などを目的として集められた顧客の集団のこと。参加者を一カ所に集め、対象物（新製品など）に関して自由に発言・議論をしてもらい、その意見を分析する。

47

問いかけか、言い切りか。メッセージを効果的にする要因とは

現在のように雑然とした、メッセージだらけの世界では、あらゆるブランドと製品が私たちの注意をほんの少しでも自分のほうへ向けさせるべく、しのぎを削っているため、ごく小さなことがとても重要になる場合があります。本書で一貫して示しているように、メッセージの枠組みや比較される対象に加えられたほんの少しの変更、さらには、提案を受ける直前にどんな気分でいたかということさえ、あなたの反応に過度の影響を与えかねません。それらとは別の、注目に値する重要な点の一つは、メッセージを提示する際、言い切りの形と問いかけの形のどちらを用いるべきかということです。ナイキは力強く「いいからやれ《ジャスト・ドゥ・イット》」と言っています。対照的にネスプレッソは「他に何がありますか《ホワット・エルス》」と丁寧に尋ねます。ロンシールは「缶に書いてあるとおりの品質です」と断言しています。一方、キャピタル・ワンは「あなたの財布にはどこのカードが入っていますか」と問いかけます。では、顧客や消費者に向けた訴えを作成する際には、どちらのほうが強い説得力をもつのでしょう。

これまでの研究を調べてみると、たいていの場合、言い切り形式のほうが問いかけ形式よりも説得力に富むようです。これは主として、私たちが一般的に、確実さを伝える明確なメッセージを好むためです。情報過多の世の中であることを踏まえれば、この結果は納得できます。企業や政府が問いかけを行い、私たちの心のなかの不確実性をさらに上積みしなくても、心配すべきことならすでにたっぷりあるわけですから。どうやら、私たちはたいてい、確信の感覚を伝えてくれるブランドやメッセージを高く評価する、ということになりそうです。言い切り形式のメッセージは、まさにそうした効果をもつのです。

ですが、これは、キャピタル・ワンが「あなたの財布にはどこのカードが入っていますか」と尋ねたり、ネスプレッソが「他に何がありますか」と尋ねたりするとき、それぞれの企業が自分たちの影響力を弱めているということになるのでしょうか。

答えは、人間行動の話ではままあることですが、「ケース・バイ・ケース」です。そして、その「ケース」が問いかけ形式を使うか言い切り形式を使うかということに関係する場合、メッセージの受け手が、それまでにその製品やサービスに対してどれくらいの興味をもっていると見込めるかが、結果を左右する要因になります。

マサチューセッツのボストン大学でマーケティングを研究するヘンリク・ハグベット教授が『消費者心理学ジャーナル』に発表した諸研究が、これを裏づける証拠を提供しています。同研究では、実験参加者たちにさまざまな製品を提示し、その一つひとつに販売促進用のフレーズを添えました。実験参加者は二つのグループに分けられ、グループごとに言い切り型のフレーズ、もしくは問いかけ型のフレーズを受け取りました。提示した製品がペンであれば、言い切り型のフレーズは「あなたにぴったりのペンです」となり、問いかけ型のフレーズは「あなたにぴったりのペンでしょうか」となります。

平均を見ると、問いかけ型のフレーズと一緒に製品を提示された人のほうが、製品への好感度も、興味の度合いもずっと高くなりました。ですが、この効果が生じたのは、説得の科学者たちが「低覚醒状態」と呼ぶ状態に消費者がある場合、つまり言い換えるなら、ぼんやりと退屈している状態のときに限られました。

もっと高度の覚醒状態、つまり、提示された製品に対して、積極的な関心と興味を実際にもっている状態にあると考えられる消費者たちは、言い切り型のフレーズと一緒に製品を提示されたときのほうが、ずっと簡単に説得されたのです。

この結論の応用場面を考えてみましょう。選挙活動の専門家が、変化への興味と欲求が極めて低い聴衆に向けたメッセージの作成という課題を与えられたとします。そのような場合、メッセージを言い切りの形でなく、問いかけの形にすれば、成功の見込みは高まるでしょう。問いかけ形式のメッセージのほうが興味をそそりやすいからです。一方、聴衆がすでに、メッセージに耳を傾けるつもりになっている場合には、言い切りの形を使うほうがお勧めです。その気になっている聴衆は、自分の考えを単刀直入に分かりやすく裏づけてくれる情報を求めがちだからです。実際、すでに興味をもっている聴衆に問いかけ形式のメッセージを発するのは、逆効果になる恐れがあります。それがきっかけになって、聴衆は自分の知っていることを考え直すかもしれず、その結果、意思決定の推進力が乱れ、最終的には熱意を失ったり、心変わりをしてしまう場合も出てくるでしょう。

ハグベットの研究で検討されたのは、言い切り型のメッセージと問いかけ型のメッセージそれぞれが、他者に対してもつ説得力についてでしたが、自分を説得するような場面では、目標や方針を問いかけの形で提示することが、小さくとも非常に効果的な工夫になるという証拠もあります。

研究者のイブラヒム・セナイと同僚たちは、実験参加者を二つのグループに分け、全員に同じ課題を複数与えました。課題を始める前に、参加者は課題の目標と結果を書きつけるように言われましたが、その文面はグループによって微妙に異なりました。第一グループは紙に目標を書き、「私は○○するだろうか」とするよう求められました。第二グループは表題を「私は○○（目標）します」という表題をつけるよう求められました。その結果、「私は○○（目標）するだろうか」と、問いかけ形式で表題を書いた人たちは、「私は○○（目標）します」と、言い切り形式で書いた人たちより、課題の完了数が多くなったのです。

もし、あなたが、毎朝起きたときにはやる気にあふれ、その日のうちにやっておきたい課題や仕事を残らずリストに書き出すほどなのに、一日の終わりにそのリストを見返して分かるのはやる気がどれほど弱まったかということだけで、意気消沈するというパターンにはまりがちの人であるなら、役に立つかもしれない驚くほど単純な解決策があります。リストのてっぺんにただ、「私は○○する」とか「やること」と書く代わりに、「私は○○するだろうか」と書くのです。

そして、もし、経営者や管理職の人が、なんとか部下を説得して、それぞれの目標に強い関心を抱くようにさせたいなら、（「21」節で勧めたように）コミットメントと行動を、自発的かつ積極的、そして公に宣言するのに加えて、その宣言の一番上に大きく「私は○○するだろうか」という問いかけを書くように求めましょう。

すでにこれが使える手法だという確信を抱いている読者の皆様には、次の三単語のアドバイスを贈ります。ジャスト・ドゥ・イット！

まだ納得のいかない読者には別の言葉を贈りましょう。「なぜやらないのですか」。

48

読みやすく簡潔に、が鉄則

言い伝えによると、J・P・モルガン[†21]は株式市場の見通しについて難しい質問をされた際、ずばり簡潔にこう答えたそうです。「変動するでしょう」。ここでは、簡潔さがもつ強み、特に商品やプロジェクトの名前、あるいは社名まで簡潔にすることが、周囲に影響力を行使するうえでどのように役立つのかを見ていきます。

社会科学者のアダム・オルターとダニエル・オッペンハイマーは、人間は発音しやすい言葉や名前、すなわちフルーエンシーの度合いが高い言葉や名前に対して愛着を抱く傾向がある、という説を唱えました。読んだり発音したりするのが簡単な社名や株式銘柄記号のほうが、それが難しいものよりもプラスのイメージを与えると考えたのです。この心理的傾向のおかげで、社名や銘柄記号が簡単であればあるほどその会社の価値が高いとみなされ、結果として株価も上がることになります。

†21　十九世紀末から二十世紀初頭にかけて活躍したアメリカの金融投資家。

この仮説の検証のために、彼らはまず比較実験を行いました。架空の株式銘柄を言いやすいものと言いにくいものの二種類用意して、実験参加者にはこれらは実在の企業だと伝え、それぞれの株式の業績動向を予測してもらったのです。結果は明らかでした。参加者は、発音しやすい銘柄（スリンガーマン、バンダー、タンリーなど）の上昇率は、そうでないもの（サグスター、フルリオ、ザジブダンなど）を上回ると予想しただけでなく、株価自体も、前者の株価は上がり後者は下がると予測しました。

次に、同じことが現実に起きているのか確かめるために、オルターとオッペンハイマーはニューヨーク証券取引所の上場株式のうち、一九九〇年から二〇〇四年の間に新規公開されたものを無作為に八十九銘柄選び、その名前の言いやすさと、公開から一日後、一週間後、六カ月後、そして一年後の株価との関連性を調べました。その結果、名前の言いやすさで上位に入る十社に千ドル（約十万円）を投資した場合のほうが、下位の十社に投資した場合よりも、それぞれの期間において利益が上であり、特に公開後一年の時点では三百三十三ドル（約三万三千円）もの差が出ました。さらに、別の調査で、ニューヨーク証券取引所、およびアメリカン証券取引所に上場されている七百五十以上の株式を、その銘柄記号が発音しやすいか（カーなど）、発音しにくいか（アール・ディー・オーなど）で分類したところ、同様の結果が得られました。

ということは、今すぐ手持ちの読みにくい銘柄の株はすべて売り払って代わりにヤフー社の株でも買い、雇っていたファイナンシャル・アドバイザーはクビにして、銘柄選びに使っていた猿とダーツ†22

は日曜のバザーで処分してしまうべきでしょうか。もちろん、そこまでしろとは言いませんが、社名だろうと商品やプロジェクトの名前だろうと、簡潔であることの効果を見くびらないほうがよいのは確かです。よくある間違いは、たとえばあるプロジェクトを提案する際に、大きな影響を与えると思われる点にばかり気を取られて、顧客が最初に触れる情報、すなわちプロジェクトの名前をないがしろにしてしまうことです。消費者でも株の買い手でも、意思決定を行う立場の人は皆、他に違いがなければ、読んだり発音したりするのが簡単な名前であるほど好感をもちます。

同じように、手書きのメッセージの場合には、字がきれいかどうかで説得力に差が出ることが研究によって明らかにされており、すなわち、字が汚いほど説得力は低くなります。これは「46」で取り上げた心理的プロセスと同様、文章が読みにくいこととその内容自体に納得できないことを、読み手が混同してしまうために起きる現象です。では、字が上手ではない人向けの解決方法として、説得力のあるメッセージをワープロでタイプするというのはどうでしょうか。確かによい方法ですが、読みやすいフォント（文字種）を使っているかどうかも説得力に影響してきますので、文章の読みやすさには、できるだけ注意を払ってください。

こうした研究結果は、どのようなコミュニケーション方法を選ぶべきかというもっと一般的な問題にも関係しています。一例を挙げると、「大言壮語、壮言大語にして多音節語過多の冗漫な意思疎通手

†22　株の銘柄を選ぶ際に、猿にダーツを投げさせて選ばせても、専門家が選んだ銘柄とほぼ同じ運用実績が得られるという有名な説がある。

段によって自身の博識を顕示しようとする試み」が散見されます。要するに、不必要に長い単語や特殊な専門用語を使って（もちろん、この本ではいっさい使っていませんが）賢く見せようとする人が多いということです。次の例は、ある経営者が社員に宛てた文書で、二〇〇六年十月に『ニューヨーク・ポスト』紙に掲載されたものです。

「当社はあらゆるアセットを活用し戦略的な協調関係を築いて、強力な知識の中核を創造する。そのうえで、顧客主体のビジネスストラクチャーを組み立て、業界最先端のテクノロジーを駆使して、ヒューマンシステムの最大限の能力発揮を目指す」

これはいったい……？　どうやら書き手は「自分たちはコンサルタントである」と言いたかったようです。

最近の研究では、この手紙のように難しい言葉を使いすぎると、意図したのとは正反対の効果を生んでしまうことが分かっています。消費者は言葉の意味を理解するのに苦労すると、そのメッセージは説得力に欠けると感じ、また、その作り手はあまり知的でないと考えるのです。

残念なことに、こういった類《たぐい》のメッセージは、ビジネスにおける情報のやり取り、健康管理のアドバイス、学生の論文など、日常生活のなかにあふれています。たとえば、スタンフォード大学で行った調査では、対象となった学生の八六・四パーセントが、頭が良さそうに見せるために研究論文で難解な語句を使ったことがあると認めています。さらに憂慮すべき例を挙げると、イギリスのコンサルティング会社の調査によると、従業員の五六パーセントが、経営者や上司とのコミュニケーションは分かりづらく、訳の分からない言葉がよく使われるため、メッセージが伝わりにくいと考えているそうです。こうした問題を避けたいのなら、メッセージを送る前に、それを直接その案件にかかわっていない同僚に見せて、感想を教えてもらうとよいでしょう。

その一方で、話をあまりにも単純化する前に思い出すべきは、メッセージを退屈なものにしたいわけではないということです。ときとして、メッセージに不明瞭な要素を混ぜるのが望ましい場合もあります。ある研究では、実験参加者にさまざまなジェットコースターの名前だけを見せて、それらの危険性（と、その危険性ゆえのわくわく感）を評価させました。ジェットコースターの名前が発音しやすければしやすいほど、そして、その名前に馴染みがあればあるほど、認識される速さとわくわく感の評価は低くなりました。ですからもし、メッセージを生き生きとしたものにしたいのであれば、あまりにも退屈な言葉を使うべきではありません。新奇な要素のある単語を選びつつ、明瞭さを保ちましょう。一方で、極端なリスク回避傾向のある人々を説得するという課題を抱えたときには、分かりやすい言葉遣いをすることが、よりいっそう大切になります。

この節のメッセージは明瞭です。もし、あなたの使う単語が読みやすく、明瞭に述べられ、雄弁であれば、メッセージは理解されやすく、その結果、説得力が上がるのです。

49

韻を踏むことで増す影響力

「ミシガン州《ステイト》から、そのままあなたのお皿《プレイト》へ」。これはいったい、どこの会社が何を宣伝しているのでしょうか。これはハインツ社がベイクドビーンズ[†23]の広告で使っていたキャッチフレーズです。同社は一八六九年にペンシルベニア州シャープスバーグ町でヘンリー・ハインツによって設立されました。当時、彼は地元食料品店向けの調味料の納入業者で、セイヨウワサビやピクルス、トマトケチャップなどを荷馬車で店に配達していました。一八九六年のこと、ハインツは「二十一のスタイルの靴」という広告に目を留めました。彼は、自分の商品のセールスポイントはスタイルではなくて品揃えの豊富さだと考え、「五十七のバラエティ《フィフティセブン・バラエティズ》」というキャッチフレーズを作りました。実はその時点で六十品目以上の食品を製造していたのですが、彼は数字の五と七が好きだったため「五十七」としました。こんな具合に新しい宣伝キャンペーンが始まりました。韻を取り入れたベイクドビーンズの広告をはじめ、ハインツには他にも有名な広告が数多くありますが、五十七のバラエティ《フィフティセブン・バラエティズ》というキャッチフレーズは今でも健在です。

一九六〇年代のイギリスで放映された同社のテレビコマーシャルに、次のようなものがあります。映し出されるのは、母親が夕食の用意をしていると、突然二人の子どもがお腹をすかせた友達を何人も連れて帰ってくるという場面で、子どもたちはこんなふうにねだります。「ママ、サリーもロビンもジェフリーもデビーも一緒におやつを食べちゃだめ？」。母親はあきれたような顔をしてから、子どもたちをもてなすために、戸棚からハインツのベイクドビーンズの缶詰をたくさん取り出します。そこでコマーシャルソングに乗って流れるフレーズは、「大勢の主婦が毎日この缶詰を手に取って言います。ビーンズといえば《ミーンズ》ハインツ」。

このコマーシャルの反響は非常に大きかったため、以後三十年以上にわたって流され続けました。さらにいえば、このコマーシャルがイギリスで放映されていた当時、道行く人を手当たり次第に呼び止めて、「〈大勢の主婦が毎日この缶詰を手に取って言います〉の続きは」と尋ねたら、ほとんどの人が迷わず「ビーンズといえば《ミーンズ》ハインツ」と答えたでしょう。

ハインツの広告は多くの点で有名ですが、特に興味深いのは、消費者に取り立てて商品の特長やメリットを知らせるのではなく、単に商品名と韻を踏むようにしただけという点です。宣伝戦略の選択肢は他にもたくさんあったのに、なぜハインツは韻を踏んだメッセージにこだわったのでしょうか。一つには、韻を使った広告は好感度が高く、印象に残り、他の人に伝えやすいという点が挙げられま

†23　インゲン豆をトマトのスープで煮込んだもの。

す。しかし、韻を踏むフレーズを使ったからといって、内容を的確に伝えたり、内容が真実だと感じさせることができるのでしょうか。

社会科学者のマシュー・マッグローンとジェシカ・トゥファイバクーシは、「同じ羽《フェザー》の鳥は一緒《トゥゲザー》に群れる」[†24]など韻を踏んだことわざをよく耳にする点に注目し、韻を踏んだフレーズとそうでないものの説得力の差を調べることにしました。実験では、韻を含むことわざで参加者が知らないものを多数取り上げ、それらに似せて韻を含まないパターンを作りました。たとえば、「用心と手はず《メジャー》を怠らなければ宝《トレジャー》が舞い込む」というあまり有名ではないことわざに手を加えて、「用心と手はず《メジャー》を怠らなければ金持ち《リッチ》になれる」としたのです。他には、「しらふで隠した《コンシールズ》ことを酒が漏らす《リヴィールズ》」を変えた、「しらふで隠した《コンシールズ》ことを酒があばく《アンマスク》」などがありました。

実験の参加者にはこれらのことわざを読んでもらい、それがどのぐらい現実を反映しているかを答えてもらいました。その結果、参加者全員が韻の有無と的確かどうかは無関係だと確信していたにもかかわらず、韻を含むことわざのほうがそうでないものより的確だと感じたのです。

研究者たちは、韻を踏んだフレーズは理解のフルーエンシーが高い、要するに、韻を踏んでいないフレーズと比べると、頭のなかで解釈するのが簡単なためだと説明しています。入ってくる情報が的確かどうかは、少なくとも部分的には、その情報のフルーエンシーに基づいて判断される傾向があるため、韻を踏んだフレーズのほうがより的確に感じられるのです。

こうした研究結果は、日常生活でもいろいろと応用できます。マーケティング担当者や会社経営者が宣伝戦略を検討する場合を考えてみましょう。キャッチフレーズやスローガン、商標、コマーシャルソングを作るときは、韻を踏んだメッセージは好感度だけでなく真実味も増すということを思い出すべきです。ある広告会社のベテラン社員は、商品にこれといって目新しいところがない場合に広告で何を訴えればよいのかと尋ねられたときに、こう答えています。「そうですね、商品に関して何も言うべきことがないときは、商品名そのものを歌にするという手が残っています」。

また、親にとっては毎日のことながらイライラさせられる試練、つまり、子どもを寝かしつけるという仕事ですが、これも韻を使えばうまく対処できます。一緒に童話を読むなど満ち足りたひと時を楽しんでから、「さあ、おねむのおつむ《ヘッド》は、ベッドにごろん」といった短いフレーズを子どもたちにも一緒に歌わせると、効き目のほどは明らかなはずです。

最後は、韻の効果が法廷で発揮された例です。実のところ研究者たちは、この韻を踏んだ悪名高いフレーズが、正義をねじ曲げてしまったのではないかと考えています。O・J・シンプソン[†25]が殺人容疑で裁判にかけられた際、シンプソンの弁護人だったジョニー・コクランは、陪審員に向かって次のように言いました。「手袋が合わない《ドント・フィット》ならば、無罪に《アクイット》すべきだ！」。韻がもつ巧妙な影響力を考えると、

†24 「類は友を呼ぶ」という意味のことわざ。

†25 アメリカの元プロフットボール選手。殺人容疑で逮捕されたが、大勢の優秀な弁護士を雇い、刑事裁判で無罪を勝ち取った。また、この裁判では犯人が残したとされる手袋が重要な証拠品とされ、それがシンプソンの手のサイズに合うか否かが焦点の一つだった。

もしコクランが次のように訴えていたら、はたして評決はどうなっていたでしょうか。「手袋が合わない《ドント・フィット》ならば、有罪ではない《ノットギルティ》ということだ！」。

50 バットリングと知覚コントラストの関係

スポーツからも、説得力アップに役立つ教えを得ることができます。たとえば、野球の試合では、打者がウォーミングアップの素振りの前に、バットにリング状のウエイトを取りつける場面をよく見かけます。選手によると、重たいバットで繰り返しスイングをしておくと、ウエイトなしのバットが軽く感じられるとのことです。

この効果は、社会科学では知覚コントラストして知られる原理で説明することができます。簡単にいうと、ものの性質は周囲から孤立して認識されるわけではなく、他との対比で認識されるということです。たとえば、運動場で一〇キロのウエイトを持ち上げるよう言われた場合、先に二〇キロを持ち上げた後ならば軽く感じ、五キロを持ち上げてからだと重く感じるはずです。一〇キロのウエイトには変わりありませんが、それに対する知覚（感じ方）が違うのです。この心理的プロセスはウエイトに限ったことではなく、あらゆる判断について回ります。どのような場合でもパターンは同じです。つまり、最初の経験が、次の経験に対する知覚を決定するのです。

社会心理学者のザカリー・トーマラとリチャード・ペティは、この原理を応用してコントラスト効果が説得力にどう影響するかを実験で示しました。具体的には、ある事柄について自分がもっていると思う情報の量が、他の事柄について得た情報の量にどう影響されるかを調べたのです。実験参加者は、ブラウンズという架空のデパートを紹介するメッセージ（以下、ターゲット・メッセージ）を読みますが、まずその前に、スミスという別の架空のデパートに関する同様のメッセージ（以下、先行メッセージ）を読まされます。実験参加者が読んだターゲット・メッセージはすべて同じもの、ブラウンズの三つの売り場に関する内容でした。しかし、スミスに関する先行メッセージには、情報量が少ないもの（一つの売り場についてのみ）から、多いもの（六つの売り場について）まで、差をつけました。すると、先行メッセージの情報量が多いと、ターゲット・メッセージは説得力に欠けるとみなされてブラウンズに対する好感度は低くなり、先行メッセージの情報が少ない場合には、好感度は高くなりました。要するに、実験参加者はスミスについてあまり知ることができなかった後では、ブラウンズについてよく分かったと感じ、その逆もまたしかりというわけです。まさにこれが、知覚コントラストの効果です。

この結果からさらに踏み込んで、研究者たちはもう一つ似たような実験を行いました。前の実験と違うのは、実験参加者は架空のデパートのブラウンズに関するメッセージの前に、車（ミニ・クーパー）に関するメッセージを情報量に差をつけて与えられたという点です。結果は前回の実験と同様で、先行する情報でそれに続くメッセージの説得力に影響を与える場合には、互いの情報の関連性すら必要ない、ということが分かったのです。

この考え方は販売についても当てはまります。あなたの会社が販売している一連の商品のうちの一つが見込み客にぴったり合いそうな場合、その商品のメリットを詳しく説明する前に、必ず別の商品について手短に説明すべきです。この点は、ワインを例に挙げてすでに触れたように、値段についても当てはまります。

興味深いことに、知覚コントラストは説得に際して非常に効果的な方法となります。ふつうは、膨大な費用と時間がかかることを考えると、商品やサービス、要望に変更を加えるような贅沢は許されません。しかし、そうした商品、サービス、要望の比較対象を変えることはできます。現実にあった例を一つ挙げると、ある住宅リフォーム業者は庭に設置するタイプの最高級のスパ[†26]の売り上げを五倍以上も伸ばすことができたのですが、その方法は次のように簡単なものでした。まず、見込み客に対して、最高級のスパを買うのは自分の家にもう一つ部屋を作るようなものだという、多くの購買者の感想を正直に伝えました。そして次に、実際に家の横に新しい部屋を建て増ししたらいったいいくらかかるか考えてみてほしいと言ったのです。結局、百万円のスパも、少なくともその二倍はかかる家の増築費用と比べれば、ずいぶんお買い得というわけです。

†26　温水のわき出る風呂。

51

一足早いスタートでロイヤルティを勝ち取る

コーヒーの無料券や、割引購入券、格安航空券、休暇旅行の優待券など、多くの企業は報奨制度を設けることで、顧客をつなぎとめようと努力しています。最近の研究の結果は、相手のロイヤルティ（忠誠心）を強化して、こちらが提供するものに興味をもたせる方法について、示唆を与えてくれます。

消費者について研究しているジョゼフ・ヌネスとゼイビア・ドレーズは、顧客が報奨プログラムに参加する場合、特典ポイントが最初からおまけでいくつかつけられていると、たとえそれで報奨を得るのに必要な購買数が減るわけではなくても、その企業に対するロイヤルティが増し、目標点に早く到達するだろうと考えて、実験を行いました。

その実験では、洗車場の顧客三百人にポイントカードが配られ、洗車サービスを利用するたびにスタンプを押してもらえる、と言われました。ただし、カードは二種類あり、一方のカードには、スタンプ八個で洗車が一回無料になると記されており、スタンプは一つも押されていませんでした。もう片方のカードには、スタンプ十個で洗車が一回無料になると記されており、最初からスタンプが二個押してありました。つまり、どちらのカードも、特典を受けるにはあと八回の洗車が必要だったわけですが、後者のほうがやや先に進んでいるように見えたのです。

その後、顧客が洗車に立ち寄るたびに、従業員がカードにスタンプを押して日付を書き込みました。数カ月後、研究者たちが実験プログラムを終わらせてデータを調べたところ、仮説が証明されていました。スタンプ八個のグループでは、無料洗車の特典に到達した顧客は一九パーセントでしたが、おまけつきのスタートをしたスタンプ十個のグループでは、三四パーセントに上りました。そのうえ、おまけつきスタートのグループのほうが洗車の間隔が平均二・九日少なく、八回の洗車にかかった期間が短くなっていました。

ヌネスとドレーズによれば、顧客はプログラムをまだ始めていないと考えるよりも、始めたけれども途中だと考えるほうが、それを完了させようという気持ちが強くなります。また、目標達成が近づくほどいっそう努力して成し遂げようとすることも、研究で示されています。これを裏づけるものとして、顧客が洗車に訪れる間隔が平均して半日ずつ狭まっていたことが、データから判明しています。

この話は、あらゆる報奨プログラムに当てはまります。また、たとえば人に手助けを求める場合は、「これからあなたに頼むことは、あなたがすでにある程度経験していることです」と指摘すると、成功しやすくなります。仮に、相手が過去に携わったのと同様のプロジェクトに関して手助けが必要なのであれば、「あなたはプロジェクトの成功にある程度近づいた状態からスタートできます」と強調するとよいでしょう。また、すでにプロジェクトがかなり進んでいるのであれば、「仕事はもう三割が片付いている」と力説すればよいのです。

もう一つの例として、仮にあなたが販売責任者だとしましょう。あなたの下にいる販売チームは、これまでのところ目標達成が難しい状況です。近々大きな売り上げが本部で計上されることが分かったので、チームの目標達成が無理な場合は、その分を頼みの綱にしようと考えます。この場合は、その情報を自分だけのものにせず、発表して部下に知らせるべきです。そうすれば、目標に向かって進んでいるというイメージによる効果が期待できるでしょう。

教師や親にとってもこの方法は有益です。子どもがなかなか宿題をしないため、あなたは何かご褒美を使って子どものやる気を出させたいと考えているとします。続けて六回の週末に宿題をすることができたら、ご褒美としてその次の週末は解放してあげるという取り決めにした場合、正式にそのご褒美制度を始める前に、一週分は「貯金」としておまけしてあげましょう。そうすると、子どもは特にやる気を出して、約束を守るはずです。

この節のポイントは明らかです。誰かに目標を達成させたいのであれば、そのゴールに向かってすでにどれだけ進んだかという証拠を示してあげればよいのです。この方法を使えば、洗車したての車のように、あなたの影響力は輝くはずです。

52

クレヨン箱の中にある説得のヒント

クレヨンの色の名前が素朴だったのは、遠い昔になってしまいました。今新しいクレヨンの箱を開けてみれば、緑、黄色、茶色といった昔ながらの呼び方は、「トロピカル・ブルー」だとか、「レーザー光線レモン」「ファジー・ワジー[†27]・ブラウン」などに取って代わられていることに気づくと思います。ではもし、この複雑なクレヨンの名前に、あなたの会社の株を優良に保ったり、商売が赤字にならないようにしたりする効果があるとしたらどうでしょうか。

エリザベス・ミラーとバーバラ・カーンは、クレヨン以外にも多数の商品で複雑な名前が使われていることに気づき、名前のこのような違いが消費者の選択にどう影響するのかを解明しようとしました。研究の手始めに、彼女たちは色や味の名前を以下の四つに分類しました。

†27　童謡に登場するクマの名前。

（1）一般的、つまり、ありきたりで具体的ではない。たとえば、「ブルー」
（2）一般的で叙述的、つまり、ありきたりで具体的。たとえば、「スカイブルー」
（3）意外性があり叙述的、つまり、風変わりで具体的。たとえば、「カーミット・グリーン」[†28]
（4）曖昧、つまり、風変わりで具体的ではない。たとえば、「ミレニアム（千年）・オレンジ」

研究者たちの説では、色や味の名前に意外性があって叙述的な（3）、あるいは曖昧な（4）の場合は、他の二つのタイプ（1）と（2）と比べて、その商品に対する好感度が高くなります。ただし、（3）と（4）が効果的なのは、別々の理由によるものです。「カーミット・グリーン」のように何かに掛けてある意外性のある名前は、パズルを解くような気分にさせる働きがあるため、消費者はその商品について他の点、特に長所を検討するようになります。このパズルを解いたからといって、メンサ[†29]に入会できるわけではありませんが、「なるほど！」という感覚が味わえるため、それが商品に対するプラスの感情に結びつくわけです。一方、「ミレニアム・オレンジ」のような曖昧な名前の場合、消費者は全く手掛かりになる情報がないまま、メーカーがその名前で何を伝えようとしているのか当てようとします。こうしてまた、メーカーがその名前を使うことで強調しようとした商品の長所について、消費者が考えるよう仕向けられるわけです。ミラーとカーンは、ゼリービーンズやセーターの色にさまざまな名前をつけ、この仮説が正しいことを証明しました。

さて、この話はビジネスにどう関係するでしょうか。一つには、企業は、商品の特長を単純とは言いがたい名前で表すのに尻込みしてはいけないということです[*5]。また、この方法は、商品やサービスにしか応用できないというわけではありません。たとえば今、あなたは新しいプロジェクトや研修計画の推進のために、職場の同僚の力を借りるところだとします。この場合、プロジェクトの名前を意外性のあるものか、いっそ曖昧なものにしてみると、ずっと魅力的で興味深く思わせることができるでしょう。

この研究から得られたヒントは、家庭でも活かすことができます。たとえば、子どもが友人と夕食を食べに出掛けようか、家で食べようか迷っているときは、献立の呼び名を一ひねりすると（ありきたりの「チキン料理よ」の代わりに「サプライズ・チキンよ」と言ってみるなど）、その晩は家で食事をするよう説得できるかもしれません。もちろん、夜を静かに過ごしたいのであれば、「ブロッコリーと芽キャベツよ」と告げればよいと思います。

†28　アメリカの子ども向け番組「セサミストリート」に出てくるカエルのマペットの名前。
†29　知能指数が高い人しか入会できない国際交流組織。
＊5　ただし、「48」節で取り上げたように、読んだり発音したりするのは簡単でなければならない。

53

聞き手を最後まで引きつけておく冒頭の一手

親にとって、おそらく最も大きな喜びは、興奮と期待に顔を輝かせながら、クリスマス・プレゼントの箱を開けるわが子の姿を見ることでしょう。悲しいかな、その喜びが長続きすることはまずありません。息子や娘が何カ月ものあいだ、サンタさんに「持って来てください」とお願いしていたはずの「絶対欲しいオモチャ」は、あっという間に見向きもされなくなって、部屋の隅に放り出されてしまい、親の喜びは落胆と困惑に取って代わられます。

ですが、同じ間違いを二度と繰り返すまいと誓う前に、そうした経験から学び取れる、より一般的な教訓について考えてみることには価値があります。どうすれば、自分を説得して、食べる量を減らしたり、幸福度や満足度を上げたりできるか、さらには、チームや同僚たちのやる気を維持できるかといったことに関するヒントがあるからです。

まずは、消費者研究で言うところの「飽き《セイシエーシヨン》」という現象の餌食になるのは、小さな子どもだけではないということを思い出すところから始めるのがよいでしょう。誰でもなります。一般に「飽き」という単語が最も強く結びつくのは、食べ物や飲み物の消費でしょう（食事の終わりに感じる、満腹で食べるのに飽きたというあの感覚を思い出してください）が、大切なのは、この言葉が消費活動全般に適用される概念であると認識することです。買ったときには値段が張ったのに、一度着たきりですっかりタンスの肥やしになっている服や、生活を変えてくれるだろうと確信して買ったのに、とっくの昔にその存在すら忘れてしまっている電子機器のことを考えてみてください。

飽きが生活の一部であるのは、否定しようのない事実です。私たちは、あるものやことをしばらく楽しみ、それから退屈を覚えて、別のものやことに移ります。誰でも新しさと多様性を求めています、いや、切望してさえいます。そして、何かが人間に生来的に備わっている傾向であるなら、影響力を行使したい、あるいは説得を行いたいと考えている人々は、私たちの行動や意思決定を変えさせるために、それを利用できるのです。実際、広告業者はいつでもこの傾向を利用しています。

ですが、もし、私たちの望みが、新しさへの欲求を捕らえることではなく、相手の興味をつなぎ留めておくことだったなら、どうでしょう。どうすれば、飽きの進行を遅らせ、人々の興味を私たちの売っている製品に留め続けたり、彼らの業務として行っている活動に対する意欲を、より高いレベルで維持させることができるのでしょう。

最近の研究を見直してみたところ、飽きの発生頻度に対して影響力を行使できることが分かりました。たとえば、何かをゆっくりと消費しているときには、飽きを感じにくくなります。とりわけ、その何かがより多様な集まりの一部である場合にはそうです。そうした理由があるため、お菓子メーカーはアメやチョコレートを袋や箱に詰めて売る際に、さまざまな色や味を取り混ぜておくのです(たとえ、ほとんどの人はそのうちの一種類しか好きでないとしても)。いつも好みの味を選ぶのは理にかなっているように思えるかもしれませんが、冒険心を発揮して、普段の選択に別のものを混ぜ合わせることにも良い面があります。気に入ってるものを消費し尽くすまでの時間を延ばせるだけでなく、同じくらい、いやひょっとするとそれ以上に楽しめるかもしれない、新しい経験に身をさらすことになるからです。ちょっと一日ばかり、あなたの音楽のプレイリストをお友達のものと取り替えてみてください。そうすれば、ここで言っていることが理解できるはずです。

同じ消費を繰り返し行うときには、合間にそれをしない時間を設けることで、飽きからの「回復」に影響を与えられます。経営者や管理職が共通して抱える課題、つまり、個人やチームを説得して、課題やプロジェクトに意識を集中させ続け、途中で飽きることなく、完了までもっていかせるという課題について考えてみましょう。プロジェクトの期間中、ルーチンワークに一息入れるための時間を故意に確保しておく抜け目のない経営者や管理職なら、飽きや退屈を減少させられるでしょう。いささか直感に反する話ですが、重要な課題に取り組んでいる最中に、気晴らしになるようなことを意図的に作り出すことによって、その作業をより早く、そして(課題と取り組んでいるときにはより集中できるようになるという点を踏まえれば)より高い水準で終わらせることができるかもしれません。

最後に、もしも課題、プロジェクト、あるいは製品といったものが、受け手の自己同一性と一致していれば、飽きと退屈を遅らせることができます。『スター・トレック』のマニアなら、三時間『スター・トレック』漬けになったくらいで飽きを感じることはまずありません。セールス能力が自慢の人であれば、閉店時間が来る前にセールストークをやめることはまずありません。どうやら私たちは、自分の個性や自己同一性を反映している物事を楽しむのがとてもうまいため、そうした物事に対しては、退屈を覚える見込みがずっと低くなるようです。

これは一見当たり前のように思えるので、より重要で認識されにくいポイントを覆い隠してしまうかもしれません。経営者や管理職にとって、一つのグループをまとめて特定のプロジェクトに取り組ませる必要が出てきたときの無難なやり方は、誰をグループに加えるか決めるために、各チームが現在抱えている仕事の量とスケジュールに目を向けるというものです。空き状況というのはもちろん重要な要因です。ですが、適性というのもまた重要です。たとえ、仕事の取りかかりが多少遅れることになったとしても、本人の自己同一性や性格が、何らかの点でプロジェクトと合致している人をチームに入れておくのは、いつでもうまい手になるでしょう。一見、そうすることは、特に、そのプロジェクトに時間的余裕のない場合には、大きなコストを負担することになる気がしますが、適性で劣るグループに取り組ませれば、新規プロジェクトを始めた当初の意欲の高まりが衰えた後、飽きと退屈によって失われる時間は、さらに大きなものになってしまうかもしれません。

ただし、これと同じやり方を使えば、子どもたちがクリスマスにもらった新しいオモチャを、次のクリスマスが来てもまだ好きでいてくれるようになるのかと言えば、それは全く別の話です。

54

どこまでも、どこまでも、伝わるメッセージ

私は誰でしょう。私の体はピンク色です。オモチャのウサギで、太鼓を持っています。そして、私を動かしている有名ブランドの電池は、他のどれより長持ちします。さて、私は誰でしょう。

あるところでは私はエナジャイザー・バニー《ウサギ》と呼ばれ、別の場所ではデュラセル・バニー《ウサギ》と呼ばれます。頭がこんがらかりましたか。心配しないで。それはあなただけではありません。

さて、このややこしい話から説得とマーケティングの方法について学ぶには、少し歴史の勉強をする必要がありそうです。太鼓を叩くピンクの電池式のウサギが初めてテレビのCMに登場したとき、それにはデュラセル・バニーという名がついていました。そのCMにはたくさんのデュラセル・バニーが登場して、他のどのブランドの電池よりもデュラセル社のものが長持ちすることをアピールしました。始めはそれぞれ別のブランドの電池で動いているたくさんのウサギが太鼓を叩いていますが、次第にその動きが止まり、最後はただ一つデュラセル社の電池を使っているウサギだけがパワー

全開というわけです。

ところが二十五年前、デュラセル社はアメリカで、デュラセル・バニーの商標を更新しそびれてしまいました。そのため、ライバル社のエナジャイザー社が、すかさずこのピンクのウサギを商標登録し、デュラセルの宣伝をパロディ化して、自社製品のほうが優れていると主張し始めたのです。そのため、今日、北米のテレビ視聴者はいつもエナジャイザーの電池で動くウサギを見ていますが、世界の他の地域ではいまだにデュラセル社のウサギがCMに出ているというわけです。

エナジャイザーのテレビコマーシャルは、視聴者が他の商品のコマーシャルだと思って見ていると、突然バニーが画面を横切り、「どこまで行っても止まらない……エナジャイザーの電池ほど長持ちするものはありません。ウサギはどこまでも、どこまでも、どこまでも進んでいきます」というナレーションが続くというものです。このエナジャイザー・バニーがいきなり他のコマーシャルに割り込むというおふざけは、当初、一般からも批評家からも絶賛されましたが、一つ問題がありました。多くの人は、このコマーシャルがお気に入りだったにもかかわらず、それがどの会社の電池の宣伝だったのかを覚えていなかったのです。実際、ある調査によると、その年のコマーシャルの人気投票でこのピンクのウサギのCMを選んだ視聴者でさえ、なんと四〇パーセントもの人がそれはデュラセル社のコマーシャルだと思っていたのです。エナジャイザー・バニーをそのライバルと区別する目印はたくさんあるのに、このような結果になってしまいました。エナジャイザー・バニーの特徴は、デュラセル・バニーよりも耳が大きく、サングラスをかけていて、太鼓が大きめなところです。体の色がより鮮やかなピンク色なところも違いますし、デュラセル・バニーは裸足なのに、エナジャイザー・バニーはビーチサンダルをはいています。

しかし、いくら違いを挙げても、エナジャイザー・バニーはしょせんはパロディ。結局、視聴者の混乱の一因が両社のバニーの紛らわしさにあったことは間違いないようです。しかも、以前のデュラセルのコマーシャルを見ていない人のなかにも、エナジャイザーのコマーシャルがデュラセルのものだと勘違いした人が多かったようで、その証拠に、新しいコマーシャルが広まった直後に市場シェアが伸びたのはデュラセルのほうで、エナジャイザーのほうは売り上げがやや落ち込んでしまいました。

こうした事態を防ぐために、エナジャイザーはどのような策を講じればよかったのでしょうか。また、そこからどのような教訓が得られるでしょうか。心理学の研究から見ると、答えは明らかです。売り場のディスプレイや商品のパッケージに、記憶補助になるものをつければよかったのです。たとえば、エナジャイザー・バニーの絵と「どこまでも、どこまでも」のフレーズがあれば、消費者の記憶の混乱と、それに基づいた商品選択を正すのに効き目があったはずです。結局、同社はこの方法を実行し、大きな成功を収めました。

では、このことは広告一般にどう関係するのでしょうか。ブランドの浸透を図ろうとする企業は、大掛かりなメディア・キャンペーンを増やし続け、それを自社ブランドのセールス・ポイント（耐久性、品質、経済性など）を具現化したキャラクターを使って強調しています。コマーシャルを見ている視聴者は商品とブランドのセールス・ポイントを関連づけるだろう、という予想は、その広告が適切に作られているのであれば、確かに道理にかなったものです。しかし、いざ品物を買おうというときに視聴者がその関連づけを思い出すはずだと決めつけることは、認識が甘いと言わざるをえません。現代生活では無数の関連づけに囲まれているため、消費者の記憶力ではカバーしきれないのです。ただし、買うときに、関連づけを頭に蘇らせてくれる合図があれば話は別です。そういうわけで、あらゆる大規模広告キャンペーンでは、コマーシャルに登場する主要なビジュアル、キャラクター、キャッチフレーズを、消費者が購入の判断をする際に目にする店内の商品ディスプレイや商品パッケージにも統一して用いる必要があるのです。メディア・キャンペーンの中心的な特徴に合わせてディスプレイやパッケージを変えるのは、短期的に見ると費用がかかりますが、必要不可欠です。

この方法は、商品マーケティングに限ったものではありません。情報やアイデアのマーケティングでも活用できます。たとえば、あなたが大学内のアルコール乱用問題に取り組んでいる健康推進団体のメンバーだとしましょう。あなたは、次のような難題に突き当たります。広告キャンペーンを実施して学生に飲みすぎないようにというメッセージを伝えることができたとしても、そのメッセージが肝心なときに確実に彼らの頭に浮かぶようにするにはいったいどうしたらよいのか、という問題です。

一つ例を挙げると、今学生のアルコール乱用問題に取り組んでいる大学の健康管理スタッフのあいだで普及しつつある説得キャンペーンの方法に、「社会的規範マーケティング」と呼ばれるものがあります。研究によると、たいていの学生は仲間の飲酒量を多く見積もる傾向があるそうです。そして本書の社会的証明に関する解説（「2」「3」「4」節など）で取り上げたように、人には自分が正しいと考えている社会的規範に従って行動する傾向があります。学生の誤解を正すことによって、アルコール乱用の頻度を減らそうというのが社会的規範マーケティングを使ったキャンペーンの目的です。たとえば、社会的規範マーケティングに基づいてポスターを作るのならば、「この大学の学生の六五パーセントは、パーティではお酒を三杯までしか飲んでいません」という調査結果を示します。ポスターで学生の飲酒量について正確な数値を知らせることで、パーティのときに彼らが飲もうと思う量を減らそうというわけです。

こうしたキャンペーンは部分的には成功していますが、残念ながら今のところ決め手に欠けています。学生がポスターを目にしたその時点では強い説得力があっても、実際に飲むときにはその情報を忘れてしまうか、注意が払われなくなることが多く、それがこのキャンペーンの効果が上がらない一因と思われます。そもそも、反アルコールを訴えるキャンペーンのポスターや張り紙などは、お酒を飲む可能性が高い場所ではなく、図書館、教室、学生会館、保健センター、学生寮の共用スペースなどに掲示されます。バーやクラブや学生寮で飲んでいる学生に、はるか遠くからいくら呼びかけても、その声は酒瓶のぶつかる音や酔っ払いの笑い声などにかき消されてしまうわけです。

記憶補助に関する研究から、学生にしかるべき状況で社会的規範に注意を向けさせるには、そうした状況にふさわしい品物（コースター、入場確認用のブレスレットや手に押すスタンプなど）にキャンペーンロゴを入れればよいということが分かっています。あるいは、フリスビーなどキャンペーンロゴを印刷した品物を大学で配布するという方法もあります。学生がそれを下宿や寮に持ち帰ることで、この記憶補助の手段を目にする可能性が高くなるというわけです（皮肉なことに、この方法は学生がお酒を飲んでいるときのほうが効果的とされています。それは、簡潔な説得メッセージは、飲酒中の人に対して、より有効に働くためです）。同様に、飲酒運転撲滅に努めている地域では、バーの店主に協力してもらって、顧客の飲み物に、角氷型のプラスチックにLEDのライトを封入した「ライトキューブ」なるものを入れているところがあります。このキューブが、パトカーのライトのように赤や青の光を放って警察を連想させ、記憶補助装置の役割をすることで飲んでいる人への説得力が増すというわけです。

とにかく、キャンペーンが公のものか私的なものかに関係なく、記憶補助の手段を使えば、メッセージの効力が衰えることはありません。それはきっと、どこまでも、どこまでも、どこまでも伝わっていくはずです。

55

鏡のなかの「望ましい自分」が人を導く

鏡よ鏡、鏡さん、この世で一番説得力があるものはなあに？　実は鏡さん、それはあなたです。鏡の主な用途が、外から自分がどう見えるのかを確かめることであるのは疑いないところですが、鏡はまた、自分の内側はどう見えるのか、そしておそらく何より、自分はどう見られたいのか、を知るための窓の役目も果たします。そのせいで、人は自分を鏡に映して見ると、より社会的に好ましい振る舞いをするようになるのです。

社会科学者のアーサー・ビーマンらがハロウィンに行った実験を見てみましょう。その実験を大学の研究室や街中で行う代わりに、ビーマンは地元の十八軒の家を一時的に仮の研究施設に変えて実施しました。そのうちの一軒に、「お菓子をくれないといたずらするぞ《トリック・オア・トリート》」と言いながら子どもたちがやってきて呼び鈴を鳴らすと、研究助手が応対に出て彼らの名前を尋ね、近くのテーブルの上の大きなお菓子入れを指さします。子どもたちに一人一つずつお菓子を取ってもよいと告げてから、彼女は用事があると言ってさっさと部屋を出ていきます。さて、ここまでがこの実験のお菓子《トリート》の部分で、ここから先がいたずら《トリック》です。子どもたちは、自分たちが周到に計画された実験の参加者にされていることはもちろん、秘密ののぞき穴から監視されていることも知りません。その監視役とは別の助手のことで、子どもたちが二つ以上お菓子を取るようなずるい真似をしないか記録する係でした。

結果を集計したところ、三分の一以上、正確には三三・七パーセントの子どもが、許可された数より多くお菓子を取ったことが分かりました。そこで研究者たちは、鏡を使ってお菓子泥棒の割合を低くできないか調べることにしました。今度は、呼び鈴が鳴る前に、助手がお菓子入れの後ろに大きな鏡を置き、子どもたちがお菓子を取るときに自分の姿が必ず映って見えるようにしておきました。さて、鏡を置いた場合の泥棒発生率はどうなったかというと、わずか八・九パーセントだったのです。

著者の一人も加わった別の実験では、自分自身の姿を注視すると、自分の価値観と一致した行動を取るようになることが検証されました。行動科学者のカール・カルグレンが率いたこの研究チームは、まず、学期のはじめに学生の実験参加者がゴミのポイ捨てをどう感じるかを調べておきました。そして、その学期の後半、参加者の半数には、彼ら自身の映像が流れている有線テレビを見せ（つまり、鏡で自分自身を見るのとほぼ同じ状態）、残りの半数には幾何学的な図形が映っている有線テレビを見せました。それから、心拍数の計測が必要な実験に参加してもらうと告げ、彼らの手に計測用のジェルを塗りました。参加者に自分の役目はこれで完了したと思わせてから、助手がジェルをふき取るためのペーパータオルを手渡し、吹き抜けの階段を使って退出するよう伝えました。そして、各参加者が出口に降りるまでの間に階段でペーパータオルを捨てるかどうかを調べたのです。

その結果、自分自身の映像を見ずにポイ捨て可能な場所を通ったグループでは、約四六パーセントの人がペーパータオルを捨てたのに対して、自分の映像を見たグループでは、二四パーセントの人しか捨てませんでした。恥知らずな人に対して「鏡で自分の姿を見てみろ」ということがありますが、ポイ捨てするような人はそもそもあまり鏡を見ないのかもしれません……。

日常生活では、鏡を使えば最も婉曲なやり方で、社会的に好ましい振る舞いを相手に促すことができます。つまり、この研究からは、ハロウィンのときのお菓子のあげ方をどう工夫するべきかが分かるだけでなく、鏡を効果的に使えば、子どもたちに互いにもっと仲良くするよう促すことができると示されているのです。さらに、たとえば従業員の窃盗行為に悩まされている経営者であれば、会社の倉庫に鏡を置けば、盗みを減らすのに驚くほど効果があることが分かるでしょう。この場合、鏡はビデオ監視装置の代わりにうってつけですが、それというのも、ビデオでは費用がかかるだけでなく、従業員を信用していない証拠だと思われてしまうからです。万一そんなことになったら、窃盗が減るどころか、逆に増えてしまいかねません。

鏡を置くのが難しい場合は、他にも鏡のような効果を生む方法が二つあります。まず、社会心理学者のエド・ディーナーらの研究では、相手の名前を尋ねることで同様の効果が得られることが示されています。つまり、子どもでも従業員でも、名札をつけるようにするのが、より好ましい振る舞いを促す下準備というわけです。次に、科学者のメリッサ・ベイトソンらの最近の研究によると、シンプルな目の絵を壁に掛けるだけでも、社会的意識の高い行動を周囲に促す効果があるといいます。たとえば、ある実験では、コーヒーや紅茶を飲むたびにその代金を瓶に入れる決まりになっている共用スペースに絵を掛け、ある週は花の絵、次の週は目の絵、その次はまた別の花の絵、さらにまた別の目の絵というように、毎週掛け替えました。その結果、目の絵が掛けられていた週に利用者によって支払われた飲み物代が、花の絵の週の二・五倍以上も多かったのです。

要するに、自分のであろうと他人のであろうと、その場にもう一組の目が光っていて損はないということです。

56

交渉ごとに悲しみは御法度

大成功を収めたテレビドラマ・シリーズ『セックス・アンド・ザ・シティ』のなかの一話に、主人公のキャリー・ブラッドショーとその親友のサマンサ・ジョーンズが一緒にニューヨークの通りを歩きながら、最近なぜ憂鬱なのかを話す場面があります。会話の途中で、ずっと足を引きずりながら歩いていたサマンサが「痛い！」と叫びます。それを見て同情したキャリーは、「ねえ、そんなに痛いのなら買い物なんてしなくてもいいんじゃない？」と尋ねますが、サマンサは鋭く言い返します。「私、つま先はくじいたけど、気持ちはくじけてないわよ」。

毎年、大勢の人が、買い物することで落ち込んだ気持ちを癒そうとします。社会科学者のジェニファー・ラーナーらは最近の研究で、悲しみのような感情が、ものを買ったり売ったりする行動にどのようにして大きな影響を与えるのかを調べ、この現象に対して興味深い洞察を加えました。

ラーナーたちは、人は悲しい経験をすると、気分を切り替えようとして、環境を変えたくなるという仮説を立てました。また、その気持ちが、買い手や売り手としての行動に異なる影響を与えるはずだと考えました。つまり、買い手が悲しい気分だと、普段と比べて、同じ品物に対してより高い値段を払ってもよいと思い、逆に売り手が悲しい気分のときは、同じ品物をより安い値段で手放してもよいと思うということです。

この仮説を検証するために行われた実験では、参加者に二種類のビデオのうち一つを見せて、片方のグループを悲しい気分にさせ、もう片方のグループには特別な感情を抱かせないようにしました。悲しい気分にさせるほうのグループに見せたのは、映画『チャンプ』の抜粋で、少年の人生の師が亡くなってしまうという話でした。それに続いて、参加者に自分がその立場になったらどう感じると思うかについて簡単に書いてもらいました。何の感情も抱かせないようにするグループには、ありきたりな魚の映像を見せてから、自分の毎日の活動について書いてもらいました。その後で、参加者全員に最初とは無関係な二番目の調査に参加してもらうと告げて、蛍光マーカーのセットを渡しました。そして、半数の人にはそれをいくらなら売るか、残りの半数にはいくらなら買うか、それぞれ値段を考えてもらいました。

結果はラーナーたちの主張を裏づけるものでした。悲しい気分だった買い手は、平静だった買い手と比べると、約三〇パーセントも高い値段で買ってもよいと答えたのです。また、悲しい気分の売り手も、そうではない人より約三三パーセントも安い値段で売ってもよいと答えました。さらに、ビデオを見てから価格の判断を行うまで感情の高まりが持続していたことに、参加者は自分では全く気づいていなかったことも明らかになりました。彼らは、悲しい気持ちが残っていたせいで自分がどれだけ深く影響を受けたか、全く分かっていなかったのです。

この研究結果はあなたにどう関係しているでしょうか。重大な決定をしたり、命運をかけた交渉に臨んだり、無愛想なEメールに返信したりするのでさえ、その前に自分が感情的にどのような状態でいるか把握しておくことがとても大切です。たとえば、納入業者と契約の金銭面について交渉する場合を考えてみましょう。それが、何か感情的になる出来事の直後ならば、たとえ自分の意思決定能力に影響はないと思っても、その交渉を遅らせるべきです。少し遅らせるだけでも、気持ちを落ち着かせて理性的な選択を行うのには十分ですから。

自分の気持ちがどうであろうと、高い価値をもつ判断を行う場合には、自分を落ち着かせる時間を取るのを習慣にしておくとよいでしょう。よく、便利だからといって立て続けにミーティングの予定を入れる人がいますが、その合間に小休止を挟むことで、激論を交わしたミーティングで高まった感情が次に波及するのを防ぐことができます。これは、次のミーティングで重大な決定が控えている場合には特に大切です。

同じことは、家庭で何か判断する際にも当てはまります。新しい家具や家電の購入、家の増改築、あるいは新居の購入を検討中だとか、オンラインで何かを売り出す値段を考えているといった場合が考えられます。そういうときは、必ず一歩下がって自分の気持ちを確かめ、心が平静になるまでその行動を延ばすのが賢明です。

最後に、誰かの決断に影響を与えたいという場合も、気分が及ぼす力に注意を払うべきです。悲しい知らせを受けたばかりの人を説得しようとしたり、もっとひどい場合には、相手を暗くさせるような話題をわざと持ち出して説得したり（「そうだ、お宅の犬の災難は聞いたよ。ところで、取引の値段を考えたんだ」など）するのは、浅はかで間違った行為です。そうした判断は後悔につながることが多く、長期的に良い関係を築くのには役立ちません。さらにいうと、相手が大変な思いを経験したばかりならば、交渉の延期を提案するのが、品位と思いやりと見識（説得力がもっと欲しいと願う人には、どれも非常に価値のある性質です）のあるやり方です。そうすることで、相手とあなたの関係はより強化されるはずです。

57

注意を鈍らせる感情の高まり

二〇〇二年にアジアで大流行した重症急性呼吸器症候群（いわゆるSARS《サーズ》）は、あちこちでパニックを引き起こし、当該地域への旅行者を激減させました。SARSにかかることも、ましてやこのウイルスが元で死に至ることも、確率としては非常に低かったにもかかわらず、この事態は起きました。どうやら、問題が感情的になると、私たちの意思決定や周囲からの影響の受け方に変化が起きるようです。

研究科学者のクリストファー・シーとユバル・ロテンシュトライヒは、人の判断力や意思決定能力がSARSのような出来事のせいで鈍ることがあるのは、それによって否定的な感情が生じるからではなく、引き起こされる感情の種類はどうであれ、出来事そのものが感情的な問題であることが原因だと考えました。具体的にいうと、彼らの説では、感情が高まると人は物事の数が多いか少ないかには無頓着になる一方、単純にそれがあるかないかに注意を向けるようになるというのです。これはビジネスの場では、商談に感情が絡むと、具体的な数量はさておき、単に売り込みの提示の有無にのみ注意を払うようになることを意味します。

この仮説を検証する実験では、まず、参加者たちの一方のグループにはあえて感情的に、もう一方のグループには冷静に、ある事柄について短時間考えてもらいました。そのすぐ後で、参加者に自分の知り合いが歌手のマドンナのCDセットを売りたがっていると想定してもらい、半数の人にはCD五枚で一セット、残りの半数には十枚で一セットであると伝え、一セットに最高いくらまでなら払ってもよいと思うかを尋ねました。

その結果、事前に冷静に考える練習をしたグループでは、五枚組のCDの値段よりも十枚組のCDの値段のほうが高くなりました。これは理にかなった評価といえるでしょう。しかし興味深いことに、感情的な考え方を練習したグループは、CDの枚数の違いにあまり注意を払わず、両方のセットにほぼ同じ値段をつけたのです。

この研究結果から、人は感情的になる経験をすると意思決定に悪影響を受けて、不利な提案を受け入れてしまいかねないことが分かります。たとえば、納入業者と原料の買い入れについて交渉をしている場合、あなたの提示した金額が相手の希望より一万ポンド（約一五〇万円）少なく、その金額で相手が提示している納入数量はあなたの希望より少ないとします。相手はあなたの提示金額に対して現在の提示数量以上の原料を納入することは避けたいと考え、代わりにあなたが喜びそうな別の新製品を五十組提供すると申し出ました。もしこのとき、一万ポンドに相当する対価が五十組ではなく百組の新製品だったとしても、研究で示されたように、こうした感情絡みの提案をされると、あなたは五十組の価値を過大評価して、はやまって採算に合わない決断をしてしまうかもしれません。

どうすれば、こうした要因から影響を受けるのを避けられるでしょうか。実験の結果によれば、数に注意を向ける練習を交渉の前にするといった簡単なことでも、数の違いを認識する能力を取り戻すのに役立ちます。注意力を曇らせるような感情を排除すれば、事実に基づいた適切な情報を用いて交渉を進め、最善の決断を下すことができるはずです。

58

明晰な意思決定は睡眠から

中国のある元政治犯は、あるとき、洗脳の対象にされた自分の経験をこう表現しました。「無力にされ、消耗しきって、自制心もなくなり、二分前に自分が何を言ったかも思い出せない、そういう状態で、すべてを失ったと感じます。その瞬間から、裁判官はまさに支配者となり、彼の言うことは何でも受け入れてしまうのです」。

いったい、この説明が示しているのはどんなテクニックのことで、人に説得されてしまう要因について私たちに何を教えてくれるのでしょうか。

おそらくこの元囚人は、さまざまな思想改造のテクニックの犠牲者だったと思われ、彼が言及したテクニックとは、対象者を睡眠不足の状態にする作戦のことです。前の晩よく眠れたときのほうが調子がよいというのは、何ら驚くことではありません。休息を十分にとっているときは、集中力が高まり、機敏になり、弁舌もなめらかになることは、誰でも知っています。社会心理学者のダニエル・ギルバートの研究では、先ほどの政治犯の経験とぴったり一致する見方が示されています。つまり、疲れていると、人を欺いて影響を与えるような策略にかかりやすくなるということです。ギルバートが行った一連の研究では、疲れている状態で誰かの発言を聞くと、実際にそれが真実か否かにかかわらず、そのメッセージを聞いた人はただちにそれは真実だと思い込むという仮説が裏づけられました。聞き手がその発言を聞いた直後に、それが偽りであることに気づいて拒否するためには、相当な心理的な努力が必要になります。

普段私たちは、重大な局面において相手のメッセージが胡散臭いと感じるときには、それを拒否できるだけの認知能力と意志をもち合わせているはずです。けれども、疲れていると、認知能力と意志が弱まるために、大変だまされやすい状態になります。これは、拒否の段階に到達する前にメッセージを理解する過程が断ち切られてしまうためで、その状況では相手のあやふやな説明や、全くの虚偽をも信じてしまう可能性があります。たとえば、大口の配送契約に対する入札を募っている経営者が十分睡眠をとらずに、「当社の配送システムは世界的に見てもトップクラスです」といった疑わしい発言を聞いたなら、疑問をもたずに、その言葉どおりに信じてしまう可能性が高いのです。

人から説得されやすくなる要因は、睡眠不足や疲労だけではありません。気を散らされることも、影響を受けやすくなるという点においては同様の効果があることが分かっています。たとえば、バーバラ・デイビスとエリック・ノウルズが行った研究では、クリスマスカードの訪問販売員が、二ドル（約二百円）という当たり前の言い方をせず、二百セントという意外な言い方をして[†30]相手を戸惑わせ、さらに「お買い得です！」と付け加えると、カードを買う人が二倍も増えることが分かりました。また、売り上げ増加の理由は単に値段がセントで表されたからではないことも判明しました。つまり、売り込みに従って購買率が上がったのは、最後に「お買い得です！」という誘い文句があった場合に限られていたのです。一瞬のかく乱の間に、売り手はこっそり説得の文句をすべり込ませていたというわけです。

同じ研究チームによる別の調査では、屋台のパンケーキ売り場のカップケーキの売り上げが、売り手が「カップケーキはいかが」ではなく「ハーフケーキはいかが」という言い方[†31]をして、しかも「おいしいですよ！」と付け加えたときにかぎり増えました。

他者からの説得に屈しないための方法として、こうした研究はどんなことを教えてくれるでしょう。言うまでもなく、まずはよく寝ることです。もちろん、誰でも睡眠は十分にとりたいはずですが、言うは易く行うは難しです。自分の気が散っているとか睡眠不足だということに気づいたら、あやしげな宣伝文句が飛び交っているインフォマーシャルのような番組を見るのは避けてください。さもないと、ペダル連動ポップコーンマシンつきフィットネスバイクなどという代物が、本当に必要だと思い込まされてしまいます。また、相手の主張の真偽を正しく判断する必要があるような重要な決断は、はっきり目が覚めているときに行うべきです。

†30　一ドルは百セントに相当。ここでは、販売員が二ドルをわざと二百セントと言い換えている。
†31　ハーフケーキとは「半分のケーキ」といった意味。言われた客は聞き慣れないその言葉に一瞬戸惑う。

次に認識しておくべきなのは、新しい納入業者を選ぶようなときには、気が散りやすい状況（たとえば、電話による交渉など）だと、ウェブサイトや入札書類に掲載されている事項を鵜呑みにしやすいということです。できるだけ気が散らないような環境を整えておけば、相手の発言を正確に判断し、人をだますような説得方法に抵抗することができます。たとえば、職場や家庭で自分だけの「決断のための場所」を設けて、気が散ったり騒音に悩まされたりせずに目の前の課題に集中できるようにするという方法もあります。説得者にだまされ、そのミスによって会社からお払い箱にされるという事態を防ぐには、大事な場面では、あまり複数のことを同時に行わないようにするのが得策です。

59

「トリメチル・ラボ」で手に入れる影響力増強薬

おねしょに、口の乾燥に、貧乏揺すりに。昨今は、どんなことにもそれぞれの特効薬があるようです。なかでも、1、3、7‐トリメチルキサンチンという薬は、自分で飲めば説得されやすくなり、誰かに飲ませれば説得しやすくなるというのですから、驚きです。しかも衝撃的なのは、あちこちにできている「トリメチル研究所」へ行けば、いつでもこの薬が入手可能だという事実です。

種あかしすると、この薬とはカフェインのことで、「トリメチル研究所」はコーヒーショップのことです。スターバックス社だけで、七十カ国に二万四千以上の店舗がありますが、同社のハワード・シュルツ会長は、彼がどこの街角やショッピングセンターでも買えるようにした飲み物が、説得に役立つとは夢にも思わなかったのではないでしょうか。カフェインを取ると頭が冴えることは、誰でも知っていますし経験している人も多くいますが、いったいカフェインでどのように説得力が高まるのでしょうか。

科学者のパール・マーティンらはカフェインを使ったある実験を行いました。最初に、参加者全員にオレンジジュースに似た飲み物を飲んでもらいました。実は、いたずら好きの学生が学校のパーティでジュースの瓶にこっそりお酒を足すように、半数の参加者のオレンジドリンクには事前に混ぜ物がしてありました。ただし、オレンジジュースにテキーラを入れたわけではなく、エスプレッソ二杯分ほどのカフェインを入れておいたのです。

ジュースを飲んですぐ、参加者全員が、そのとき世間で話題になっていたある問題に関する優れた論述を読みました。その結果、読む前にカフェイン入りのジュースを飲んだグループでは、カフェインなしのものを飲んだグループに比べて、そのメッセージを好意的に受け止める人が三五パーセントも多かったのです。

それでは、昼休みにコーヒーショップに行けば、そこのお客の一人にブルックリン橋を売りつけることができるのか[†32]というと、そうではありません。研究者たちはもう一つ実験を行い、参加者が根拠の薄弱な論述を読んだ場合のカフェインの効果も調べました。その結果、そうした状況では、カフェインには説得力を増す効果はほとんどないことが示されたのです。

このことから、見込み客や同僚などにプレゼンテーションを行う場合に、どうすればよいかが分かります。たとえば、一日のどの時間帯がプレゼンテーションにふさわしいかを、よく考える必要があります。新規顧客に販売促進のプレゼンテーションをするのであれば、昼食の直後や午後の遅い時間は勧められません。プレゼンテーションにふさわしいのは一日のうち早い時間であり、それは顧客がちょうど朝のコーヒーブレイクを済ませたばかりかもしれないからです。時間を選べなくても、コーヒーかカフェイン入りの飲み物を用意しておけば、あなたのメッセージをより受け入れやすい状態に聞き手を導くことができます。ただし、研究結果が示すとおり、あなたのする話には筋が通っていなくてはなりません。ここまでこの本を読んできたあなたの言葉ですから、もちろん、そうに決まっています！

†32 だまされやすさのたとえに使われる言い回し。

60

どうすれば広告の効果がもっと長引くか

しつこく繰り返せばいい？　確かに。でも、それで説得力が出るのか、ですって？　全く出ません。これからするのは、ネット上のバナー広告の話です。ソーシャル・メディアの更新を確認したり、オンラインニュースやゴシップ情報をチェックしているあいだに表示される、あの苛だたしい広告のことは、ほとんどの人が簡単に無視できると思っています。どう考えても、そういった広告にたいした効果はないですよね？　影響を受けるというよりも、イライラさせられますよね？

統計ポータルサイト、「Statista」によれば、受け手の注意をほんのわずかでも引こうとして支払われている金額は、大きいなどという言葉では収まらないほど膨大で、年間およそ千五百億ドルにもなります。これはグーグルとマイクロソフトの年間売り上げを足したものより大きな金額です。ところで、金額はオンライン広告に対する市場の熱意を測る良いモノサシかもしれませんが、その効果を測るなら、説得の科学はさらに良いモノサシとなります。そしてここには、目を引く以上のものがあります。まさしく文字どおりに。

使っているのがタブレットであれ、パソコンであれ、スマートフォンであれ、私たちの注意が興味のあるコンテンツにのみ向いていると考えられたら、素晴らしいでしょう。ケルン大学の社会心理学者、カイ・カスパーが実施したような視線追跡研究が示すところでは、私たちの注意は、概ねウェブページ上の主要コンテンツに引きつけられています。ですが、そこだけに引きつけられている、というわけではありません。私たちの視線は主要コンテンツ以外の部分にも向かうため、意図せずに他の刺激も目に入ってきます。不安になる話ですが、こうしたことがあっても、たいていの場合、私たちは後から振り返ってそれを思い出すことができません。

ですが、無難なロゴマークに束の間触れたり、キャッチコピーがちらりと目に入ったりしたところで、その後の意思決定や購入活動には少しも影響しないのでは、ですって？　実は、影響する恐れがあります。かなり昔の一九六〇年代に、社会心理学者のロバート・ザイアンスは「単純接触効果」という心理現象を説明し、以前見たことのあるイメージを好む傾向が人にあることを立証しました。この効果は、たとえそのイメージが千分の一秒単位でしか見えず、その存在を意識できなかった場合にも生じます。

もっと最近の話だと、ウィスコンシン大学ビジネススクールのシャン・ファンが中心になって実施した一連の研究があります。実験では参加者にあるオンライン記事を読ませ、そのあいだに一連のバナー広告に触れるようにしました。広告は画面上部に表示され、五秒間隔で切り替わりました。そのうちの一つはカメラの広告でした。参加者たちは、記事に関する質問を受けた後、二種類のカメラ（一つはバナー広告として出ていたモデルで、もう一つは出ていなかったモデル）のどちらが、ウェブページに表示されていたかと尋ねられました。正解率は五〇パーセント程度で、参加者は実際にどちらのモデルを見たのか正しく思い出せないことがわかりました。でも、きちんとは見えていないはずなのに、バナー広告は実験参加者のカメラに対する好感度に、しっかり影響を与えていました。それぞれのカメラに対する好感度を参加者に尋ねたところ、画面にこっそりと表示されていたカメラのほうが、ずっと好まれていたのです。興味深いことに、バナー広告の表示回数が二十回のときと五回のときを比較すると、前者のほうが高い好感度を与えていました。

この最後の発見には、特に驚かされます。同じ広告が繰り返し提示されると、たいていの場合、逓減効果が生じるということを示す大量の証拠と真っ向から対立しているからです。なぜバナー広告は、数ページの本文のなかで二十回も提示されながら、逓減効果が生じないのでしょうか。その理由は、バナー広告がほとんど意識されないという点にあります。その結果、そうした広告は、すでに考えるべきことをたっぷり抱え込んでいる私たちの意識をほとんど煩わせることなく、私たちの無意識に直接働きかけてくるのです。

こうした事情を踏まえれば、オンライン広告に大量のお金が費やされているのは理解できますし、今後、ますます費やされるようになるでしょう。そしてこのこと自体からさらなる課題が生まれます。同じ受け手の注意を奪おうとして競合している他の広告よりも、あなたの広告が説得力をもてるようにするために、何ができるのでしょうか。

一つのやり方はパーソナリゼーションです。「13」および「14」で紹介した付箋やミントキャンディーを使った研究が示すように、人が何に注意を払うべきか決める要素の一つは、それが自分とどれくらい関係しているかということです。同様に、証拠が示すところでは、パーソナライズされたオンライン広告は、そうでないものよりもずっと簡単に見る者の注意を引けます。また記憶にも長く留まります。

カイ・カスパーの実施した研究の一つでは、実験参加者にあるニュースサイトの時事問題の記事を論評するよう求めました。そして、参加者たちが記事を読んでいるあいだ、さまざまな広告を表示しました。そのなかにはパーソナライズされたものも、されていないものもありました。パーソナライズされた広告はより強く注意を引いただけでなく、その後の記憶テストでは、実験参加者たちがパーソナライズされた広告のキャッチコピーや画像のほうを、ずっとよく記憶し、またずっとよく再認できたということも分かりました。

パーソナリゼーションは特別あつらえのオファー、各個人向けのアピール、私たちが属している集団や自己同一性に合わせた提案などの形を取る場合があります。そして、オンライン広告業者にかなり重宝されているのが、私たちのネット上での活動履歴です。これによって、私たち一人ひとりにぴったりな広告を提示しやすくなっています。

ただ、パーソナライズされたメッセージがすべて効果的だというわけではありません。ここが重要なのですが、最も有効なパーソナリゼーションは押しつけがましさのないものです。ＭＩＴの研究者キャサリン・タッカーの発見によれば、バナー広告をパーソナライズしすぎると、受け手はプライバシーを侵害されていると感じ、その結果、広告の効果が大きく損なわれる場合があります。これは、もしあなたの同僚が、バナー広告にユーザー自身の写真を入れて、そこに「スティーブ、この靴下を買おうぜ、今すぐに！」というようなキャッチフレーズをつけようと提案してくるようなことがあったときには、必ず思い出すべき知見です。

また、受け手の注意を引く広告を作りたいときに、もう一つ思い出すべきこととして、配置の問題があります。パーソナライズされた広告のほうが、一貫してクリック・スルー率（表示回数ごとのクリック数を表す数字）が高くなるという諸研究の結果に加えて、たくさんの研究が示唆するところによれば、広告の理想的な位置はウェブページの右側です。ただし、広告がウェブページの隅に表示されるなら、たいていの場合、左上か右下に表示されるようにすると、右上や左下よりもかなり効果が高くなるということも、視線追跡研究から分かっています。

というわけで、見込み客の注意を捕らえ、彼らの記憶に長く残りたいと願う企業に向けたメッセージは、はっきりしているようです。配置は重要です。しかし最も重要なのは、押しつけがましくなりすぎない範囲で、パーソナリゼーションの要素を導入する、ということなのです。

二十一世紀における影響力

二十一世紀を迎えて、組織の内外での人との付き合い方に二つの大きな変化が起きました。一つ目は、家庭そしてビジネスのほぼすべての面で、インターネットが幅広く使われるようになり、毎日のコミュニケーションのあり方が大きく変わったことです。二つ目は、職場やビジネス上のやり取りで、自分とは違う文化的背景をもつ人々と出会うことが、かつてないほど多くなったことです。こうした急激な変化に関する最新の研究からは、説得の科学について大変貴重な洞察が得られます。

インターネットにおける影響力

アメリカ中西部の大手携帯電話会社、U・S・セルラーでは、他の通信会社同様、テクノロジーがほぼ全面的にビジネスの根幹を担っています。そしてそれこそが、同社が数年前に、自社の業務の内容と大変矛盾するような決まりを作った理由です。その決まりとは、五千人以上の従業員に対して、毎週金曜日は互いにEメールで連絡し合ってはいけないというものでした。

どうしたらそんなことが可能でしょうか。この時代にEメールを禁止するなど、まるで、手足の指で数えられるのだから電卓は使うなと言うようなものです。U・S・セルラーの取締役副社長ジェイ・エリソンは、なぜこんなことを命じたのでしょうか。ひょっとして経営陣が悪辣な計画を企て、従業員に自分の携帯電話を使わせるよう仕向けて、会社の利益を短期的に上げようとしたのでしょうか。

実は、ことの起こりは、毎日膨大な量のメール攻めにあっていたエリソンが、人間味のない電子的メッセージが際限なく押し寄せると、チームワークや全体的な生産性が向上するどころかむしろ害されかねないと感じ始めたためでした。ABCニュース・ドットコム[†33]の記事によると、彼は従業員宛ての文書で次のように述べています。「ぜひ、席を立って自分のチームのメンバーと顔を合わせ、電話で会話してください。私宛にメールを送るのはご遠慮いただきたいと思いますが、私の席には気軽に立ち寄ってください。いつでもどなたでも大歓迎です」。

この記事には、新しい決まりがもたらした劇的な成果もいくつか紹介されています。たとえば、以前はEメールだけの間柄だった仕事相手同士が、電話で話しているうちに、お互いを隔てているのが国境ではなく部屋の壁だと分かって驚いたという話がありました。この発見のおかげで二人は直接会うことができ、それによって互いの関係が深まったのです。

慣れるまでには確かに時間がかかりましたが、今日ではU・S・セルラー社における一致した見方は、Eメール禁止の日は大成功であり、個人的な親しみが人間関係を強めるうえでいかに大切かを再認識させてくれる重要な決まりだ、というものです。またこの例は、電子的なコミュニケーションが職場の人間関係に及ぼす影響の大きさをも物語っています。では、電子的なコミュニケーションは、説得力にはどのような影響を与えるのでしょうか。

たとえば、交渉のようなプロセスは、オンラインで行うか直接会って行うかで、どのような違いが出てくるのでしょうか。交渉が必ず対面、または電話で行われた時代は過去のものです。昨今は、数十億ドルの取引からパーティ用のピザのトッピングまで、さまざまな交渉がオンラインで行われています。

インターネットは情報スーパー・ハイウェイとよくいわれますが、交渉相手同士の人間的な接触に欠ける点では、成功へ至る道筋というよりは、むしろ路上のバリケードになるということも考えられます。この説を確かめるために、社会科学者のマイケル・モリスらは、経営学修士課程の学生に、対面、あるいはEメールで、ある交渉を行ってもらう実験を行いました。その結果、Eメールを使った交渉の場合、通常は親しい関係作りに役立つ個人的な情報の交換を交渉人同士で行う率が低いため、結局は交渉も不調に終わりやすいことが分かりました。

行動科学者のドン・ムーアらは、このあまり単純とはいえない問題に、ごく単純な解決方法があると考えました。それは、交渉の前に両者が何らかの形で自己開示を行ったらどうか、というものでした。言い換えると、交渉とは無関係な話題について二、三分オンラインでお喋りして、さらにお互いの経歴に少し触れてみてはどうかということです。このアイデアを試すために、アメリカのエリー

†33 米放送局ABCのニュース・ウェブサイト（ABCNews.com）。

ト・ビジネススクール二校の学生を二人一組にして、ある取引に関してEメールで交渉を行ってもらいました。半数のペアには単に交渉するよう指示しただけでしたが、残りの半数には交渉相手の写真と簡単な個人データ（たとえば、出身大学や関心のある分野）を提供し、交渉の前にEメールをやり取りしてお互いに知り合う時間を取るよう指示しました。

実験の結果、付加的情報を与えられなかった参加者のうち、二九パーセントが合意に達しなかったのにひきかえ、「個人的なやり取りをした」ペアで交渉が決裂したのは、わずか六パーセントでした。さらに、交渉成功のもう一つの指標として、ペアが妥協点を見出したケースでその合意事項、つまり各参加者の取引金額の合計を調べたところ、個人的やり取りをしたグループのほうが、そうでないグループよりも一八パーセントも高かったのです。要するに、交渉相手同士が個人的な側面について知り合う時間を取ることによって、双方で分け合うパイを大きくすることができるわけです。

こうした実験から、交渉においてEコミュニケーションが果たす役割についてはある程度分かりますが、直接的な説得、つまり、ある考えや問題に関する誰かの見方を変えようとする場合はどうでしょうか。著者の一人が主任研究者のロザンナ・グアダーニョと行った実験では、この疑問が取り上げられました。実験参加者には、大学の問題について、もう一人の参加者と対面またはEメールを使って一対一で話し合うよう指示したのですが、実はその相手方には研究助手がなりすましていました。あらかじめ用意された台本に従って、助手は本物の実験参加者に対して、大学に総合試験方式を導入することに賛成するよう説得しました。この制度が導入されると、出題範囲の広い長くて難しい試験に合格しないかぎり学位を取得できなくなります。これほど学生の意見が一致しやすい問題を他に探すのは難しいといえるでしょう。一部のインテリぶった学生を除けば、総合試験の導入に賛成かと尋ねるのは、飲酒可能年齢を二十歳から二十五歳に引き上げるのに賛成かと尋ねるのと一緒です。当初、学生はほぼ全員が総合試験に反対していましたが、賛成の方向に説得できなくはないことが分かりました。しかし、説得のメッセージが面と向かって伝えられるか、Eメールで伝えられるかで、違いが出るでしょうか。

答えは、参加者の性別によって異なります。女性は男性と比べると一般的に同性との密接な関係作りを重視しますし、また、直接会うことでこのプロセスが促進されるので、同性同士の場合には、女性はEメールよりも対面のほうが説得されやすく、一方男性ではコミュニケーションの形による差はあまり出ないことが予測されました。実際の結果もほぼこのとおりで、女性は対面だと説得されやすく、男性はコミュニケーション手段による違いはありませんでした。残念ながら、異性同士の場合の説得力の違いについては実験しなかったのですが、異性間の説得となると、きっとこの本とは全く別の種類の本が扱う話題になるはずです。

ここまで、個人的な関係を築き維持していくうえで、オンラインのコミュニケーションのある側面が障害となりうるという点を見てきました。説得に関しては、Eコミュニケーションにはもう一つ弱点があります。それは、誤解が起きやすいという点です。残念ながら、世界中のどんなに強力な議論や効果的な説得術も、受け手がメッセージそのものやその裏にある意図、あるいは悪くするとその両方を誤解してしまったら、何の役にも立ちません。

行動科学者のジャスティン・クルーガーらが行った研究は、Eメールで誤解が起きやすい理由を説明してくれます。メッセージの内容が曖昧な場合には、一般的には声の抑揚や身振りが本当の意味を伝えるうえで重要な役割を果たしているのですが、Eメールにはこうした非言語的な手掛かりがありません。たとえば、仲間から送られた業者契約に関するメールに対して、あなたが「まさしく最重要事項だ」と返信したとします。あなた自身には全く悪意がなくても、過去にあなたが業者契約を重視するのに反対したことがあったとしたら、その同僚はこの返信を当てこすりだと受け取るかもしれません。もちろん、直接会って話をしていれば、声の調子や表情、身振りから、そうでないことははっきりしたはずです。この点だけでも、Eメールによるコミュニケーションには問題があるのですが、クルーガーたちはさらに大きな危険を指摘しています。それは、送信者が自分のメッセージが誤解される可能性にほとんど気づいていないということです。送信者はメッセージを作るときには自分の意図を完全に理解しているため、往々にして受信者もそうだと思い込んでしまうのです。

研究者たちがこの仮説を検証するために行った実験の一つでは、参加者はペアを組んで、一方がメッセージの送り手、もう一方が受け手の役になりました。送り手の役割は、嫌み、真面目さ、怒り、悲しみという感情（調子）のうちの一つが、受け手にはっきり伝わるようなメッセージを作ることでした。さらに、実験参加者は、Eメール、声のみ、対面の三つのコミュニケーション方法のどれかに無作為に割り振られました。いずれの条件でも、送り手からメッセージが伝えられた後、受け手には、送り手がどの感情を込めていたかを推測してもらいました。また、送り手にはメッセージを送る前に、自分のメッセージを受け手が正しく判断できると思うか予測してもらいました。

その結果、すべての実験条件で、送り手は受け手がメッセージの調子をどれくらい正しく解釈できるかという点について過大評価していましたが、受け手の判断と最も差が大きかったのはＥメールを使ったグループでした。具体的には、いずれのグループでも、受け手は約八九パーセントの割合で正しく当てるだろうと送り手は予測していました。ところが実際には、声のみと対面のグループの正解率は七四パーセントでしたが、Ｅメールのグループの正解率は六三パーセントに留まったのです。この実験結果は、文字によるコミュニケーションでは、受け手は送り手の声の抑揚を聞くことができないため、メッセージの解釈が難しいということを示しています。

こうした実験は、互いに無関係な他人同士で行われるのだから、結果がこうなるのは当然だと考える人もいるでしょう。では、親しい友人同士ならば、互いのＥメールの調子をより正しく解釈できるのでしょうか。実は研究者たちも同じことを考えました。しかし意外にも、結果は他人同士で行われた実験と同じだったのです。親しい人同士でも、文字によるコミュニケーションではなかなか理解し合えないという事実がある以上、親友があなたのＥメールを完全に理解していると思い込むのは危険です。もちろん、録音または録画データつきのメッセージの場合は別です。

それでは、メッセージの送り手はこの危険にどう対処すればいいでしょうか。「顔文字」と呼ばれる、感情を絵文字風に表した顔のマークを使うという手があります（たとえば、「:-)」）。しかし、顔文字が文章の他の部分に紛れ込んでしまったり、結局は分かりづらかったりして、さらに混乱を招くこともあります。Eメールを完全に廃止して、電話をするか直接会うことにしたらどうでしょうか。でも、U・S・セルラー社のように週一回ならなんとかなるかもしれませんが、いつでもそうするだけの時間と余裕があるとは限りません。

解決の可能性を探るため、誤解が生まれる大きな理由の一つに立ち戻って考えてみましょう。先ほど少し触れたように、送り手は自分が伝えるメッセージの意図を正確に知っていますが、受け手の立場になって考えることはそのままでは難しいのです。この論拠に基づいて、研究者たちは別の実験を行い、メッセージが意図したとおりに理解されるはずだという送り手の過信を防ぐことができるかどうか試しました。この実験は、少し前に紹介した、メッセージの調子を当てる実験とおおまかには同じで、以下の点だけに違いがありました。まず、参加者全員がEメールだけを使って互いにコミュニケーションを取りました。次に、一部の参加者は、自分のメッセージがどれくらい誤解される可能性があるかを検討するための教示を与えられました。その結果、この参加者グループでは、自分の意図どおりにメッセージが理解されるかどうかの予測がより正確だったことが分かりました。

では、どうすればより効果的にEコミュニケーションを行い、それによってオンラインの説得技術を向上させることができるでしょうか。重要な事柄についてEメールを送る前には、受け手に誤解されそうな点はないか注意しながらメッセージを読み直す時間を取り、自分の意図を明確に伝えるために修正を加えられるようにするのが賢明です。言い換えると、「送信」ボタンを押して後戻りできなくなる前に、スペルチェックや文法チェックの機能を使ってメッセージを整えるように、受け手の立場から眺める「視点転換チェック」機能を使えたら、誤解を減らせるだろうということです。ビル・ゲイツさん、これを読んでいても遅いですよ、もう特許を取るところですから。

最後に、たとえメッセージの受信者が完全にあなたの意図を理解したとしても、必ずしも頼みを聞いてくれるとも、求めた援助をしてくれるとも限らないという点について、念を押しておきます。一つ例を挙げると、知り合いのある医師が、結婚式に出席できるようシフトを替わってくれる人を探すのに苦労したことがありました。彼は大変感じがよく、とても尊敬されていましたし、過去に何度か同僚のシフトを替わってあげたこともあったので、一見するとそれはおかしな話でした。けれども、彼が具体的にどうやって同僚に頼んだのかを聞くと、すぐに問題点が分かりました。彼は数多くの宛先を入れた同報メールでお願いをしたため、全員に他の受信者の名前が分かってしまっていたのです。

この方法の問題点は、いわゆる「責任の分散」を生むことです。全員にお願いするような形で同報メールを送ったせいで、誰も個人的に手助けをする責任があるとは感じずに、つまり、たぶん全員がリストのなかの誰か他の人が引き受けるだろうと考えたのです。責任の分散を示す古典的な実験で、社会心理学者のジョン・ダーリーとビブ・ラタネは、一人の学生がてんかんの発作を起こしたように見える状況を設定しました。そこに居合わせたのが一人だけだった場合、約八五パーセントがその学生を助けようとしました。ところが、居合わせたのが五人で、それぞれが別々の部屋におり、学生が手助けを受けているかどうか分からないという状況では、三一パーセントの人しか助けようとしませんでした。

それでは、先ほどの医師は、誰かが交代を申し出てくれる可能性を高めるにはどうすればよかったのでしょうか。時間があれば、イエスと言ってくれそうな人たち、たとえば以前に彼がシフトを替わってあげた人たちを選び出して、直接頼むか、お願いのEメールを個別に出せばよかったのです。何かの事情でそれが無理なら、少なくとも、他の受信者には何人がお願いされたのか分からないように、ＢＣＣの機能（受信者の名前を伏せた状態で、複数の人に同時にメールを送信できる）を使って同報メールを送るという手もあったはずです。

ここまで、従来のコミュニケーション方法とは対照的に、Eメールを使うことによって、人とコミュニケーションしたり人に影響を与えたりするプロセスに、どのような違いが出てくるのかを見てきました。それでは、電子的な通信手段を使った説得の他の側面はどうなのでしょうか。たとえば、事業用ウェブサイトのデザインの仕方に、心理学の研究はどんな関係があるのでしょうか。まずは実例を挙げましょう。

ある日、あなたはこの本を読み終わって、同じ本をあともう二冊、つまり一冊は家に、一冊は会社に、あと一冊は緊急用に車に置いておくため、買い足そうと決めたとします。

近くの書店で、棚にちょうど残っていた二冊をレジに持っていったところで、店員の一言に驚かされます。「本当に、当店でお買いいただけるんですか」と聞かれたからです。「当店の値段もかなり安いのですが、通りのすぐ先の店ではさらに一五パーセントほど安く売っています。よろしければ、道順をお教えしますが」。こんな顧客サービスをしていて、よくその店がやっていけるものだと思うことでしょう。

この例はいささかばかばかしく聞こえるかもしれませんが、企業のなかには、この一見自殺行為とも思えるような方法を取り入れているところがあります。たとえば、全米第三位の自動車保険会社、プログレッシブ社を見てみましょう。同社は常に競合他社にはない革新性を誇りとしており、それは一九九五年に大手保険会社としては世界で初めてウェフサイトを立ち上げたことからも分かります。それから一年後には、そのウェブサイトで、同社の保険料率だけでなく他の主要なライバル会社の料率も調べられるようになっていました。今日、同社のホームページには「レート・ティッカー」と呼ばれる機能まであり、このウェブサイトで利用者が行った直近の料率比較検索の結果が、リストとなって自動的にスクロール表示されています。プログレッシブ社は、明らかにそうした検索結果のうちの多くで他社より安い料率を提示していますが、そうでないこともあります。たとえば、この文章を書く一分前に調べたときには、米ウィスコンシン州のCさんは、同社のライバルと契約すれば自分のトヨタ車の保険料を年に約九百四十二ドル（約九万四千円）節約できることが示されていました。

いったい、プログレッシブ社はこの方法で顧客増を確実にしているのでしょうか、それとも、自らの消滅を確実にしているのでしょうか。この新手法を導入して以来、年平均一七パーセントという驚異的な成長を遂げ、三十四億ドル（約三千四百億円）から百四十億ドル（約一兆四千億円）へと保険料収入が増加したことからすると、効果があるのは明らかです。バレリー・トリフツとジェラルド・

ホイブルが行った研究が、その理由を教えてくれます。

彼らの実験では、参加者に、大学がオンライン書店数社のうちの一つとジョイントベンチャーの立ち上げを検討中だということが伝えられました。参加者の仕事は、リストに挙げられた本をオンライン検索して、書店数社のそれぞれの価格を比較し、どこから買うべきか決めるというものでした。重要な点は、参加者のうち半数は、ある書店のウェブサイト上の、その会社だけでなく他社の販売価格も表示できる機能が利用できた一方、残りの半数の参加者はこの価格比較機能を利用できなかったことです。研究者たちは、その書店の市場における位置づけにも変化をもたせました。つまり、ある参加者グループはこの書店の販売価格は平均すると他より低いとみなし、別のグループはやや高めだとみなし、もう一つのグループは他とほぼ同じだとみなすように、設定を変えたのです。

この結果で、プログレッシブ社方式の効果は裏づけられたでしょうか。だいたいにおいては裏づけられましたが、その効果は市場での位置づけという重要な要因に左右されるという点に注意が必要です。プログレッシブ社方式の書店が提示した販売価格が、明白に、かつ一貫して、他の書店よりも低い、または高い場合は、価格比較機能が利用できたかどうかは、全く結果に影響しませんでした。けれども、その書店の本の販売価格が、他よりもあるときは高く、あるときは低いという場合、要するに、現実のビジネス環境に大変近い場合は、価格比較機能が使えたかどうかで差が出ました。この場合は、このプログレッシブ社方式の書店で本を買うと答えた参加者が多かったのです。結局は、すでに本書で取り上げたように、不正直な人や組織は自己の利益に反することにはまず触れないわけですから、この方式だと信頼感が増すのに加えて、価格比較を一カ所で行って時間と手間を省けるために、消費者からの評価が高まるのです。

つまりは、最初の書店のシナリオに戻って考えると、この実験結果とプログレッシブ社の現在までの成功を見れば、潜在顧客に競合他社の提示価格の情報を提供する企業は、たまには敗れることもあるとはいえ、価格競争を勝ち抜ける態勢にあるのは明らかです。

オンラインの価格比較機能に関する研究からは、事業用ウェブサイト上の要素にどんな工夫をすれば、潜在顧客にサービスの利用を促すことができるかが分かります。では、ウェブページのなかに、あまりあからさまでなく消費者の行動に影響を与えられる要素はあるでしょうか。実は、ウェブページの背景のように目立たないものでも、潜在顧客をただの閲覧者から購買者に変えることができるのです。

消費者の研究に携わっているネオーミ・マンデルとエリック・ジョンソンが次のような実験を行っています。参加者はあるウェブサイトの仮想オンラインストアのページにアクセスし、二つのソファのどちらかを選ぶように指示されました。片方のソファはとても座り心地がいいけれども高価で、もう一方は快適さはそこそこだけれども値段は手頃だというふうに紹介されていました。研究者たちは、ウェブページの背景にも変化をつけ、参加者の決断を節約または快適さのどちらかに傾けようとしました。背景の選択にあたっては、以前に行った研究のデータを参考にしました。それは、参加者に二種類の異なる背景を使ったソファのコマーシャルを見せた実験で、一つは緑の地に一セント硬貨

（約一円）がいくつも描かれたもの、もう一つは青い地にふわふわの雲が描かれたものでした。この実験では、参加者にソファを買う際に重視するのは何か尋ねたのですが、一セント硬貨が背景になっているほうを見たグループは価格を重視する割合が高く、雲の背景のほうを見たグループは快適さを重視する割合が高くなりました。

こうした予備段階の結果に基づき、マンデルとジョンソンは、参加者はソファを買う場合には、雲の背景を使っているオンラインストアでは、座り心地がいいほうの（価格は高い）商品を選ぶ可能性が高く、一セント硬貨の背景を使っているオンラインストアでは、その逆になるのではないかと考えました。実験の結果は、まさにそのとおりでした。このことは、一つの種類の商品だけに当てはまるわけではありません。たとえば、背景が自動車事故の炎を連想させる赤とオレンジ色のときには、安全性の低い（低価格の）車よりも、安全性の高い（高価な）車を選ぶ参加者が多かったのです。

これらの結果について特に注目されるのは、こうした手掛かりが人の行動に及ぼす影響がいかに強力で、しかも目立たないかという点です。実際、いずれの実験でも、参加者たちは自分の選択にウェブページの背景は全く関係ないと主張しました。しかし、すでに明らかなように、そうした見方はまるで現実を無視したものです。

この話で特に重要なのは、背景に使われる映像など、ウェブサイト上の特定の要素が、考えられているよりも実はずっと大きな影響を消費者の行動に与えていることです。研究からは、ウェブサイトの背景やその他の映像を考える際には、商品やサービスの長所に基づいて戦略的に選択すべきだということが分かります。言い換えれば、ウェブサイトの背景を慎重に選ぶことによって、商品の長所を、そしておそらく企業自体の長所も、前面に押し出すことができるのです。

国際化の影響

「はい」「ハオ」「ダー」「ヤー」「シ」「ウィ」。どこの国の出身かによって、「イエス」の言い方もさまざまですが、それでは、相手の文化的な背景によって、「イエス」と言ってもらうための説得方法も変えなくてはならないのでしょうか。それとも、相手がどこの出身だろうと、一つのやり方で等しく効果が上がるのでしょうか。社会的影響力の基本原理や本書で取り上げた多くの方法は、どんな文化においても強力な説得力を発揮しますが、最近の研究では、有効な説得方法は、説得する相手の文化的な背景によって微妙に違うことが示されています。そうした違いは規範や習慣の差によるもので、それによって、説得のメッセージで重視する点が社会ごとに違うのです。

例を挙げると、マイケル・モリスらによる研究に、世界最大級の多国籍金融機関であるシティバンクの従業員を対象に実施したものがあります。彼らは、アメリカ、ドイツ、スペイン、中国（香港）の四カ国にあるシティバンクの支店の従業員が、同僚から仕事で助けを求められた場合に、どのくらい進んで引き受けようとするかを調べました。結果を見ると、回答者に影響を与えた要因の多くは各国共通でしたが、国によって違うものもありました。

たとえば、アメリカの従業員は、たいてい直接的な返報性に基づいて対応しました。アメリカ人は

「この人は自分に何をしてくれたか」と考え、相手に恩義がある場合には頼みを引き受けなければならないと感じたのです。一方、ドイツでは、その依頼が組織のルールに反しないかどうかという点が最も大きく影響しました。つまり「職務上の規定や区分に照らして、この人を助けるべきか」によって対応が決まったのです。スペインでは、身分や地位にかかわらず、自分の友人への忠誠を重視するという友情関係の規範が、主な判断基準でした。スペイン人が問題にしたのは「この人は自分の友人とつながりがあるか」という点です。中国では、自分の身近なグループ内で高位にある人への忠誠という形で、権威が最も重視されました。中国人は「この人は自分の部署の誰か、特に上級職とつながりがあるか」と考えたのです。

モリスらが指摘しているように、この結果から実用面で重要な示唆がいくつか得られます。一つ挙げると、ビジネスのうえで業務、方針、組織構成などをある文化環境から別の文化環境へ移し替える場合には、新しい環境における社会的責任の規範に注意する必要があります。さもないと、ある社会ではなめらかに動いていた組織が別の社会ではぽんこつになる恐れがあります。

この結果はまた、管理職がある文化環境から別の文化環境に異動した場合にも、支店の人たちの協力を確実に得るためには、対応の仕方を変えなくてはならない可能性があることを示しています。たとえば、ミュンヘン（ドイツ）からマドリード（スペイン）に転勤になったマネージャーは、新しい職場で協力を得るには個人的な友情関係を築くことが大変重要だと気づくでしょう。逆の異動をした場合は、たとえば、何かの書類手続きを省くように同僚に頼むなど、前の職場では許されていたことでも、組織の正式なガイドラインから外れる要請は、新しい職場では不適切とみなされることが分かるはずです。

シティバンクの調査で取り上げられた四つの文化は、心理学的に見ていくつか重要な点で違いがあるのですが、社会的影響力に関する研究の面からは、特に個人主義と集団主義の違いが注目に値します。簡単にいうと、個人主義とは個人の選択や権利を最優先とする考え方で、一方、集団主義はグループとしての選択や権利を最優先させる考え方です。いささか単純化しすぎではありますが、個人主義的な文化は私（me）を中心に置き、集団主義的な文化は私たち（we）を中心に置くといえます。アメリカ、イギリス、他の西欧諸国などでは個人主義的な傾向が強く、対照的に、国際的なビジネスにおいて近年成長著しい、アジア、南米、アフリカ、東欧などを含むその他の国々では、集団主義的な傾向が強く見られます。

研究者のサン－ピル・ハンとシャロン・シャビットは、こうした異なる文化的傾向が、マーケティングの世界では説得力にどう関係するのかを調べることにしました。彼らは、集団主義的な文化では、商品の特長のうち、消費者の属するグループのメンバー（友人、家族、同僚など）にとって有益な点を強調した広告のほうが、消費者個人にとって有益な点に的を絞った広告より、効果が高いだろうと予測しました。また、この点は、エアコンや歯磨きなど、人と共用することが多い商品の場合に、特に当てはまると考えました。

ハンとシャビットは、まず自説を裏づけるために、アメリカと韓国で人気とジャンルの点でほぼ同じ雑誌を二冊ずつ選びました。次に、そこから無作為に広告を選び出し、それぞれの国の人と訓練を受けた、英語と韓国語の両方を理解できる人に、そうした広告は自分にとっての商品の有益さを訴えているのか、グループにとっての有益さを訴えているのか、その程度を判断してもらいました。その結果、アメリカの広告は韓国のものよりも、特に人と共用する商品で比べた場合には、いかに個人に役立つ商品かという点に的を絞っていることが分かりました。アメリカの広告は、読者の個性（「ユニークでいるための技」など）、自己改善の意欲（「あなたなら、もっと素敵になれる」など）、個人の目標（「この新しい装いなら、新しい役割にも自信がもてる」など）に訴える傾向がありました。一方、韓国の広告は、グループに対する読者の責任感（「もっと生き生き家族を支えるには」など）、グループを向上させようという意欲（「家族も家具選びに賛成」など）に訴えるものが多かったのです。

以上のことから、広告のなかの説得メッセージは、各社会の文化的傾向に基づいて、異なる購買動機をターゲットにしていることが確かめられたわけですが、その次に、研究者たちは心理学の観点からさらに重要な問題に取り組みました。それは、集団主義的、あるいは個人主義的な傾向のメッセージは、実際にそれぞれの文化において説得力があるのか、という問題です。結局のところ、「はじめに」で取り上げたように、マーケティング担当者が特定のメッセージが最も効果的なはずだと考えたからといって、単純にそのとおりになるとは限らないのです。

この疑問に答えるために、ハンとシャビットはさまざまな商品について、個人主義的なものと集団主義的なものの二種類の広告を作りました。たとえば、チューインガムの広告で個人主義的なものは、「爽やかな息、あなたもこの素敵な体験をぜひ」といった具合です。このメッセージは、爽やかな息は消費者個人にのみメリットがあると強調している点に注目してください。とはいえ、人の息が本人だけの問題ではなく周囲にも影響があることは誰でも知っています。そこで、集団主義的な広告では「爽やかな息、この体験を分かち合いましょう」と訴えました（もちろん、これらの広告はアメリカの実験参加者には英語で、韓国の実験参加者には韓国語で見せられました）。

その結果、韓国の参加者は個人主義的な広告より集団主義的な広告に説得されやすく、アメリカの参加者はその逆になりました。また、先の調査と同様、人と共用することが多い商品については、特にこの傾向が強く見られました。ですから、もし一つの方法をどの国の広告キャンペーンでも使おうとするマーケティング担当者がいたら、再考を促すべきでしょう。こうしたキャンペーンは、実施される社会の文化的傾向に合わせて調整する必要があるのです。それがうまくできるかどうかで、国民全体の「息」が変わってくるかもしれません。

ハンとシャビットの研究からは、個人主義的な文化においては、自分自身の経験が大きな意味をもつのに対し、集団主義的な文化においては、自分の親しい人々の経験が重要視されることが分かります。では、こうした文化的な違いによって、社会的影響力の根本原理のどれに重きを置くかが違ってくるでしょうか。

この疑問に答えるために、まず一つの例を見てみましょう。最も個人主義的な国であるアメリカの、最も個人主義的なスポーツであるゴルフを代表するこの人ほど、個人主義的な文化における傾向を描写する例としてふさわしい人はいません。アメリカの伝説的なゴルファー、ジャック・ニクラウスです。彼は、数年前、幼い孫に死なれるという悲痛な経験をしました。その数日後、ニクラウスはインタビューで、ゴルフ界の最も名誉あるトーナメントであるマスターズに自分が出場する見込みは「ほとんどない」と明言しました。ところが、大勢が驚いたことには、間近に迫っていたその他の二試合には出場すると述べたのです。そのような悲劇に見舞われて嘆きの淵にいる彼を、試合に出場する気にさせたほど強力な要因とはいったい何だったのでしょう。

実は、ニクラウスは孫を亡くす前に、それら二試合への参加を約束していたのでした。「一度約束したことは、絶対に守らなくてはならない」というのが彼の言です。すでに見てきたように、自分のコミットメントと一貫性を保たねばならないという気持ちは、人の行動に大きな影響を与えます。はたして、この気持ちは文化にかかわらず同じ強さで働くのでしょうか。他の条件が同じであれば、別の文化的背景をもつゴルファーでも、これと同じ状況で自分の過去の行動やコミットメントに拘束されるのでしょうか。

この問いを解明するために、著者の一人がペティア・ペトローバおよびスティーブン・シルズとともに行った実験を見てみましょう。この実験では、アメリカ生まれの学生とアジアからの留学生に、あるオンラインの調査票への回答をお願いするEメールを送りました。その一カ月後に、各学生に対し再度Eメールを送って、最初の調査に関連したもう一つの調査票へ協力してほしいと頼んだのですが、今回は前回の二倍の時間がかかるかもしれないと告げました。

さて、どんなことが分かったでしょうか。まず、アメリカ人学生はアジア人留学生より最初の依頼に応じた割合がやや少なかったことが分かりました。しかし、最初の依頼に応じた学生のなかで二番目の依頼にも応じたのは、アメリカ人学生（約二二パーセント）のほうが、アジア人留学生（約一〇パーセント）よりも多かったのです。別の言い方をすれば、アジア人よりもアメリカ人のほうが、最初のお願いへの同意が、次のお願いへの同意に強い影響を与えたということです。

いったいなぜでしょうか。おそらく、もう一つの実験が、この厄介な疑問を解くヒントを与えてくれます。著者の一人が仲間と行ったこの実験では、アメリカ人学生に無報酬のマーケティング調査への協力を依頼したのですが、その結果、自分が前にそうした依頼に応じたかどうかという点、つまり、先行するコミットメントのほうが、自分の仲間が前に同意したかどうかという点よりも、大きな影響力をもつことが分かりました。それにひきかえ、集団主義的な傾向の強いポーランドでは、まさに正反対の結果が出ました。ポーランドでは、学生の同意を促す動機づけとしては、自分の仲間のグループが過去にどう行動したかのほうが、自分の過去の行動よりも強力だったのです。

こうした点は、主に個人主義と集団主義という文化的差異によるものです。個人主義的な文化では、個人の経験が重視されるため、自分の以前の経験と一貫性を保つということが、強力な動機づけになるわけです。反対に、集団主義的な文化では、自分の親しい人たちの経験が重視されるため、そうした人たちの行動が動機づけとして強く働く傾向があります。要するに、イギリス人、アメリカ人、カナダ人に何かを頼むときには、その依頼に応じることは相手の以前の行動と一致すると指摘すれば、うまくいく可能性が高いわけです。けれども集団主義的な国の出身者に依頼するならば、その人の仲間のグループの以前の行動と一致するという点を指摘するほうが効果的です。

具体的な例として、あなたの会社が東欧のある会社と過去二年間にわたり、順調にビジネスを進めてきたと仮定します。その間、東欧の取引相手に、最新のマーケット情報の提供をたびたび求めなくてはなりませんでした。主な連絡相手であるスワベクとその同僚たちは、いつも熱心に手助けしてくれました。さて、あなたは再度最新情報が必要となり、電話でこう依頼します。「スワベクさん、これまでいつも助けてくれましたよね。今回も最新情報をよろしくお願いしますよ」。でも、これでは失敗です。実験の結果によれば、こう言ったほうがずっとうまくいったはずです。「スワベクさん、これまであなたも同僚の皆さんも、いつも助けてくれましたよね。今回も最新情報をよろしくお願いしますよ」。イギリス人や、西欧人、あるいは北米人にありがちな間違いは、個人的な一貫性の原理、つまり、自分の以前の行動に基づいてどうすべきかを決めることを、誰でも好むと思い込むことです。しかし、実験で示されたとおり、多くの集団主義的な国々では、個人的な一貫性よりも、社会的証明の原理、つまり、属しているグループの以前の行動のほうが重要なのです。

集団主義と個人主義の文化では、コミュニケーションの二つの中心的な機能のうち、どちらを重視するかも異なっています。簡単にいうと、コミュニケーションには第一に情報的機能、すなわち、人に情報を伝える働きがあります。二つ目のあまり目立たないほうの機能は、関係的、すなわち、人と関係を築いて維持するという働きです。どのような文化でも両方が大切なのは明らかですが、研究者の宮本百合とノーバート・シュワルツは、個人主義的文化ではコミュニケーションの情報的機能に重点を置くのに対し、集団主義的文化では関係的機能に重点を置くと説明しています。

文化的な差異はコミュニケーションにまつわるさまざまな問題に関係していますが、宮本とシュワルツは、家庭や職場の日々の生活でよく見られるコミュニケーションの一形態、つまり、留守番電話にメッセージを残すという行為について調べました。研究者たちは、日本人には集団主義的な傾向があり、人間関係の構築と維持を重視することから、やや面倒なことをお願いするメッセージを留守番電話に残すのは苦手なのではないかと考えました。日本人はアメリカ人よりも、自分の発したメッセージが相手との関係に与える影響を気にするので、相手の反応が分からない状況でメッセージを伝えるのは、精神的な疲労感を伴うのではないかというのです。この仮説を検証するために、宮本とシュワルツは、アメリカ人と日本人の実験参加者に、相手に手助けを求めるやや込み入ったお願いを、留守番電話に母国語で残してもらいました。その結果、アメリカ人はずばり情報の核心に触れる話し方をしたのに対し、日本人は、受け手との関係に対する影響を心配してか、メッセージを残すのにより長い時間がかかりました。

研究者たちはまた、日米の被験者の留守番電話の利用の仕方についても調べました。アメリカ人は録音制限時間のおよそ半分のところで受話器を置くのに対し、日本人はなんと八五パーセントのところまで使うという回答結果でした。また、この点は先の研究結果に関する説明と一致していたのですが、留守番電話の一番嫌いなところは何かという質問に対し、日本人はアメリカ人よりも関係的理由

（「留守番電話では個人的な親しさを表しにくい」など）を挙げる人が多く、逆にアメリカ人は情報的理由（「メッセージをチェックしない人がいる」など）を挙げる人が多くなりました。

こうした点からは、職場の内外で人に影響を与える方法に関して、どのようなことが分かるでしょうか。すでに触れたように、人間関係は説得する際の鍵となる要素ですが、この点は集団主義的な傾向のある国の人たちには、特によく当てはまります。メッセージを残す場合に、特に個人主義的な文化をもつ国の人たちは、メッセージの受け手との関係は無視して、効率的に情報伝達することにばかり気をとらわれてしまいがちです。しかし、集団主義的な文化をもつ国の人たちに対応する際には、人間関係、とりわけ本当の意味での共通点に関心を向けることが重要なのです。

同じことは会話にも当てはまります。宮本とシュワルツは、日本人はアメリカ人よりも会話のなかで頻繁に相手に相づちを打つ（「そうですか」「はい」など）という研究に基づき、日本人にとっては、アメリカ人と話をするのは留守番電話に話すのとやや似ているのではないかと考えました。この説は、日本人の研究参加者は留守番電話が嫌いな理由として「何の反応もないので話しにくい」と答えた率が高かったという別の調査の結果とも符合します。集団主義的な文化の人と話すときには、必ず相づちを挟むようにして、伝えようとしている情報と同じくらい、お互いの関係にも注意を払っていると示す必要があるのです。

つまり、「留守番電話をセットしておけばいい」と考えるのは、相手が集団主義的な文化背景をもつ人の場合には、背信的な行為になりかねないわけです。最悪でも互いに電話をかけ合う「追いかけっこ」になるだけだと思ってたかをくくっていると、気づいたらいつの間にか自分一人になっていた、ということもありうるのです。

倫理的な影響力

本書はここまで、説得の道具箱の中身になぞらえて、社会的影響力の戦略を解説してきました。建設的な働きをする道具とすることこそが、こうした戦略の正しい使い方です。信頼の置ける人間関係を築き、メッセージや提案や商品がもつ真価を際立たせ、そして最終的には関係者全員にとって最も利益となるような成果を得るために、役立ててほしいと思います。逆にそれらの道具を倫理に反して武器として使ったら、たとえば、社会的影響力の原理をふつうはありえない状況に不正に、または故意にもち込んだら、たとえ短期的には利益が得られたとしても、長期的には必ずと言っていいほど損害を被ることになります。説得の戦略を不正に使用しても、根拠の薄弱な議論に説き伏せられたり、だまされて不良品を買ったりする人はいるでしょうから、短期的にはうまくいくこともありますが、一度そうした不正が露見したら、長期的には評判が地に落ちる結果となります。

避けるべきなのは、説得の道具の不正使用ばかりではありません。本書で紹介した道具を相手の弱みにつけこんで使う場合にも、危険がついて回ります。例を挙げると、二〇〇〇年の春、イギリスは深刻な危機のただなかにありました。国中いたるところで、経営者は絶望の叫びを上げ、学校には人がいなくなり、店の客足は途絶え、公共サービスは崩壊寸前でした。その理由は、ガソリンがなくなったことです。実際には、この表現は部分的にしか正しくありません。ガソリンはあるところにはたくさんあったのです。しかし、小売価格の高騰に憤慨した人たちが抗議のために多くの石油精製所を封鎖してしまったために、ガソリンスタンドへの供給が断たれてしまっていました。

ガソリン不足の影響はすぐに現れました。何万人もの人が、ガソリンスタンドの外に列を作りました。事態が悪化し始めるにつれ、運転する人の行動に変化が現れました。新聞も、ラジオやテレビも、車の運転手が列に並んでガソリンを入れ、数キロ走るとまたガソリンを満たんにするために別の行列に並ぶ姿を取り上げました。なかには、封鎖をくぐり抜けて出荷されたわずかなガソリンにありつく幸運を期待して、スタンドの給油場に駐車して夜明かしする人もいました。これなどはまさに、希少性の威力を示す実例です。

ガソリン不足が頂点に達したころ、あるガソリンスタンドに待望のガソリンが届きました。その数キロ四方でガソリンが供給されたのはそのスタンドだけだったため、情報はあっという間に広まりました。商魂たくましいビジネスマンだったそのスタンドのオーナーは、ガソリンを求める長蛇の列を眺めて自分が特殊な立場にいることに気づき、当然と言うべきか、その状況に乗じてガソリンを値上げしました。しかし、それはちょっとやそっとの額ではなく、なんと十倍に値上げして一リットル六ポンド（約九百円）以上の値段で売ったのです。

不満に思いつつも相変わらずガソリンを渇望していた人たちは皆、その法外な値段に従わざるをえませんでした。彼らは怒りを覚えながらも、どんなガソリンだろうとにかく手に入れようと、大挙して列を作ったのです。わずか数時間で、ガソリンスタンドのタンクは最後の一滴まで空になり、オーナーは普段の二週間分の利益をたった一日で稼ぎ出しました。

しかし、二週間後に危機が去ったときに、彼の商売はどうなったでしょうか。一言でいうと、悲惨な結末でした。ガソリンが少ないことにつけこんで、必死の思いの人たちに信じられないほど高い値段を押しつけたことにより、目先の利益は上がりましたが、長い目で見ると完全な大損でした。人々は、彼のガソリンスタンドには行かなくなったのです。なかには、そのオーナーの行為を、友人や隣人、同僚にわざわざ知らせた人もいました。彼はほぼすべての顧客を失い、あっという間に評判はがた落ちとなって、スタンドをたたまざるをえませんでした。この例は、信義にもとる行為をする人が信用回復を図るのはほぼ不可能だということを示す多くの研究結果と完璧に一致します。

このオーナーが、説得の道具箱に揃っていた社会的影響力の効果を知ってさえいたら、きっとより良い、長期的に見てはるかに大きな利益が得られる選択肢を見つけていたでしょう。たとえば一つの方法としては、ガソリンを地元客や固定客に優先的に売ることにして、それは彼らが日頃ひいきにしてくれていることへの感謝の印だとはっきり示せばよかったのです。あるいは、看板を出して、危機に際して困っている人たちに高い値段をふっかけるような真似はしないと明言するという手もありました。そのように彼自身の自己利益（少なくとも、短期的な）を犠牲にすることにより、人々の目には彼は好ましく、寛大で、信頼できる人物だと映るようになって、きっと将来的には大きな見返りが得られたはずです。たとえ妥当な価格に据え置いただけだとしても、おそらく、人々は彼がそうした困難な状況に便乗しなかったことに感謝して、喜んで彼のスタンドをもっとひいきにしたことでしょう。

しかしある意味では、このスタンドのオーナーの行動も理解できなくはないのです。多くの場合、影響を与えられる側は、周囲の目まぐるしいペースのせいで迅速な決断を迫られますが、同じことが説得を行う側の立場にも当てはまります。最初に頭に浮かんでくる戦略が、とても倫理的とはいえないことがよくあります。しかし、今あなたは新しい道具箱を手に入れました。そこから可能になるあらゆる選択肢を検討するという努力を怠らなければ、誠実、公正、かつ持続的な方法で、相手をあなたの見解や商品や提案のほうに引き寄せることができるはずです。同時に、社会的影響力を道具としてではなく武器として使うという選択をした人は必ず自ら墓穴を掘る結果に終わることを忘れなければ、安心して倫理的な説得を貫くことができるはずです。

影響力の実例

本書では、科学的な見地から、影響力が働くプロセスについて多くの知見を取り上げてきました。精度の高い実験や研究によって、その効果が証明された影響戦略のみを紹介したつもりです。著者自身の直感や経験に基づいて提案することは入念に避け、逆に、膨大な数の社会的影響力と説得の研究をすべての拠り所としました。ですから、皆さんが誰かに影響を与えたり説得したりしようとするときにも、もう自分の直感や経験だけに頼る必要はないのです。自信をもってください、今や科学はあなたの味方です。

説得の科学を実践している人たちは、よく経験談を寄せてくれます。実にいろいろな職業の人がいて、勤務先はたとえば多国籍企業、行政機関、教育機関、あるいは自営業とさまざまですが、単に科学と説得力のつながりに興味があるという人もいます。次に紹介するのは、そうした人たちがどのように倫理的な方法で科学的な知見を応用し、説得力を身につけるのに役立てたかという例のほんの一部です。

◆**ニック・ポープ**（**ボシュロム社のヨーロッパ、中東、アフリカ地域販売研修部長**）

顧客との関係作りの一つの方法に、顧客を研修目的のプレゼンテーションやミーティングに招くというやり方があります。昨今、私たちの顧客にも、さまざまな企業からミーティングや講習会への誘いが山のように届いているらしく、当社のミーティングに出席予定だったのに結局はすっぽかす人が多いのも驚くことではありません。しかし、これは私たちのビジネスに重大な影響を及ぼすことにもなります。

そこで、私たちは、コミットメントと一貫性の原理を応用してみました。大切なミーティングに招待する前に、顧客に対して①関心をもっている特定のテーマを登録し、②それに関して自分が知りたいと思うことを質問にする、ということをお願いしました。

そして、顧客を招待する段階では、講演者や専門家がそうした質問にいくつか答える予定であることをはっきり伝えたのです。

自分の質問が公開フォーラムで取り上げられる（その顧客自身が質問することは了解済みです）という期待のおかげで、この原理を取り入れて以来、参加率が劇的に上昇しました。

◆**ダン・ノリス**（**テキサス州サンアントニオ市、ホールルト・ディベロップメント・サービシズ社研修部長**）

お客に景品を提供することは、プロスポーツの世界ではお決まりのことです。ポンポンつきの毛糸帽子、Tシャツ、無料チケットなどの景品を、私たち同様、多くのチームがファンを試合に誘い出すために使っています。当社のオーナーは、いくつかスポーツチームを所有していますが、その一つがホッケーのマイナーリーグ・チームです。

しばらくチケットの売り上げ低迷が続いたため、年間チケットを買った人たちに対して、販促用の景品の削減について伝えなくてはなりませんでした。いくつかのグループに分けて説明の機会を設けたのですが、最初のグループはこの知らせに非常に否定的な反応を示しました。彼らは、景品を贈り物としてではなく、当然もらえるものとみなしていました。私たちはうかつにも、彼らがもらえると期待していたまさにその対象が得られなくなる可能性に、注意を集めてしまったのです。その集会はあっという間に惨憺たるものとなり、多くのファンが怒って家に帰りました。

その後、私たちは別の方法がないか話し合い、返報性の原理を応用すれば、ことをもっと効果的に進められるかもしれないと考えました。次の集会は、ファンの人たちに過去数年間に提供してきたさまざまな景品を挙げてもらうことから始めました。ユニフォーム、無料チケット、サイン入りホッケースティックなどという声が上がりました。それに続いて、私たちはこう告げました。「今まで、これだけのものを皆さんにお配りできてよかったと思います。これからもそうしたいのはやまやまですが、チケットの売り上げが落ち込んでいて難しそうです。もっとたくさんのお客さんを試合に呼び込むために、何か私たちが一緒にできることがないでしょうか」。最初のグループとはあまりに違う反応でした。ファンの人たちは協力して友達や家族にもっと試合に来てもらう方法を考え、なかにはこんなふうに言ってくれた人までいました。「これまで私たちにしてくれたことを考えたら、少なくともこれくらいは当たり前です」。

◆ジョン・フィシャー（イギリス、プレストン在住）

私の妻は子ども服の製造・販売業を営んでいます。最初は、スタイルも生地の模様も数種類だけだったのですが、業績が伸びて新しい顧客が増えたため、スタイルも生地や模様も種類を増やして提供することに決めました。ところが、選択肢を増やすたびに必ず売り上げが減ることに気づいたのです。ほとんどの人と同じように、私たちも選択肢が多くなるのは良いことだと考えたのですが、顧客は品揃えが多いとあまり買わなくなるというのが、妻の得た結論です。

◆ブライアン・F・アハーン（オハイオ州コロンバス、ステイト・オート・インシュアランス・カンパニーズ）

私の職務の一つは、当社の加盟店となってくれる独立経営の保険代理店を新規募集することです。そのために、代理店の候補となる人たちに当社のことをよく知ってもらおうと、マーケティング資料を送付しています。ほとんどの人はそうした文書を読んでくれているとは思いますが、直接返信が届くことはまれです。しかし、希少性の原理について知ってから、私たちはずっとまさに目の前にあったチャンスを見逃していたことに気づきました。

当社は全州で事業展開しているわけではなく、また、営業地域における年間の新規代理店契約については、控えめな目標に留めています。それまでは、こうした事実や当社の現在の発展を、送付文書と結びつけて考えたことはありませんでした。希少性がどのように人を行動に駆り立てるかが分かってから、以下のような文言を文書の最後に入れることにしました。「毎年、当社では、新規代理店の選考について、限られた目標を設定しています。二〇〇六年は、事業を展開している二十八州で四十二代理店のみという枠を設け、これまでで三十五以上が契約済みです。年末までに、御社に残りの代理店の一つとして加わっていただけることを、心より願っております」。

違いはただちに現れました。数日のうちに、問い合わせが入り始めたのです。費用も販促キャンペーンもなし、商品やシステムの変更も不要でした。変更点は、真実を述べたわずか三行の追加だけです。

◆キャシー・フラニョーリ（レゾリューション・グループ、ダラスおよびサンディエゴ）

私は常勤の調停人となるために十三年前に業務を離れた弁護士です。私の仕事は、訴訟の関係当事者に会って、紛争解決の手助けをすることです。ほとんどの場合は、弁護士が当事者の代理を務めます。ふつう調停は、全当事者が一堂に会することから始まります。双方が自分の訴えを陳述してからそれぞれ別室に移り、調停人がそのあいだを行き来して、和解のためには冒頭に表明した立場を転換する必要があることを両者に理解させます。歩み寄りを促すために、それぞれの主張の強みと弱みについて、私が個人的な見方を示すこともよくあります。

説得の心理について読む前は、冒頭に双方が相手側にも聞こえるように金銭的な要求を述べることを認めていました。しかし、一貫性の原理のことを知ってからは、個別の面談に入るまで金銭面の要求や提示を控えるように双方に要請することにしました。大勢の前での公のコミットメントが譲歩の努力を妨げることに気づいたおかげで、私の和解達成率は劇的に上がりました。冒頭の要求を聞いていた人が多いほど、その立場から当事者を引き離すのは難しいことにすぐ気づいたのです。

◆ディル・シドゥ（ランベス・ロンドン特別区副事務総長代理）

私がここに着任したとき、特別区は業務、指導力、管理体制の改革といった大きな問題を抱え、大規模な再生計画が進行中でした。私は政府の監視諮問委員会に改革の内容とスピードを承認してもらうために、権威の原理（人は、優れた知識や見識の持ち主に、物事の対応の仕方に関する助言を仰ぐ）を使うことにしました。建て直しのために招請した人たちの資格を、彼らがそれまで業績改善に手腕を発揮してきた組織の名前とともに周知させるようにしたのです。小さなことですが、これは諮問委員会の態度に大きな変化をもたらし、おかげで再生への取り組みを進めやすくなりました。

◆クリスティ・ファーンボーク（オハイオ州ヒリアード市、ヒリアード市立学校）

私は学校債権政策キャンペーンにかかわった際に、社会的影響力の原理を試す機会がありました。私はオハイオ州で九番目に大きな学区に勤務していて、この学区では、三番目の高校と十四番目の小学校の建設資金調達のために、過去三回にわたり学校債権課税の承認を目指したことがありました。でも今まで、その試みは不成功に終わっていました。[†34] そこで私は、直近のキャンペーン（二〇〇六年二月～五月）で、説得の科学に基づいて新しい方法を試みることを提案しました。

まず、キャンペーンのスローガンに否定表現を用いて、「子どもたちはもう待てない」とすることに決めました。それまでは毎回肯定的な表現だったのですが（「子どもたちのために団結を」「明日を築くのは今日」など）、今回は正しい行動をする時間は限られているという危機感を伝えて、損失回避の

†34　アメリカの公立学校は、各学区の教育委員会が編成し、住民の投票により承認される予算案に基づいて運営される。

心理を突こうとしたのです。訴えたかったのは、今行動に移さなければ子どもたちに（そして地域社会にも）困難が降りかかるということです。また、地域での調査に基づいて三種類の分かりやすいキャンペーンメッセージを作り、それらを繰り返しはっきりと伝える（これは、その有効性が証明されている政治戦略です）ようにしました。さらに、「私と九人《マイン・プラス・ナイン》」と名づけた投票推進戦略を用いて、一万人を超える有権者のネットワーク作りを行いました。これは、電話調査を通じて最も協力してくれそうな有権者を割り出して千人のボランティアを集め、その人たちに、自分の友人や同僚九人に電話をかけるとともに投票日までの三週間にわたって支持要請を続けてもらうという作戦です。ボランティアの人たちには事情をよく知ってもらいました。多くのボランティアが前回は課税に反対票を投じた「転向組の説得部隊」でした。電話を受けた有権者は、学校関連の議案に賛成票を投じることを請け合うと、同時にその友人や同僚に責任を負うことになったわけです。投票日の終了時間直前まで念押しのお願いが続きました。他に、学区内の各地域に合わせてキャンペーン用はがきなども作りました。これも初めてのことでした。

私には、これらの方法が勝因だと科学的に証明することはできませんが、議案は大差で可決されました。私はこうした戦略がこの成功にとってかけがえのないものだったと信じていますから、これからもキャンペーンの際には活用するつもりです。

◆ティム・バチェラー（サリー郡、研修部長）

私がある大手製薬会社で研修部門のトップだったときに、四百人のイギリス人販売スタッフを対象とした新しいプレゼンテーションスキル・プログラム導入の責任者となりました。そのプログラムが大変革新的なのは知っていましたが、必ずしも全員が私と同じ考えではないことも分かっていました。多くのスタッフは勤続数年の経験があったため、おそらく、以前のプログラムと大差ないと思っていたのです。そこで、人は概して他の大勢と同じ行動を取るという見方に基づき、最初の二つのワークショップでは、参加者にそのワークショップで本当にいいと思うところを一つ書き出してもらい、そうした好意的なフィードバックを大きなポスターの形にして、それ以降のイベントで壁に貼り出しました。そして、毎回研修の開始前に、参加者にポスターを見て、そのプログラムに対する同僚たちの評価を知ってもらうようにしました。最初は、そんな単純なことでうまくいくのか半信半疑だったのですが、効果は大変なものでした。プログラム終了までに、参加者から二百通以上のEメールが届いたのです（前代未聞の数です）。興味深いのは、そうしたさまざまな推薦文が、私が担当する予定だったそれ以降のプロジェクトに関して、上級管理職から後押しを得るのにも役立ったことです。要するに、研修部がいかに優秀か私だけが訴えていたのではなく、同じことを二百人のスタッフからの文書が証明してくれたわけです。

◆マイケル・アルドリッチ、カレン・レフィット（ウィリアムズ・スコッツマン社販売部長、コマーシャル・プロセス&セールス・エクセレンス部部長、アメリカ合衆国）

販売責任者であるため、私たちは社員のパフォーマンスを向上させる手段をいつも探しています。そうした手段というのは、研修であったり、システムや手続きの改善であったりします。うちの社長が『影響力の武器　実践編』を読み、影響力の諸法則をわが社のセールス・トレーニングに組み込めないかと尋ねました。いくつかの節を読んですぐ、私たちは説得の科学と私たちのビジネスとのあいだの相関関係に気がつきました。それから一年をかけて、私たちは『影響力の武器　実践編』に基づいたセールス・トレーニングのプログラムを開発し、世界中の社員がそのトレーニングを行うようにしました。その結果、すぐに驚くほどの効果が現れ、収益が増し、契約締結率が上昇し、新規事業も育っています。さらには、わが社のあらゆる面に影響力を組み込むための手法をもっと増やそうと努めているうちに、同書の著者たちとお会いする機会まで巡ってきました。私たちは説得の科学の熱烈な信奉者です。

謝辞

『影響力の武器　実践編』は、基本的には、社会的影響力の科学という非常に興味深いテーマに関する知見を集めたものです。本書で取り上げた研究に携わられた多くの科学者諸氏に、深く感謝申し上げます。そうした業績なしには、一冊の書物とはなりえず、おそらくただのパンフレットで終わっていたことでしょう。

本書の執筆にあたっては、私たちの同僚や仲間、学生諸子からまた違った洞察を得るという幸運にも恵まれました。特に、以下の方々は、初期の段階で本書の各章に目を通し、有用なコメントを与えてくれました。リア・コームズ、ブラダス・グリスケビシウス、ジェニファー・オットリーノ、ミゲル・プリエット、スチュアート・シェーン、チョーンドラ・ウォンに、お礼を申し上げます。また、以下の方々は、説得の科学を活用して良い結果が得られた実例を提供してくれました。ブライアン・アハーン、マイケル・アルドリッチ、ティム・バチェラー、クリスティ・ファーンボーク、ジョン・フィシャー、キャシー・フラニョーリ、ダン・ノリス、ニック・ポープ、カレン・レフィット、ディル・シドゥの皆さんに感謝します。

さらに、ダニエル・クルーにも感謝の意を表したいと思います。本書の企画を最初に立てたのは、プロファイル・ブックス社の編集者をしていた彼でした。彼がごく初期の段階から本書に注いだエネルギーと熱意、そしてあらゆる段階で提供してくれた価値ある洞察と助言は、ありがたいものであっただけでなく、本書の成功に欠かせないものでもあったのは間違いありません。ダニエルが新しい挑戦をするためにプロファイル社を去る決断をした後、私たちに継続的なサポートと賢明な助言を与えてくれているのは、クレア・グリスト・テイラーです。また、アンドリュー・フランクリン、ラス・キリック、ポール・フォーティー、ペニー・ダニエルにも大変お世話になっています。そして、ダニー・フィンクルシュタイン（卿）のサポートと励ましにお礼申し上げます。卿は本書を早くから推してくださっており、また、われわれの仕事だけでなく、もっと広範に行動科学の後援を続けてくださっています。

また、ボベット・ゴードンのおかげで何もかもが円滑に運び、われわれは周囲の雑事に煩わされることなく初版、および改訂版の執筆に専念できています。この計画が成功したのは、彼女の努力と献身があったからです。

私たちのイギリスおよびアメリカのオフィスで働く仕事熱心な素晴らしい仲間たち（具体的にはサラー・トビット、エリー・ヴァンダミア、キャラ・トレーシー、カーストン・ダドリー、ジェン・メルケル、ヘレン・マンキン、ジョー・マークス）からの継続的なサポートも大変貴重でありがたいものでした。とりわけ、ヘレンとジョーには感謝しなくてはなりません。この第2版を出すにあたって、二人からは多大な貢献がありました。どちらも今後、行動科学の世界を担っていくであろう優秀な研究者です。

最後に、本書のあらゆる点に関して鋭い指摘と、そして何よりも、無限のサポートを与えてくれたジェネッサ・シャピロとバーニー・ゴールドスタインに、心から感謝を捧げます。

ノア・ゴールドスタイン
スティーブ・マーティン
ロバート・チャルディーニ

監訳者あとがき

チャルディーニ著『影響力の武器』の原著初版が出版されたのは一九八四年であるが、二〇〇七年に、チャルディーニを含む三名の共著として、本書の原著初版 *YES! 50 Secrets from the Science of Persuasion* が出版された（二年後に『影響力の武器　実践編』として翻訳出版）。そして、その十年後に「十周年記念版」と銘打って改訂版が出版された。本書はその翻訳である。改訂版では、秘訣の数が増えて60となった。大雑把にいえば、十周年を記念として「二割増量」の改訂版が出版されたということになる。原著では、もとの「50の秘訣」の部分はほとんど変わっていないが、この訳書に関しては全体的に翻訳のチェックを行い、読みやすくするための修正を行った。したがって、この翻訳書に関しては、単に新しい章を加えて「増量」がなされただけでなく、全体的に「味」も向上したと思う。

『影響力の武器』は、人々に働きかけて望ましい行動を引き出す要因を、六つの基本原理にまとめた点に特徴がある。それに対して、本書は、それぞれの節で実証的研究の成果を参照しながら、さまざまな影響力がマーケティングや日常生活の場面でどのように応用されうるかを具体的に検討している点で、刺激的な内容になっている。平易な語り口、ウイットに富んだ文章、そして興味深い事例を数多くちりばめたスタイルは、『影響力の武器』と変わらない。『影響力の武器』をすでに読まれた方は、そこで得られた知識が本書で取り上げられているさまざまな研究や事例を理解するうえで役立つはずであるし、日常生活のなかでの実践を考える楽しさを実感できるだろう。逆に、本書を読んで影響力の問題に関心をお持ちになったら、その知識を体系立てるために『影響力の武器』を読むことをお勧めしたい。個々のテクニックだけでなく、それらの背景にある原理を知ることで、さらに応用力が高まること請け合いである。

加えて、影響力について学んだり実践したりするときに考えていただきたいのが、影響力の行使に伴う倫理的な側面である。本書でも最後の部分で取り上げているが、チャルディーニは他書でも折に触れて注意を促している。個人でも組織でも、欺瞞的なやり方の使用は、後で大きなコストとなって跳ね返ってくる。何事でも実践にはさまざまな制約が伴うのがふつうだが、「自由な発想」が倫理的制約によって実践できなくても、それを乗り越えるための努力が新たな発想を生み出すこともある。倫理面に関する関係者間のオープンなコミュニケーションが求められる。

最後になるが、いつものことながら誠信書房編集部の方々には翻訳原稿の入念なチェックとアドバイスをいただいた。記して感謝の意を表したい。

安藤清志

インフルエンス・アット・ワーク

読者の皆さんから，倫理的な方法で影響力を活用した実例を知らせていただければ，改訂版への収録の可能性という点でも，大変ありがたいことです。電子メールを送っていただくか，私たちのウェブサイトから投稿していただければと思います。また，本書で取り上げた戦略に基づいて研修やコンティングサービスを提供しているインフルエンス・アット・ワーク社についても，以下にお問い合わせください。

アメリカ，カナダ

INFLUENCE AT WORK
info@influenceatwork.com
www.influenceatwork.com

イギリス，ヨーロッパ，およびその他の地域

INFLUENCE AT WORK（UK）
info@influenceatwork.co.uk
www.influenceatwork.co.uk

▼文化によって宣伝効果に差が出ることを示した実験については，以下を参照。

Han, S., & Shavitt, S. (1994). Persuasion and culture: Advertising appeals in individualistic and collectivist societies. *Journal of Experimental Social Psychology*, 30, 326-50.

▼ジャック・ニクラウスのエピソードと引用については，以下を参照。

Ferguson, D. (2005). Grieving Nicklaus meets press. 7 March, www.thegolfgazette.com/print.php?sid=2074.

▼アメリカ人とアジア人を対象とした一貫性に関する異文化間研究については，以下を参照。

Petrova, P. K., Cialdini, R. B., & Sills, S. J. (2007). Consistency-based compliance across cultures. *Journal of Experimental Social Psychology*, 43, 104-11.

▼アメリカ人とポーランド人を対象とした一貫性対社会的証明に関する異文化間研究については，以下を参照。

Cialdini, R. B., Wosinska, W., Barrett, D. W., Butner, J., & Gornik-Durose, M. (1999). Compliance with a request in two cultures: The differential influence of social proof and commitment/consistency on collectivists and individualists. *Personality and Social Psychology Bulletin*, 25, 1242-53.

▼留守番電話の実験については，以下を参照。

Miyamoto, Y., & Schwarz, N. (2006). When conveying a message may hurt the relationship: Cultural differences in the difficulty of using an answering machine. *Journal of Experimental Social Psychology*, 42, 540-47.

▼集団的文化では，個人主義的文化よりも，コミュニケーションの関係的機能がより重視されるという説に関しては，以下でさらに深く掘り下げられている。

Scollon, R., & Scollon, S. W. (1995). *Intercultural Communication: A Discourse Approach*. Cambridge: Blackwell.

▼日本人は相づちを打つ回数が多いという研究は，以下を参照。

White, S. (1989). Backchannels across cultures: A study of Americans and Japanese. *Language in Society*, 18, 59-76.

倫理的な影響力

▼2000年のイギリスにおけるガソリン不足の詳細については，以下を参照。

http://news.bbc.co.uk/2/hi/in_depth/world/2000/world_fuel_crisis/default.stm.

friction and lubrication in e-mail negotiations. *Group Dynamics: Theory, Research, and Practice*, 6, 89-100.

▼オンラインでの交渉に伴う問題の解決に関する実験については，以下を参照。

Moore, D. A., Kurtzberg, T. R., Thompson, L., & Morris, M. (1999). Long and short routes to success in electronically mediated negations: Group affliations and good vibrations. *Organizational Behavior and Human Decision Processes*. 77, 22-43.

▼オンラインでの説得と性差に関する研究については，以下を参照。

Guadagno, R. E., & Cialdini, R. B. (2002). Online persuasion: An examination of gender differences in computer-mediated interpersonal influence. *Group Dynamics: Theory, Research, and Practice*, 6, 38-51.

▼電子的なコミュニケーションの理解度についての過信を示した実験については，以下を参照。

Kruger, J., Epley, N., Parker, J., & Ng, Z. (2005). Egocentrism over e-mail: Can we communicate as well as we think? *Journal of Personality and Social Psychology*, 89, 925-36.

▼責任の分散に関する実験については，以下を参照。

Darley, J. M., & Latané, B. (1968). Bystander intervention in emergencies: Diffusion of responsibility. *Journal of Personality and Social Psychology*, 8, 377-83.

▼競合他社の商品の値段をウェブページに載せるメリットに関する研究については，以下を参照。

Trifts, V., & Häubl, G. (2003). Information availability and consumer preference: Can online retailers benefit from providing access to competitor price information? *Journal of Consumer Psychology*, 13, 149-59.

▼ウェブページの背景が，目立たないながらも強力な効果を発揮することに関しては，以下を参照。

Mandel, N., & Johnson, E. J. (2002). When web pages influence choice: Effects of visual primes on experts and novices. *Journal of Consumer Research*, 29, 235-45.

▼ビジネス慣行に対する文化的な影響の研究については，以下を参照。

Morris, M., Podolny, J., & Ariel, S. (2001). Culture, norms, and obligations: Cross-national differences in patterns of interpersonal norms and felt obligations toward co-workers. In W. Wosinska, D. Barett, R. Cialdini & J. Reykowski (Eds.), *The Practice of Social Influence in Multiple Cultures*. Mahwah, NJ: Lawrence Erlbaum, pp. 97-123.

▼相手の集中力を妨げると承諾を得やすくなるという点に関する研究については，以下を参照。

Davis B. P., & Knowles, E. S.（1999）. A disrupt-then-reframe technique of social influence. *Journal of Personality and Social Psychology*, 76, 192–9.

Knowles, E. S., & Linn, J. A.（2004）. Approach-avoidance model of persuasion: Alpha and omega strategies for change. In E. S. Knowles & J. A. Linn（Eds.）, *Resistance and Persuasion*. Mahwah, NJ: Lawrence Erlbaum.

59 「トリメチル・ラボ」で手に入れる影響力増強薬

▼カフェインの研究については，以下を参照。

Martin, P. Y., Laing, J., Martin, R., & Mitchell, M.（2005）. Caffeine, cognition and persuasion: Evidence for caffeine increasing the systematic processing of persuasive messages. *Journal of Applied Social Psychology*, 35, 160–82.

60 どうすれば広告の効果がもっと長引くか

▼オンライン広告のさまざまな処理のされ方に関して，詳しくは以下を参照。

Köster, M., Rüth, M., Hamborg, K.-C., & Kaspar, K.（2015）. Effects of personalized banner ads on visual attention and recognition memory. *Applied Cognitive Psychology*, 29, 181–92.

Tucker, C. E.（2014）. Social networks, personalized advertising, and privacy controls. *Journal of Marketing Research*, 51, 546–62.

▼ちょっと触れることの効果については，以下も参照。

Burnkrant, R. E., Unnava, H. R.（1989）. Self-referencing: A strategy for increasing processing of message content. *Personality and Social Psychology Bulletin*, 15, 628–38.

Fang, X., Singh, S., & Ahluwalia, R.（2007）. An examination of different explanations for the mere exposure effect. *Journal of Consumer Research*, 34, 97–103.

二十一世紀における影響力

▼E メール禁止の日の記事と引用については，以下を参照。

Horng, E.（2007）. No e-mail Fridays transforms office. 10 March, retrieved from http://abcnews.go.com/WNT/story?id=2939232&page=1.

▼オンラインと対面の交渉の違いに関する研究については，以下を参照。

Morris, M., Nadler, J., Kurtzberg, T., & Thompson, L.（2002）. Schmooze or lose: Social

56　交渉ごとに悲しみは御法度

▼『セックス・アンド・ザ・シティ』の一節は「ドミノ効果」（'The Domino Effect'）というタイトルの回より引用。

▼悲しい気持ちの研究については，以下を参照。

Lerner, J. S., Small, D. A., & Loewenstein, G.（2004）. Heart strings and purse strings: Carryover effects of emotions on economic decisions. *Psychological Science*, 15, 337-41.

57　注意を鈍らせる感情の高まり

▼数の大きさに関する判断力が感情のせいで鈍るという研究については，以下を参照。

Hsee, C. K., & Rottenstreich, Y.（2004）. Music, pandas, and muggers: On the affective psychology of value. *Journal of Experimental Psychology: General*, 133, 23-30.

58　明晰な意思決定は睡眠から

▼中国の政治犯に関しては，以下の文献の23ページを参照。

Lifton, R. J.（1961）. *Thought Reform and the Psychology of Totalism*. New York: Norton.（ロバート・リフトン『思想改造の心理——中国における洗脳の研究』誠信書房，1979年）

この一節は以下で引用されている。

Gilbert, D. T.（1991）. How mental systems believe. *American Psychologist*, 46, 107-19.

▼認知能力が低下していると他人の主張を受け入れやすくなるということを示した研究については，以下の二つの論文を参照。この章タイトルは，後者から着想を得ている。

Gilbert, D. T., Krull, D. S., & Malone, P. S.（1990）. Unbelieving the unbelievable: Some problems in the rejection of false information. *Journal of Personality and Social Psychology*, 59, 601-13.

Gilbert, D. T., Tafarodi, R. W., & Malone, P. S.（1993）. You can't not believe everything you read. *Journal of Personality and Social Psychology*, 65, 221-33.

▼幸福感に関するギルバートの優れた論考と研究は，以下に詳しい。

Gilbert, D. T.（2006）. *Stumbling on happiness*. New York: Knopf.（ダニエル・ギルバート『幸せはいつもちょっと先にある——期待と妄想の心理学』早川書房，2007年）

▼記憶補助の研究に関してより概括的な考察については，以下を参照。

Tulving, E., & Thompson, D. M.（1973）. Encoding specificity and retrieval processes in episodic memory. *Psychological Review*, 80, 352-73.

▼健康増進キャンペーンについては，すでに以下でわれわれの提案を発表している。同書は社会的影響力に関する最近の研究を集めた優れた学術資料である。

Goldstein, N. J., & Cialdini, R. B.（2007）. Using social norms as a lever of social influence. In A. Pratkanis（Ed.）, *The Science of Social Influence: Advances and Future Progress*. Philadelphia, PA: Psychology Press.

▼飲酒によって説得メッセージの効果が上がることを示した研究については，以下を参照。

Macdonald, T., Fong, G., Zanna, M., & Martineau, A.（2000）. Alcohol, myopia and condom use: Can alcohol intoxication be associated with more prudent behavior? *Journal of Personality and Social Psychology*, 78, 605-19.

55　鏡のなかの「望ましい自分」が人を導く

▼目の研究については，以下を参照。

Bateson, M., Nettle, D., & Roberts, G.（2006）. Cues of being watched enhance cooperation in a real-world setting. *Biology Letters*, 2, 412-14.

▼鏡の効果を調べたハロウィンの実験については，以下を参照。

Beaman, A. L., Klentz, B., & Diener, E., Svanum, S.（1979）. Self-awareness and transgression in children: Two field studies. *Journal of Personality and Social Psychology*, 37, 1835-46.

▼相手に名乗ってもらうことに関する研究については，以下を参照。

Diener, E., Fraser, S. C., Beaman, A. L., & Kelem, R. T.（1976）. Effects of deindividuation variables on stealing among Halloween trick-or-treaters. *Journal of Personality and Social Psychology*, 33, 178-83.

▼監視装置の問題については，以下でさらに論じられている。

Cialdini, R. B., Petrova, P. K., & Goldstein, N. J.（2004）. The hidden costs of organizational dishonesty. *Sloan Management Review*, 45, 67-73.

▼ポイ捨ての研究については，以下を参照。

Kallgren, C. A., Reno, R. R., & Cialdini, R. B.（2000）. A focus theory of normative conduct: When norms do and do not affect behavior. *Personality and Social Psychology Bulletin*, 26, 1002-12.

50　バッティングと知覚コントラストの関係

▼コントラストの研究については，以下を参照。

Tormala, Z. L., & Petty, R. E. (2007). Contextual contrast and perceived knowledge: Exploring the implications for persuasion. *Journal of Experimental Social Psychology*, 43, 17–30.

51　一足早いスタートでロイヤルティを勝ち取る

▼洗車場の実験については，以下を参照。

Nunes, J. C., & Dréze, X. (2006). The endowed progress effect: How artificial advancement increases effort. *Journal of ConsumerResearch*, 32, 504–12.

52　クレヨン箱の中にある説得のヒント

▼色の名前の研究については，以下を参照。

Miller, E. G., & Kahn, B. E. (2005). Shades of meaning: The effect of color and flavor names on consumer choice. *Journal of Consumer Research*, 32, 86–92.

53　聞き手を最後まで引きつけておく冒頭の一手

▼「飽き《セイシエーション》」に関して，詳しくは以下を参照。

Benelam, B. (2009). Satiation, satiety and their effects on eating behaviour. *Nutrition Bulletin*, 34, 126–73.

Chugani, S. K., Irwin, J. R., & Redden, J. P. (2015). Happily ever after: The effect of identity-consistency on product satiation. *Journal of Consumer Research*, 42, 564–77.

54　どこまでも，どこまでも，伝わるメッセージ

▼消費者によるエナジャイザーとデュラセルの混同に関しては，主に以下から引用。

Lipman, J. (1990). Too many think the bunny is Duracell's, not Eveready's. *Wall Street Journal*, 31 July, p. B1.

▼広告における記憶の役割に関する研究については，以下の考察が秀逸。

Keller, K. L. (1991). Memory factors in advertising: The effect of retrieval cues on brand evaluations. In A. A. Mitchell (Ed.), *Advertising exposure, memory, and choice*. Mahwah, NJ: Lawrence Erlbaum, pp. 11–48.

filled pauses as cues to listeners about the metacognitive states of speakers. *Journal of Memory and Language*, 34, 383-98.

Lai, C. (2010). What do you mean, you're uncertain? The interpretation of cue words and rising intonation in dialogue. INTERSPEECH, September, pp. 1413-16.

Senay, I., Albaracín, D. D., & Noguchi, K. (2010). Motivating goal-directed behavior through introspective self-talk: The role of the interrogative form of simple future tense. *Psychological Science*, 21, 499-504.

48 読みやすく簡潔に，が鉄則

▼株式銘柄の調査については，以下を参照。

Alter, A. L., & Oppenheimer, D. M. (2006). Predicting short-term stock fluctuations by using processing fluency. *Proceedings of the National Academy of Sciences*, 103, 9369-72.

▼専門用語ばかりの引用部分については，以下を参照。

Moore, B. (2006). The towers of babble: The worst excesses of workplace jargon can leave one begging for a translator - and a return to plain English. 9 October, retrieved from www.nypost.com/seven/10092006/atwork/the_towers_of_babble_atwork_brian_moore.htm.

▼難解な語句を使う効果に関する研究については，以下を参照。

Oppenheimer, D. M. (2006). Consequences of erudite vernacular utilized irrespective of necessity: Problems with using long words needlessly. *Applied Cognitive Psychology*, 20, 139-56.

▼ローラーコースターの名前だけを見せて，それらの危険性をどう認識するかを調べた研究については，以下を参照。

Song, H., & Schwarz, N. (2009). If it's difficult to pronounce, it must be risky: Fluency, familiarity, and risk perception. *Psychological Science*, 20, 135-8.

49 韻を踏むことで増す影響力

▼韻の研究については，以下を参照。

McGlone, M. S., & Tofighbakhsh, J. (2000). Birds of a feather flock conjointly: Rhyme as reason in aphorisms. *Psychological Science*, 11, 424-8.

45　説得を後押しする決めの一言

▼コピー機の実験については，以下を参照。

Langer, E., Blank, A., & Chanowitz, B. (1978). The mindlessness of ostensibly thoughtful action: The role of "placebic" information in interpersonal interaction. *Journal of Personality and Social Psychology*, 36, 639-42.

▼何かを支持する理由を相手に考えさせることの効果を示した研究については，以下を参照。

Maio, G. R., Olson, J. M., Allen, L., & Bernard, M. M. (2001). Addressing discrepancies between values and behavior: The motivating effect of reasons. *Journal of Experimental Social Psychology*, 37, 104-17.

46　想像しやすさが成否を分ける

▼BMW 対ベンツの実験については，以下を参照。

Wänke, M., Bohner, G., & Jurkowitsch, A. (1997). There are many reasons to drive a BMW: Does imagined ease of argument generation influence attitudes? *Journal of Consumer Research*, 24, 170-77.

▼想像してみることに関するわれわれのアドバイスの裏づけとなる研究については，以下の二つの論文を参照。

Gregory, L. W., Cialdini, R. B., & Carpentar, K. M. (1982). Self-relevant scenarios as mediators of likelihood estimates and compliance: Does imagining make it so? *Journal of Personality and Social Psychology*, 43, 89-99.

Petrova, P. K., & Cialdini, R. B. (2005). Fluency of consumption imagery and the backfire effects of imagery appeals. *Journal of Consumer Research*, 32, 442-52.

47　問いかけか，言い切りか。メッセージを効果的にする要因とは

▼メッセージのさまざまな組み立て方の研究に関しては，以下を参照。

Mayer, N. D., & Tormala, Z. L. (2010). "Think" versus "feel" framing efects in persuasion. *Personality and Social Psychology Bulletin*, 36, 443-54.

Hagtvest, H. (2015). Promotional phrases as questions versus statements: An influence of phrase style on product evaluation. *Journal of Consumer Psychology*, 25, 635-41.

Patrick, V. M., & Hagtvedt, H. (2012). "I don't" versus "I can't": When empowered refusal motivates goal-directed behavior. *Journal of Consumer Research*, 39, 371-81.

Brennan, S., & Williams, M. (1995). The feeling of another's knowing: Prosody and encounters. *Organizational Behavior and Human Decision Processes*, 96, 38-55.

43　日付違いのマグカップが完売した理由

▼ロイヤルウエディングの日程変更が購買行動に与えた影響については，以下を参照。

Dear, P.（2005）. Fans "panicbuy" 8 April mementos. 5 April, retrieved from http://news.bbc.co.uk/2/hi/uk_news/44 12347.stm.

▼オーストラリア産牛肉の実験については，以下を参照。

Knishinsky, A.（1982）. The effects of scarcity of material and exclusivity of information on industrial buyer perceived risk in provoking a purchase decision. Unpublished doctoral dissertation, Arizona State University, Tempe.

44　損失回避と希少性の原理から得られる教訓

▼冒頭の引用部分については以下を参照。

Greenwald, J.（1985）. Coca-Cola's big fizzle. *Time*, 22 July, p. 48.

▼ニュー・コークの大失敗については，以下の解説が秀逸。

Thomas, O.（1986）. *The real coke, the real story*. New York: Random House.

▼以下では別の切り口から論じている。

Gladwell, M.（2005）. *Blink: The power of thinking without thinking*. New York: Little, Brown and Co.（マルコム・グラッドウェル『第１感「最初の２秒」の「なんとなく」が正しい』光文社，2006年）

▼損失回避に関する元の研究については，以下を参照。

Kahneman, D., & Tversky, A.（1979）. Prospect theory: An analysis of decision under risk. *Econometrica*, 47, 263-91.

▼株主の行動に対する損失回避の影響については，以下に詳しい。

Shell, G. R.（1999）. *Bargaining for advantage*. New York: Penguin.（G・リチャード・シェル『無理せずに勝てる交渉術』阪急コミュニケーションズ，2000年）

▼経営者の意思決定における損失回避の傾向を示した研究については，以下を参照。

Shelley, M. K.（1994）. Gain/loss asymmetry in risky intertemporal choice. *Organizational Behavior and Human Decision Processes*, 59, 124-59.

Psychology, 15, 2, 108-116.

40　ウェイターから学ぶ説得術

▼チップの実験については，以下を参照。

van Baaren, R. B., Holland, R. W., Steenaert, B., & van Knippenberg, A.（2003）. Mimicry for money: Behavioral consequences of imitation. *Journal of Experimental Social Psychology*, 39, 393-8.

▼身振りの真似の最初の実験については，以下を参照。

Chartrand, T. L., & Bargh, J. A.（1999）. The chameleon effect: The perception-behavior link and social interaction. *Journal of Personality and Social Psychology*, 76, 893-910.

▼交渉の場で身振りの真似をした実験については，以下を参照。

Maddux, W. W., Mullen, E., & Galinsky, A. D.（2008）. Chameleons bake bigger pies and take bigger pieces: strategic behavioral mimicry facilitates negotiation outcomes. *Journal of Experimental Social Psychology*, 44, 461-8.

41　お高くとまったほうが功を奏する場合もある

▼「小売りの拒絶」について，詳しくは以下を参照。

Ward, M. K., & Dahl, D. W.（2014）. Should the devil sell Prada? Retail rejection increases aspiring consumers' desire for the brand. *Journal of Consumer Research*, 41, 590-609.

▼この拒絶の結果について，詳しくは以下を参照。

Mead, N. L., Baumeister, R. F., Stillman, T. F., Rawn, C. D., & Vohs, K. D.（2011）. Social exclusion causes people to spend and consume strategically in the service of affliation. *Journal of ConsumerResearch*, 37, 902-19.

▼自己表現欲求と顕示的消費一般については，以下を参照。

Ma, J., Hamilton, R., & Chernev, A.（2012）. The unexpressed self: The impact of restricting freedom of self-expression on brand preferences. In Z. Gürhan-Canli, C. Otnes & R.（J.）Zhu（Eds.）, *NA -Advances in ConsumerResearch*, Vol. 40. Duluth, MN: *Association for Consumer Research*, pp. 95-100.

42　人の気持ちを変える本物の笑顔

▼微笑みの研究については，以下を参照。

Grandey, A. A., Fisk, G. M., Mattila, A. S., Jansen, K. J., & Sideman, L. A.（2005）. Is "service with a smile" enough? Authenticity of positive displays during service

35　短所を長所に変える最善策

▼法廷で弱点を認めることの効果を示した研究については，以下を参照。

Williams, K. D., Bourgeois, M., & Croyle, R. T. (1993). The effects of stealing thunder in criminal and civil trials. *Law and Human Behavior*, 17, 597-609.

36　弱点も見せ方次第

▼「狭いけれどもくつろいだ雰囲気」の実験については，以下を参照。

Bohner, G., Einwiller, S., Erb, H.-P., & Siebler, F. (2003). When small means comfortable: Relations between product attributes in two-sided advertising. *Journal of Consumer Psychology*, 13, 454-63.

▼このテーマに関して参考になる別の研究が，以下で示されている。

Pechmann, C. (1992). Predicting when two-sided ads will be more effective than one-sided ads: The role of correlational and correspondent inferences. *Journal of Marketing Research*, 29, 441-53.

37　過ちを認めて，防止に全力投球

▼過ちを認めることに関する研究については，以下を参照。

Lee, F., Peterson, C., & Tiedens, L. A. (2004). Mea culpa: Predicting stock prices from organizational attributions. *Personality and Social Psychology Bulletin*, 30, 1636-49.

38　システム障害発生。でも責任者は救われる

▼コンピュータトラブルの実験については，以下を参照。

Naquin, C. R., & Kurtzberg, T. R. (2004). Human reactions to technological failure: How accidents rooted in technology vs. human error influence judgments of organizational accountability. *Organizational Behavior and Human Decision Processes*, 93, 129-41.

▼イギリス国民は平均して技術的な障害が原因の遅延にどれくらい巻き込まれているかという情報は，国家統計局のウェブサイトを参照。

www.statistics.gov.uk.

39　類似点が導く大きな力

▼名前の類似性の実験については，以下を参照。

Gamer, R. (2005). What's in a name? Persuasion perhaps. *Journal of Consumer*

31　機長症候群の教訓

▼90便の事故の詳細については，以下を参照。

www.time.com/time/magazine/article/0,9171,925270,00.html

www.airdisaster.com/special/special-af90.shtml.

▼看護師の服従の実験については，以下を参照。

Hofling, C. K., Brotzman, E., Dalrymple, S., Graves, N., & Pierce, C. M.（1966）. An experimental study of nurse-physician relationships. *Journal of Nervous and Mental Disease*, 141, 171–80.

32　集団思考の落とし穴

▼集団思考について，詳しくは以下を参照。

Janis, I. L.（1983）, *Groupthink: Psychological studies of policy decisions and fiascoes*（2nd edn）. Boston, MA: Houghton Miffin.

▼コロンビアの事故調査の記述については，以下を参照。

Langewiesche, W.（2003）. Columbia's last flight. *Atlantic Monthly*, 292, 58–87

33　悪魔の代弁者の効用

▼悪魔の代弁者と真の反対者の研究については，以下を参照。

Nemeth, C., Brown, K., & Rogers, J.（2001）. Devil's advocate versus authentic dissent: Stimulating quantity and quality. *European Journal of Social Psychology*, 31, 707–20.

▼悪魔の代弁者がいると，大多数のメンバーは自分たちの考えに対する自信を深めることができるという点は，以下で裏づけが示されている。

Nemeth, C., Connell, J., Rogers, J., & Brown, K.（2001）. Improving decision making by means of dissent. *Journal of Applied Social Psychology*, 31, 48–58.

34　最良の教材は過去の失敗例

▼消防士のトレーニングの研究については，以下を参照。

Joung, W., Hesketh, B., & Neal, A.（2006）. Using "war stories" to train for adaptive performance: Is it better to learn from error or success? *Applied Psychology: An International Review*, 55, 282–302.

Consumer Research, 42, 266–83.

Zelenski, J. M., Whelan, D. C., Nealis, L. J., Besner, C. M., Santoro, M. S., & Wynn, J. E. (2013). Personality and affective forecasting: Trait introverts underpredict the hedonic benefits of acting extraverted. *Journal of Personality and Social Psychology*, 104, 1092–1108.

Ramanthan, S. & McGill, A. L. (2007). Consuming with others: Social influences on moment-to-moment and retrospective evaluations of an experience. *Journal of Consumer Research*, 34, 506–24.

27　小さなお願いが引き出す大きな成果

▼「1ペニーでも助かります」の実験については，以下を参照。

Cialdini, R. B., & Schroeder, D. A. (1976). Increasing compliance by legitimizing paltry contributions: When even a penny helps. *Journal of Personality and Social Psychology*, 34, 599–604.

28　安くする？　高くする？　オークションの売り出し価格

▼イーベイの研究に関しては，以下を参照。

Ku, G., Galinsky, A. D., & Murningham, J. K. (2006). Starting low but ending high: A reversal of the anchoring effect in auctions. *Journal of Personality and Social Psychology*, 90, 975–86.

29　さりげなく能力を際立たせる

▼第三者に自分を正当化してもらう実験については，以下を参照。

Pfeffer, J., Fong, C. T., Cialdini, R. B., & Portnoy, R. R. (2006). Overcoming the self-promotion dilemma: Interpersonal attraction and extra help as a consequence of who sings one's praises. *Personality and Social Psychology Bulletin*, 32, 1362–74.

30　優れたリーダーの力を最大限発揮させるには

▼グループ対個人の研究については，以下を参照。

Laughlin, P. R., Bonner, B., & Minor, A. (2002). Groups perform better than the best individuals on letters-to-numbers problems. *Organizational Behavior and Human Decision Processes*, 88, 605–20.

24　一貫性をもって一貫性を制す

▼年齢とともに一貫性に対する志向が強まることを調べた研究については，以下を参照。

Brown, S. L., Asher, T., & Cialdini, R. B.（2005）. Evidence of a positive relationship between age and preference for consistency. *Journal of Research in Personality*, 39, 517-33.

25　フランクリンから学ぶ説得のコツ

▼フランクリンの方法と説得との関連については，以下で示された解説が秀逸。

Aronson, E., Wilson, T. D., & Akerts, R. M.（2005）. *Social Psychology*（5th edn）. Englewood Cliffs, NJ: Prentice Hall.

▼フランクリンの言葉は以下から引用。

Franklin, B.（1900）. *The Autobiography of Benjamin Franklin*（ed. J. Bigelow）. Philadelphia, PA: Lippincott（originally published in 1868）.（ベンジャミン・フランクリン『フランクリン自伝』岩波書店，1957年；　ベンジャミン・フランクリン『フランクリン自伝』中央公論新社，2004年）

▼フランクリンの方法を検証した実験については，以下を参照。

Jecker, J., & Landy, D.（1969）. Liking a person as a function of doing him a favour. *Human Relations*, 22, 371-8.

26　朝の通勤中にお喋りをする効能

▼他の通勤客とお喋りを始めることの効果を調べた研究については，以下を参照。

Epley, N. & Schroeder, J.（2014）. Mistakenly seeking solitude. *Journal of Experimental Psychology: General*, 143, 1980-99.

▼外集団に属する人間の人間らしさを低く見積もること（インフラヒューマニゼーション）と他者に接触することの利益を推定する際の私たちの傾向については，以下を参照。

Mallett, R. K., Wilson, T. D., & Gilbert, D. T.（2008）. Expect the unexpected: Failure to anticipate similarities when predicting the quality of an intergroup interaction. *Journal of Personality and Social Psychology*, 94, 265-77.

Ratner, R. K., & Hamilton, R. W.（2015）. Inhibited from bowling alone. *Journal of*

21　簡単な質問が相手の協力を引き出す

▼投票の実験については，以下を参照。

Greenwald, A. G., Carnot, C. G., Beach, R., & Young, B.（1987）. Increasing voting behavior by asking people if they expect to vote. *Journal of Applied Psychology*, 72, 315-18.

▼シカゴのゴードン・シンクレアのレストランの話は，以下を参照。

Cialdini, R. B.（2001）. *Influence: Science and practice*（4th edn）. Boston, MA: Allyn & Bacon.（ロバート・B・チャルディーニ『影響力の武器――なぜ，人は動かされるのか』誠信書房，2007年）

22　人を目標に結びつける積極的コミットメント

▼販売目標の一節については，以下を参照。

Cialdini, R. B.（2001）. *Influence: Science and practice*（4th edn）. Boston, MA: Allyn & Bacon.（ロバート・B・チャルディーニ『影響力の武器――なぜ，人は動かされるのか』誠信書房，2007年）

▼積極的および消極的コミットメントの実験については，以下を参照。

Cioffi, D., & Garner, R.（1996）. On doing the decision: Effects of active versus passive commitment and self-perception. *Personality and Social Psychology Bulletin*, 22, 133-44.

▼予約のすっぽかしに関しては，以下の英国患者連携開発協会による調査を参照。

Developing Patient Partnerships（UK Department of Health funded charity）. August 2006.

23　複数の目標を達成する鍵とは

▼投票計画の研究については，以下を参照。

Nickerson, D. W., & Rogers, T.（2010）. Do you have a voting plan? Implementation intentions, voter turnout, and organic plan making. *Psychological Science*, 21, 194-9.

▼複数の目標に関する研究については，以下を参照。

Dalton, A. N., & Spiller, S. A.（2012）. Too much of a good thing: The benefits of implementation intentions depend on the number of goals. *Journal of Consumer Research*, 39, 600-614.

17　説得の効果を高める，企業《C》の社会《S》的責《R》任

▼ワインの試飲会で行われた研究については，以下を参照。

Chernev, A., & Blair, S.（2015）. Doing well by doing good: The benevolent halo of social goodwill. *Journal of Consumer Research*, 41, 1412–25.

18　感謝の気持ちを蘇らせる一言

▼恩恵の価値に対する時間の影響を調べた研究については，以下を参照。

Flynn, F. J.（2003）. What have you done for me lately? Temporal adjustments to favor evaluations. *Organizational Behavior and Human Decision Processes*, 91, 38–50.

19　千里の道も一歩から

▼目障りな看板の実験と家宅侵入の実験については，以下を参照。

Freedman, J. L., & Fraser, S. C.（1966）. Compliance without pressure: The foot-in-the-door technique. *Journal of Personality and Social Psychology*, 4, 195–203.

▼販売職の達人のアドバイスについては，以下を参照。

Green, F.（1965）. The "foot-in-the-door" technique. *American Salesman*, 10, 14–16.

20　ラベリング・テクニックの上手な使い方

▼投票に際してのラベリング・テクニックの実験については，以下を参照。

Tybout, A. M., & Yalch, R. F.（1980）. The effect of experience: A matter of salience? *Journal of Consumer Research*, 6, 406–13.

▼子どもを対象にしたラベリング・テクニックの実験については，以下を参照。

Cialdini, R. B., Eigenberg, N., Green, B. L., Rhoads, K., & Bator, R.（1998）. Undermining the undermining effect of reward on sustained interest: When unnecessary conditions are suffcient. *Journal of Applied Social Psychology*, 28, 249–63.

▼相手を誘導して望ましい自己イメージを思い浮かばせてから要請を行うことの効果については，以下を参照。

Bolkan, S. S., & Anderson, P. A.（2009）. Image induction and social influence: Explication and initial tests. *Basic and Applied Social Psychology*, 31, 317–24.

Psychology, 2, 20–29.

12　チェスに学ぶ，うまい一手

▼アイスランドでのボビー・フィッシャーの扱いについての詳細を伝えた新聞記事については，以下を参照。

Smith-Spark, L. (2005). Fischer "put Iceland on the map". 23 March, retrieved from http://news.bbc.co.uk/2/hi/ europe/4102367.stm.

▼リーガンの缶コーラの実験については，以下を参照。

Regan, D. T. (1971). Effects of a favor and liking on compliance. *Journal of Experimental Social Psychology*, 7, 627–39.

13　影響力をしっかり貼り付けるオフィス用品

▼ポストイットの研究については，以下を参照。

Garner, R. (2005). Post-it note persuasion: A sticky influence. *Journal of Consumer Psychology*, 15, 230–37.

14　ミントキャンディーの置き場所再考

▼チップの実験については，以下を参照。

Strohmetz, D. B., Rind, B., Fisher, R., & Lynn, M. (2002). Sweetening the till: The use of candy to increase restaurant tipping. *Journal of Applied Social Psychology*, 32, 300–309.

15　お願い事が次の取引をひと味変える

▼交渉の研究については，以下を参照。

Blanchard, S. J., Carlson, K. A., & Hyodo, J. D. (2016). The favor request effect: Requesting a favor from consumers to seal the deal. *Journal of Consumer Research*, 42, 985–1001.

16　与えることが人を動かす

▼ホテルの実験のデータについては，以下を参照。

Goldstein, N. J., Cialdini, R. B., & Griskevicius, V. (2008). A room with a viewpoint: Using social norms to motivate environmental conservation in hotels. *Journal of Consumer Research*, 35, 472–82.

▼同様の効果が『アメリカン・アイドル』でも見られることについては，以下を参照。

Page, L., & Page, K.（2010）. Last shall be first: A field study of biases in sequential performance evaluation on the Idol series. *Journal of Economic Behavior and Organization*, 73, 186-98.

▼「初頭効果」，「新近効果」については，以下を参照。

Murdock, B. B.（1962）. The serial position effect of free recall. *Journal of Experimental Psychology*, 64, 482-8.

▼応募者が二人だけという状況では，先に登場したほうが高評価を得やすいということを示す研究については，以下を参照。

Carney, D. R., & Banaji, M. R.（2012）. First is best. *PloS ONE*, 7.6, e35088.

10　三位が二位より好ましいときとは

▼一般的に，人は馴染みのある形のランキングを好むということについては，以下を参照。

Isaac, M. S., Brough, A. R., & Grayson, K.（2016）. Is top 10 better than top 9? The role of expectations in consumer response to imprecise rank claims. *Journal of Marketing Research*, 53, 338-53.

▼銀メダリストと銅メダリストの満足度の比較については，以下を参照。

Medvec, V. H., Madey, S. F., & Gilovich, T.（1995）. When less is more: Counterfactual thinking and satisfaction among Olympic medalists. *Journal of Personality and Social Psychology*, 69, 603-10.

Matsumoto, D., & Willingham, B.（2006）. The thrill of victory and the agony of defeat: Spontaneous expressions of medal winners of the 2004 Athens Olympic Games. *Journal of Personality and Social Psychology*, 91, 568-81.

▼プレゼントの送り手が物惜しみしない人であると同時に倹約家でもある場合があることを示す研究については，以下を参照。

Hsee, C. K.（1998）. Less is better: When low-value options are valued more highly than high-value options. *Journal of Behavioral Decision Making*, 11, 107-21.

11　恐怖を呼び起こす説得の微妙な効果

▼公衆衛生の実験については，以下を参照。

Leventhal, H., Singer, R., & Jones, S.（1965）. Effects of fear and specificity of recommendation upon attitudes and behavior. *Journal of Personality and Social*

▼**企業による品揃え簡素化の動きについては，以下を参照。**

Osnos, E.（1997）. Too many choices? Firms cut back on new products. *Philadelphia Inquirer*, 27 September, pp. D1, D7.

▼**選択肢が多すぎると相手を麻痺させたり害をもたらしたりするという点に関しては，以下で詳述されている。**

Schwartz, B.（2004）. *The paradox of choice*. NewYork: Ecco.（バリー・シュワルツ『なぜ選ぶたびに後悔するのか――「選択の自由」の落とし穴』ランダムハウス講談社，2004年）

6　「何もしない」という選択肢が影響力を高めることも

▼**「何もしない」という選択肢を加えることの効果については，以下を参照。**

Schrift, R. Y., & Parker, J. R.（2014）. Staying the course: The option of doing nothing and its impact on post-choice persistence. *Psychological Science*, 25, 772-80.

7　特典のありがたみが薄れるとき

▼**ボーナスギフトのブーメラン効果については，以下を参照。**

Raghubir, P.（2004）. Free gift with purchase: Promoting or discounting the brand? *Journal of ConsumerPsychology*, 14, 181-6.

8　上位商品の発売によって従来品が売れ出す不思議

▼**パン焼き器の例，およびこの章で触れた研究については，以下を参照。**

Simonson, I.（1993）. Get closer to your customers by understanding how they make choices. *California Management Review*, 35, 68-84.

9　いかにして説得の試みに「Xファクター」を与えるか

▼**アダム・ガリンスキーについては，以下を参照。**

Galinsky, A., & Schweitzer, M.（2015）. *Friend and foe: When to cooperate, when to compete, and how to succeed at both*, New York: Crown Business.（アダム・ガリンスキー，モーリス・シュヴァイツァー『競争と協調のレッスン――コロンビア×ウォートン流 組織を生き抜く行動心理学』TAC出版，2018年）

▼**ユーロビジョン・ソング・コンテストでは演奏順の遅い演奏者のほうが高い評価を受けやすいということの証拠については，以下を参照。**

de Bruin, W. B.（2005）. Save the last dance for me: Unwanted serial position effects in jury evaluations. *Acta Psychologica*, 118, 245-60.

collector: Using natural field experiments to enhance tax compliance. National Bureau of Economic Research working paper, no. 20007.

3　社会的証明の思わぬ落とし穴

▼キープ・アメリカ・ビューティフルの二つの公共広告は，以下のウェブサイトで閲覧可能。

www.kab.org/media.asp?id=246&rid=250.

▼国立公園のデータについては，以下を参照。

Cialdini, R. B.（2003）. Crafting normative messages to protect the environment. *Curent Directions in Psychological Science*, 12, 105-9.

▼化石の森に関する実験の詳細については，以下を参照。

Cialdini, R. B., Demaine, L. J., Sagarin, B. J., Barrett, D. W., Rhoads, K., & Winter, P. L.（2006）. Managing social norms for persuasive impact. *Social Influence*, 1, 3-15.

4　「平均値の磁石効果」を防ぐには

▼家庭のエネルギー消費の実験については，以下を参照。

Schultz, P. W., Nolan, J. M., Cialdini, R. B., Goldstein, N. J., & Griskevicius, V.（2007）. The constructive, destructive, and reconstructive power of social norms. *Psychological Science*, 18, 429-34.

▼健康面において望ましくない行動を強調することの負の効果については，以下を参照。

Martin, S. J., Bassi, S., & Dunbar-Rees, R.（2012）. Commitments, norms and custard creams: A social influence approach to reducing did not attends（DNAs）. *Journal of the Royal Society of Medicine*, 105, 101-4.

5　選択肢が多すぎると買う気が失せる

▼退職金制度の分析については，以下を参照。

Iyengar, S. S., Huberman, G., & Jiang, W.（2004）. How much choice is too much? Contributions to 401（k）retirement plans. In O. Mitchell & S. Utkus（Eds）, *Pension design and structure: New lessons from behavioral finance*. Oxford, OUP, pp. 83-96.

▼ジャムの品揃えに関する実験については，以下を参照。

Iyengar, S. S., & Lepper, M. R.（2000）. When choice is demotivating: Can one desire too much of a good thing? *Journal of Personality and Social Psychology*, 79, 995-1006.

参考文献・覚え書き

はじめに

▼ロバート・チャルディーニの著作については，すべて以下を参照のこと。

Cialdini, R. B.（2001）. *Influence: Science and practice*（4th edn）, Boston, MA: Allyn & Bacon.（ロバート・B・チャルディーニ『影響力の武器――なぜ，人は動かされるのか』誠信書房，2007年）

1　不便を感じさせて高める説得力

▼空を眺める実験については，以下を参照。

Milgram, S., Bickman, L., & Berkowitz, L.（1969）. Note on the drawing power of crowds of different size. *Journal of Personality and Social Psychology*, 13, 79-82.

▼ホテルの実験のデータについては，以下を参照。

Goldstein, N. J., Cialdini, R. B., & Griskevicius, V.（2008）. A room with a viewpoint: Using social norms to motivate environmental conservation in hotels. *Journal of ConsumerResearch*, 35, 472-82.

▼群に従うのが合理的である理由については，以下で詳述されている。

Surowiecki, J.（2005）. *The wisdom of crowds*. New York: Doubleday.（ジェームズ・スロウィッキー『「みんなの意見」は案外正しい』角川書店，2006年）

2　バンドワゴン効果をパワーアップ

▼人は無意識に環境や状況に応じた行動を取るということを調べた興味深い実験については，以下を参照。

Aarts, H., & Dijksterhuis, A.（2003）. The silence of the library: Environment, situational norm, and social behavior. *Journal of Personality and Social Psychology*, 84, 18-28.

▼ホテルの実験のデータの出典は前節に同じ。

▼督促状の研究についてより詳しくは，以下を参照。

Martin, S. J.（2012）. 98% of HBR readers love this article. *Harvard Business Review*, 90, 23-5.

▼督促状に関する最初の調査に続いて，HMRC とイギリス政府は一連の研究を実施した。その詳細については以下を参照。

Hallsworth, M., List, J. A., Metcalfe, R. D., & Vlaev, I.（2014）. The behavioralist as tax

ロバート・チャルディーニ博士

(Dr Robert Cialdini)

職業人生のすべてを影響力の科学的研究に捧げ，説得，承諾，および交渉の分野のエキスパートとして国際的な名声を博している。現在，アリゾナ州立大学の心理学およびマーケティングの名誉指導教授。名高い学術雑誌に掲載されただけでなく，その画期的な研究は，テレビ，ラジオ，そして世界中の企業や新聞で取り上げられてきた。ベストセラーである『影響力の武器――なぜ，人は動かされるのか』，『PRE-SUASION（プリ・スエージョン）――影響力と説得のための革命的瞬間』の著者でもある。

世界中で研修，講演，資格認定を行う会社インフルエンス・アット・ワークの代表も務める。また，現在，影響と説得の分野において，最も引用回数が多い存命の社会心理学者である。

著者紹介

ノア・ゴールドスタイン博士

（Dr Noah Goldstein）

UCLA アンダーソン・スクール・オブ・マネージメント准教授。UCLA 心理学科，David Geffen スクール・オブ・メディシンでも教鞭をとる。シカゴ大学ブース・ビジネス・スクール元職員。

説得と影響力に関する研究と著述は，多くの一流ビジネス誌に掲載されている。ゴールドスタインの説得に関する業績は，ハーバード・ビジネス・レビューの「2009年革新的なアイデアリスト」に掲載されるとともに，ニューヨーク・タイムズ，ウォールストリート・ジャーナル，ナショナル・パブリック・ラジオなどの一流ニュース機関で，何度も取り上げられている。多くの団体で講演やコンサルタント業務を行う一方，フォーチュン・グローバル500に選出された企業二つで科学諮問委員を務める。

スティーブ・マーティン

（Steve Martin）

作家，ビジネスコラムニスト，インフルエンス・アット・ワーク（UK）常務取締役。行動科学を公共部門・民間企業が抱える課題に応用したその研究は，BBC テレビおよび BBC ラジオ，タイムズ，ウォールストリート・ジャーナル，ニューヨーク・タイムズ，ハーバード・ビジネス・レビュー，タイム・マガジンといった世界各地の放送媒体，および紙媒体で取り上げられている（独創的な課税通知書の開発者であり，その通知書の導入によって，イギリスの歳入は数百万ポンド増加した。現在その課税通知書の書式は世界中で用いられている）。また，ブリティッシュ・エアウェイズの機内誌に「説得」というコラムを月刊連載し，ハーバード・ビジネス・レビューにも連載を持っている。それらのビジネスコラムは毎月250万人以上に読まれている。

自身の会社における仕事に加えて，ロンドン・ビジネス・スクール，ロンドンスクール・オブ・エコノミクス，ケンブリッジ大学ジャッジ・ビジネス・スクールの企業幹部用教育プログラム特別講師を務める。

監訳者紹介

安藤清志（あんどう　きよし）

1950年　東京都に生まれる

1979年　東京大学大学院人文科学研究科博士課程満期退学

東京女子大学文理学部教授，東洋大学社会学部教授を経て，

現　在　東洋大学名誉教授

（専門　社会心理学）

編著書　『対人行動学研究シリーズ6　自己の社会心理』（共編）誠信書房 1998年，『社会心理学ペースペクティブ1～3』（共編）誠信書房 1989-90年

訳　書　R.チャルディーニ『PRE-SUASION（プリ・スエージョン）――影響力と説得のための革命的瞬間』（監訳）誠信書房 2017年，R.B.チャルディーニ『影響力の武器［第三版］――なぜ，人は動かされるのか』（共訳）誠信書房 2014年，S.J.マーティン他『影響力の武器［戦略編］――小さな工夫が生み出す大きな効果』（監訳）誠信書房 2016年，J.H.ハーヴェイ『悲しみに言葉を――喪失とトラウマの心理学』誠信書房 2002年

訳者紹介

曽根寛樹（そね　ひろき）

現　在　翻訳家

訳　書　R.チャルディーニ『PRE-SUASION（プリ・スエージョン）――影響力と説得のための革命的瞬間』（訳）誠信書房 2017年，S.J.マーティン他『影響力の武器［戦略編］――小さな工夫が生み出す大きな効果』（訳）誠信書房 2016年，H.コーベン編『ベスト・アメリカン・短編ミステリ 2012』（共訳）DHC 2012年

N. J. ゴールドスタイン，S. マーティン，R. B. チャルディーニ
影響力《えいきょうりょく》の武器《ぶき》　実践編《じっせんへん》［第二版《だいにはん》］
――「イエス!」を引《ひ》き出《だ》す60の秘訣《ひけつ》

2019年 12月 5 日　第 1 刷発行
2021年 8 月25日　第 3 刷発行

監訳者　安藤清志
発行者　柴田敏樹
印刷者　田中雅博

発行所　株式会社　誠信書房
〒112-0012　東京都文京区大塚 3-20-6
電話 03（3946）5666
http://www.seishinshobo.co.jp/

印刷／製本　創栄図書印刷
検印省略

Printed in Japan
ISBN978-4-414-30425-1 C0011

PRE-SUASION《プリ・スエージョン》

影響力と説得のための革命的瞬間

ロバート・チャルディーニ 著
安藤清志 監訳
曽根寛樹 訳

『影響力の武器』の著者、チャルディーニ博士による渾身の書き下ろし。六つの影響力の武器（返報性・行為・権威・社会的証明・希少性・一貫性）に真の威力を与える、第七の武器がついに明かされる。

主要目次

PART 1　下準備 (プリ・スエージョン)
　　　　――前もって注意を引くこと
第 2 章　特権的瞬間 (モーメント)
第 3 章　注意から生まれる重要性が重要
第 4 章　注目した対象が原因となる

PART 2　プロセス――連想の役割
第 7 章　連想の卓越性――我つながる、ゆえに我考える
第 8 章　説得の地理学――すべての正しい場所、すべての正しい痕跡

PART 3　最善の実践――下準備 (プリ・スエージョン) の最適化
第 11 章　まとまり――その1：一緒に存在すること
第 14 章　説得の後 (ポスト・スエージョン)
　　　　――後に残る効果

四六判上製　定価(本体2700円+税)

影響力の武器［第三版］

なぜ、人は動かされるのか

ロバート・B. チャルディーニ著
社会行動研究会 訳

社会で騙されたり丸め込まれたりしないために、私たちはどう身を守れば良いのか？　ずるい相手が仕掛けてくる“弱味を突く戦略”の神髄をユーモラスに描いた、世界でロングセラーを続ける心理学書。待望の第三版は新訳でより一層読みやすくなった。楽しく読めるマンガを追加し、参考事例も大幅に増量。ネット時代の密かな広告戦略や学校無差別テロの原因など、社会を動かす力の秘密も体系的に理解できる。

目次

第1章 影響力の武器
第2章 返報性――昔からある「ギブ・アンド・テーク」だが……
第3章 コミットメントと一貫性――心に住む小鬼
第4章 社会的証明――真実は私たちに
第5章 好意――優しそうな顔をした泥棒
第6章 権威――導かれる服従
第7章 希少性――わずかなものについての法則
第8章 手っとり早い影響力――自動化された時代の原始的な承諾

四六判上製　定価(本体2700円+税)